특별한 자녀를 키우는 맘

최이권 지음

추천의 말

　구글(Google)이 선정한 최고의 미래학자 토마스프레이는 2030년까지 20억 개의 직업이 사라질 것이라고 하였다. 이처럼 유례 없이 빠른 직업 세계 변화의 한가운데에서 미래를 준비하는 학생들에게 있어 부모 역할은 매우 중요하다. 부모의 생각과 인식이 과거에 얽매여 있다면 아이들의 진로 역시 과거에 묶여 있을 가능성이 높기 때문이다. 이 책은 최이권 선생님께서 진로 전담 교사로서 부모들과 상호 작용하면서 쌓아 왔던 노하우와 경험이 담겨 있는 소중한 자원이며, 자녀의 미래를 생각하고 고민하는 이 세상 모든 부모에게 좋은 지침서가 될 것이다.

　　　　　　　　　　　　박지혜 (국민대학교 교육대학원 진로진학상담전공 교수)

　저자는 진로상담 전공자로서 오랫동안 학교 현장에서 진로진학 상담부장을 맡아오면서 학생과 학부모를 위해 열심히 봉사하고 있다. 하지만 이 순간에도 미래 지향적이고 발전적인 진로진학 일들이 부족함을 느끼면서 《특별한 자녀를 키우는 맘》을 세상에 내놓았다. 저자의 열정은 4차 산업혁명 시대에 갈수록 어머니와 자녀와의 대화가 원활하지 못한 점을 미력하나마 해결하기 위한 전반적인 진로진학 방향을 제시했다. 저자의 객관적이고 실증적인 책이 자녀 교육에 많은 관심이 있는 대한민국 어머니들에게 꼭 읽어 보길 권하고 싶다.

　　　　　　　이남철 (서울사이버대학교 객원교수, 전 한국직업능력연구원 선임연구 센터장)

　《특별한 자녀를 키우는 맘》 출간을 축하드립니다. 어머니가 바뀌어야 교육이 개혁된다고 생각합니다. 진로 교육 전문가 최이권 선생님의 현장에서 날카로운 눈높이에 맞춘 내용으로 자녀 교육의 부모 지침서가 될 것입니다.

　　　　　　　　　　　오준일 (KOICA-Bangladesh 다카대학교 청년창업 전문가)

추천의 말　**3**

《특별한 자녀를 키우는 맘》 출간을 축하드립니다. 귀한 책이 이 땅의 부모님들이 자녀를 양육하는 데 귀한 양분이 되리라 확신합니다. 부모의 역할은 무엇보다 중요하고, 부모의 양육은 자녀의 꿈을 이루는 데 큰 영향을 미치고 있습니다. 이 책은 부모의 길을 나아가는 데 지름길을 안내할 것입니다.

오정택 (《청소년을 위한 꿈꾸는 다락방》, 《꿈꾸는 다락방 꿈노트》 저자)

이 책은 진로와 진학에 실질적 도움을 받고 싶은 부모, 자녀와의 올바른 관계 형성에 애를 먹는 부모, 10대 청소년의 특성을 명확히 이해하고 싶은 부모를 위한 가이드라인 지침서이다. 특히, 저자는 진로/진학 현장에서 수십 년 동안 컨설팅해 온 노하우를 총망라하여 입시 공부법, 자녀 교육 방법론, 진로 설계 시 부모의 역할 등을 현실 기반으로 제시하며 뜨거운 호응을 끌어내고 있다. 가정과 학교에서 이 책을 통해 많은 학생과 학부모가 변화하여 더 행복한 인생이 되기를 소원한다.

윤규훈, 앤디림 (《10대를 위한 완벽한 진로 공부법》 저자)

톨스토이는 "가장 중요한 것은 가까이 있다."라고 했다. 자녀를 키우는 방법은 어디 멀리 있는 것이 아니라 바로 부모 자신에게 있다. 인공지능과 함께 살아가는 자녀들에게 뭘 가르쳐야 할까? 부모가 성실하게 열심히 긍정적인 마음가짐으로 살아가는 모습일 것이다. 건강한 몸과 근육을 만들기 위해 매일 꾸준하게 운동하듯이 건강한 정신력을 갖추기 위해서는 평소 부모와의 관계가 원만해야 한다. 저자는 미래 사회 주인공으로 성장하는 자녀로 키우는 방법을 제시해 주고 있다. 진로진학 상담교사로 오랫동안 상담 활동과 진로 교육을 하시면서 보고 느낀 것들을 중심으로 자녀 교육에서 부모의 역할의 중요성을 강조하고 있다. 자녀 교육을 위한 지침서라고 말할 수 있다.

김원배 (《하고 싶은 것이 뭔지 모르는 10대에게》 저자)

최이권 선생님은 진로 교육 활성화를 위해 앞장서서 헌신하며 늘 겸손하게 배우는 자세로 벌써 12년을 경험하셨습니다. 자녀들을 자신의 희망하는 대로 잘 키우면서 그 노하우를 특자맘 카페에서 녹여 내셨습니다. 직접 학부모님과 학생들과 상담하고 소통하며 무료로 자기소개서를 지도한 경험들이 진학 지도를 뛰어넘어 자녀의 행복한 미래를 위한 다양한 방면의 지침서를 펴낸 것을 축하드립니다. 자녀에게 좋은 소리만 해 준다고 자녀들이 올바르게 성장하지는 않습니다. 마땅히 가르치고 촉진하고 인도할 수 있는 팁들이 쌓인 경험 위에 녹아 있어서 믿을 만한 팁이 될 것이라고 생각합니다.

김덕경 (가산중학교 진로진학 수석교사)

내 속에서 나왔어도 그 속을 알 수 없는 자녀들, 그 안에 우리의 지옥도 천국도 다 있습니다. 선생님들과 부모님들에게 최고의 입시 멘토이신 최이권 부장님께서 준비하신 최강 부모 솔루션! 자녀 옆에서 떡만 썰고 있으면 알아서 위인이 되는 시대가 아님을 알면서도 자녀들의 곁을 숨죽이며 지켜야 했던 모든 부모님께서 밑줄 그으며 읽어 주시기 바랍니다. 이 책의 연금술들을 통해 자녀들의 황금기를 열어 주는 멋진 부모님들이 되시기를 응원합니다.

한창석 (대원국제중학교 진로진학부장)

10여 년을 진로진학 상담교사로 재직하면서 중학생들을 상대로 여러 차례 상담을 해왔습니다. 그러면서 학생들이 갖고 있는 여러 가지 문제를 같이 고민하고 해결해 주기도 했습니다. 그중에 부모와의 갈등으로 인해 상당히 많은 고민을 하는 학생들을 봐 왔습니다. 그 고민을 보면서 해결책이 무엇이 있을까 상담사로서도 참으로 고민도 해보고 해결책이 나오지 않아 안타까운 적이 많이 있었습니다. 《특별한 자녀를 키우는 맘》의 책에는 이러한 해결책을 근본적으로 바라보는 관점과 그 해결책을 속 시원하게 풀어 주는 내용이 들어 있는 아주 알찬 책입니다. 학부모님들이 필독하시면 자녀의 진로 지도에 많은 도움이 되리라 생각됩니다.

이창규 (일신여자중학교 진로진학 상담교사)

최이권 선생님을 처음 알게 된 곳은 아이의 초등학교에서 진행된 부모 교육 특강에서입니다. 형식적이고 교과서적인 내용이 아닌, 공감하고 금방이라도 실천하고 싶은 부모의 역할 등이었습니다. 그 후로도 그전에도 선생님은 아이들의 올바른 인격 형성에 꾸준히 관심을 두고, 진로 컨설팅을 해오고 있습니다. 이 책은 '부모가 변해야 아이가 변한다'라는 현장에서의 메시지를 정성스럽게 담아냈습니다. 지금도 끊임없이 노력하는 부모들을 위해 구체적인 방법을 제시하고 있으며, 누가 뭐래도 특별한 내 아이를 양육하는 데 답을 얻을 수 있을 것입니다.

박선순 학부모 (하나고등학교 학교운영위원회 학부모위원)

최이권 선생님께서는 우리 아이 진로 문제로 고민하고 있을 때 아이가 방향성을 잘 잡고 미래를 설계할 수 있도록 우리 아이에게 맞는 조언을 아낌없이 해주셔서 원하는 특목고에 잘 입학할 수 있었습니다. 진학뿐만 아니라 부모의 역할에 대해서도 많은 조언으로 자식을 키우는 데 많은 도움을 받고 있습니다. 이 책은 많은 학부모의 지침서가 될 것입니다. 늘 마음 깊이 감사드립니다.

김강미 학부모 (서울대 음악대학 성악과 강사)

촉촉이 비가 오는 어느 날, 진로상담실 문을 노크한 후 한 학생이 어두운 얼굴로 들어왔습니다. 진학상담으로 시작된 상담은 부모와의 갈등 문제로 이어졌습니다. 내용은 자녀의 학교, 학원, 꿈 등 모든 것을 부모의 강요로 힘든 자신을 한탄하는 상담이었습니다. 자녀들은 각자의 달란트를 가지고 태어납니다. 부모는 자신이 이루지 못한 욕구를 자녀에게 투영합니다. 부모의 강요에 대한 자녀의 부담은 스트레스, 문제 행동으로 나타나고 심한 경우 성격 형성에 부정적인 영향을 줍니다.

진로진학 상담교사로 재직하면서 학부모, 학생들의 수많은 진로와 진학상담을 하면서 학생들의 학업, 관계 형성, 문제 행동의 원인이 학생이 아닌 부모에게 있다는 것을 알게 되었습니다. 그동안 특목고 자기소개서 무료 첨삭을 12년 동안 봉사하면서 학습적으로 도움은 주었지만, 아이들의 힘든 정서나 부모와의 문제를 해결해 줄 수 없어 항상 미완성의 상담으로 끝나곤 했습니다.

《특별한 자녀를 키우는 맘》은 한마디로 '부모가 변해야 자녀가 변한다'는 것입니다. 부모의 관점이 아니라 자녀의 관점에서 자녀를 돕기 위한 부모들의 행동 수칙이라 말할 수 있습니다. 6개의 주제로 구성되어 있으며 실질적인 부모의 역할을 상세하게 다룹니다.

제1장 학업 성과를 높이기 위한 부모의 역할

자녀의 자기주도적 학습 방법, 학습 효과, 창의적인 아이로 키우기 위한 부모의 역할에 관한 주제를 구성했습니다. 비효율적인 학습 방법으로 자녀의 공부를 망치는 부모들을 위해 구체적인 학습 형태와 방법을 소개하고 자녀의 학업 능력을 높이기 위한 실질적인 대안을 제시합니다.

제2장 자녀의 올바른 인격 형성을 키우는 방법

자녀들이 겪고 있는 불안, 스트레스, 자존감, 집중력 등 부모들이 어떤 방법으로 자녀를 도와주고 지도해야 할지 구체적인 대안을 제시하고 실천할 수 있는 방법을 담고 있습니다. 학업 수행 전 올바른 인격 형성이 안 된다면 자녀는 정서 불안으로 인해 문제 행동이 나타나고 집중을 할 수 없습니다. 강한 정신력과 자신감을 가질 수 있도록 부모의 긍정적인 피드백을 코칭합니다.

제3장 사춘기 학교 부적응에 대한 부모의 역할

학교 부적응으로 나타나는 학교 폭력, 학교 왕따, 이성 교제, ADHD(주의력결핍 과잉행동장애) 등 사춘기에 나타날 수 있는 자녀의 문제 행동을 어떻게 대처해야 하는지 알아봅니다. 반항적인 아이, 자녀와의 핸드폰 전쟁, 학교 위기 학생, 학원 가기 싫은 아이 등 자녀의 이상 행동에 대한 부모의 구체적인 대안을 모색해 봅니다.

제4장 부모의 양육 태도가 자녀에 미치는 영향

좋은 엄마가 무엇인지 알아봅니다. 자녀에게 독이 되는 부모의 말과 행동, 부부싸움, 올바른 칭찬 방법, 맞벌이 부부의 자녀 교육 등 자녀의 양육 태도가 자녀에 미치는 영향을 제시하고 해결책까지 생각해 봅니다.

제5장 자녀의 미래 진로 설계를 위한 부모의 역할

4차 산업혁명의 발전으로 자녀의 미래 직업 선택, 인공지능 시대 적응, 챗GPT 활용 등 미래 사회에 자녀의 적응을 위해 부모들의 역할을 알아보고 부모와 자녀의 진로에 대한 갈등을 줄이려는 방안을 모색합니다.

제6장 가정에서 부모 양육 환경이 학습에 미치는 영향 50가지 TIP

학습에 있어 가정 환경의 중요성은 실로 큰 영향을 미칩니다. 50가지 단문으로 쓴 TIP을 독자들이 주의 깊게 관찰한다면 자녀의 학습에 큰 도움이 될 것입니다. 많은 강의와 진로상담에서 얻은 실질적인 TIP으로 부모들에게 교육 현장에서 상담했던 질문에 대한 답을 제시합니다.

이 책은 실질적인 진로진학상담 경험에서 나온 구체적인 해법이라는 것입니다. 수많은 학생, 학부모를 만나며 그들의 요구 사항을 듣고 해결책을 제시하여 그 피드백까지 확인할 수 있어 어떤 이론보다 부모에게 큰 긍정적인 영향을 줄 수가 있습니다. 상담 시 느끼는 가장 많은 공통점은 부모와 자녀의 거리가 갈수록 멀어지고 있다는 것입니다.

요즘 뉴스에서 학교 폭력이 자주 등장하는데, 부모들이 공부만 강요하는 것이 원인이므로 인성 교육을 강화하여야 한다고 말하고 있습니다. 부모의 양육 태도가 변하지 않으면 자녀는 학업이나 관계 형성에 문제를 일으킵니다. 한국의 청소년 자살률이 세계 1위라는 수치를 일반 부모는 나의 자녀와는 관계없는 일이라고 생각하지만, 학교 현장에서는 모의 자살이나 실제 자살도 일어납니다. 자녀의 양육 방식이 변하지 않으면 자녀들의 문제 행동을 수정할 수 없습니다. 이 책을 통해 부모들의 행동 변화에 긍정적인 변화가 나타나길 바랍니다.

책을 준비하며 필자의 가족, 특히 아들과 딸에게 감사함을 전합니다. 필자 또한 초보 아빠로 많은 시행착오를 겪었지만, 자신들의 꿈을 이루고 사회생활에 열심히 적응하고 있어 항상 든든하고 감사합니다.

아들은 고려대학교 사회학과를 졸업하고 전공과는 다른 영상 사업의 CEO가 되었고, 딸은 한국외국어대학교에서 영어통번역을 전공했는데 독일로 교환 학습을 가서 독일 치과대학을 졸업해 현재는 오스트리아 빈에서 배우자와 함께 부부 치과 개업을 준비하고 있습니다. 모두 좋은 배우자를 만나 행복하게 살고 있습니다.

필자가 자녀들에게 항상 말한 것은 "잘될 거야!"라는 단어였습니다. 자녀들에게 격려와 칭찬만이 해법입니다. 자녀의 꿈은 결국 자녀가 흥미 있고 관심 있는 분야로 진출하게 됩니다. 자녀의 전공으로 고민하고 걱정하는 부모들은 이 책을 통해 진로와 직업의 선택에 도움이 될 것입니다. 부모들은 모두 초보 운전을 하듯 자녀를 양육하는 것입니다.

따라서 부모들의 현명한 교육 선택이 더욱 중요하며 미래의 진로 선택에 부모의 역할은 중요합니다. 부모의 변화 없이는 자녀의 올바른 성장은 바랄 수 없습니다.

이 책을 통해 많은 부모님이 자녀의 자존감을 세우고 학업뿐만 아니라 올바른 인격 형성에 도움이 되길 바랍니다. 필자 또한 양육을 다시 시작합니다. 천사 같은 손자(최시원)의 탄생으로 시행착오를 반복하지 않고 올바른 인격 형성이 되도록 준비하려 합니다.

최이권

차례

추천의 말   3

프롤로그   7

01 학업 성과를 높이기 위한 부모의 역할

1. 자녀의 자기주도적인 학습 10가지 TIP   19

2. 진로 선택의 시기는 고등학교가 아닌 중학교 3학년 때가 적기이다   24

3. 학습 효과를 높이는 5가지 공부 방법   26

4. 특목고를 준비하는 학습 계획서 세우기   29

5. 부모의 공부 강요가 자녀에 학습에 미치는 영향   33

6. 상위권을 유지하는 공부 비법   36

7. 명문대를 보낸 부모의 공통점   38

8. 공부를 싫어하는 아이를 위한 TIP   40

9. 특목고·전국 자사고 자기소개서 작성할 때 부모의 지도 방안   42

10. 자녀를 영재로 키우기 위한 부모의 역할   44

11. 자녀의 어휘력을 키우는 방법   47

12. 자녀의 자기주도학습을 위한 부모의 역할   50

13. 자녀의 학업 위기 시에 대처하는 방법   52

14. 부모의 심리적 안정과 자녀의 학습 능력 관계   54

15. 부모의 언어 능력이 자녀의 언어 발달에 미치는 영향   56

16. 체험 학습이 아이의 창의력에 미치는 영향　　　　　59

17. 우리 아이가 공부를 못하는 7가지 이유 TIP　　　　61

18. 공부 잘하는 아이를 둔 부모들의 7가지 숨겨진 비밀　　64

19. 자녀의 재능을 키우는 부모의 역할　　　　　68

20. 창의적인 자녀로 키우는 감정 코칭 5가지 TIP　　　70

21. 자녀의 공부를 망치는 부모의 행동　　　　　73

자녀의 올바른 인격 형성을 키우는 방법

1. 불안이 높은 자녀를 돕는 방법　　　　　79

2. 예의 바른 아이로 키우는 법　　　　　82

3. 공격성이 많은 아이를 위한 부모의 현명한 처방　　84

4. 자녀를 강한 정신력을 키우기 위한 부모의 역할　　87

5. 자녀의 스트레스 해결을 위한 부모의 역할　　　90

6. 대인기피증이 심한 자녀를 위한 부모 대처법　　　93

7. 아이의 정서 발달에 영향을 미치는 부모의 역할　　96

8. 자녀의 거짓말에 대한 지도 방법　　　　　98

9. 아이의 자존감 높이는 부모의 역할　　　　100

10. 자녀의 자립심을 키워 주는 방법　　　　103

11. 자녀의 자존감을 높이는 부모의 역할　　　105

12. 자신감 있는 아이로 키우기　　　　　107

13. 예의 바른 아이로 키우기 위한 부모 코칭법　　109

14. 수줍음 타는 아이 부모 대처법　　　　111

15. 주의 산만한 아이 집중력 높이는 부모의 역할　　114

16. 부모는 자녀의 집중력을 키우는 첫 번째 선생님!　　117

17. 인성이 좋은 아이로 키우는 법   119

18. 자녀를 긍정적인 아이로 키우는 법   121

19. 부모의 긍정적인 말이 자녀의 자존감에 미치는 영향   123

20. 인기 있는 아이로 키우기 위한 부모의 역할   126

21. 행복한 아이로 키우는 법   128

22. 남을 배려할 줄 아는 아이로 키우는 법   131

03 사춘기 학교 부적응에 대한 부모의 역할

1. 핸드폰 게임에 빠진 아이 부모 대처법   137

2. 우리 자녀의 핸드폰 논쟁 해결 방법   140

3. 학교 부적응 자녀를 위한 부모 대처법   143

4. 청소년기 자녀와 소통하는 방법   145

5. 학교 왕따에 대처하는 학교 폭력 해결 방법   148

6. 사춘기 자녀를 대하는 부모 대처법   150

7. 친구 사귀기 힘들어하는 아이 해결 방법   153

8. 친구와 자주 싸우는 아이를 위한 부모 대처법   156

9. 친구 관계를 어려워하는 자녀를 도와주는 법   158

10. 학교 가기 싫은 아이 부모 대처법   160

11. 자녀의 자위행위 부모 대처법   163

12. 자녀의 이성 교제에 대한 대처법   165

13. 방에서 나오지 않는 아이 해결 방법   167

14. 반항적이고 우기는 아이 해결 방법   170

15. 부모와 대화를 거부하는 아이 부모 대처법   173

16. 집에 들어가기 싫은 아이 해결 방법   176

17. 말대꾸하고 대드는 아이 훈육하는 법   178

18. 우리 아이가 혹시 ADHD일까?   181

19. 학교 부적응아 대처법   183

20. 학원에 가기 싫은 아이 해결 방법   186

21. 자녀의 문제 행동에 대한 원인 대처법   188

22. 반항적인 아이 부모 대처법   190

04 부모의 양육 태도가 자녀에 미치는 영향

1. 좋은 엄마가 되기 위한 방법   197

2. 자녀에게 독이 되는 부모의 말과 행동   200

3. 자녀와의 올바른 관계 형성을 위한 부모의 역할   203

4. 부부싸움이 자녀에게 미치는 영향   205

5. 맞벌이 부모의 자녀 교육   208

6. 좋은 부모의 역할   211

7. 자녀에게 올바른 경제관념을 심어 주는 방법   214

8. 부부의 불화가 자녀에 미치는 영향   216

9. 부모의 양육 유형에 따라 자녀에게 미치는 영향   219

10. 자녀의 행복지수를 높이기 위한 부모의 역할   221

11. 부모의 올바른 칭찬 방법   224

12. 부모의 양육 방법이 성적에 미치는 영향   226

13. 자녀가 상처받는 부모의 말   229

14. 부모의 과잉보호가 자녀에게 미치는 영향   232

15. 올바른 자녀와의 관계 형성을 위한 부모의 역할   234

16. 부모의 잔소리를 긍정적으로 바꾸는 방법   236

17. 부모는 아이의 본보기   239

18. 부모가 변해야 아이가 변한다.   240

19. 부모는 아이의 거울   243

20. 자녀에게 화를 내지 않고 참는 법   245

21. 부모의 긍정적인 말이 학습에 미치는 영향   248

22. 부모의 자녀 존중이 창의성에 미치는 영향   251

05 자녀의 미래 진로 설계를 위한 부모의 역할

1. 인공지능(AI) 시대의 자녀 교육   257

2. 인공지능(AI) 시대 우리 아이의 부모 역할   260

3. 명문대를 나와야 성공한 인생일까?   262

4. 4차 산업에서 우리 아이 미래 직업 선택은?   264

5. "선생님, 꿈이 없어요."   268

6. 자녀의 미래를 망치는 양육 태도   270

7. 진로 의사 결정을 못하는 아이   273

8. 우리 자녀의 진로를 찾는 방법   277

9. 우리 자녀의 미래 직업은 인문학이 결정한다!   280

06 가정에서 부모 양육 환경이 학습에 미치는 영향 50가지 TIP

학업 성과를 높이기 위한
부모의 역할

제1장

학업 성과를 높이기 위한 부모의 역할

1. 자녀의 자기주도적인 학습 10가지 TIP

자기주도학습이란 학습자가 학습 참여 여부 결정, 학습 목표 설정, 학습 프로그램 선정, 학습 결과, 평가 등 학습의 전체 과정을 본인의 의사에 따라 선택하고 결정하여 행하는 학습을 말한다.

상담하다 보면, 소위 전교 상위 등수 아이들의 공통점이 학원을 안 다닌다는 것이다. 이유를 물어보면 학원 가는 시간이 낭비라고 느끼는 것이다.

물론 소수의 아이지만 자기주도학습에 훈련된 학생들은 공감하는 이야기다. 수동적인 학습을 생각하면 실제로 아이는 무엇을 해야 하는지를 모르고 있다. 그동안 학원에 가서 공부하고 숙제하는 것이 자기주도학습으로 대부분 아이가 착각하고 있다.

1) 자기주도학습을 하려면 나의 공부 방법이 효과적인지 우선 알아야 한다.

자신에 맞는 학습법에 대해 계획을 세우고 새로운 계획으로 복습과 예습을 해야 한다. 자기주도학습의 도입은 효율적인 습관을 만드는 것이다. 효율적인 습관 전략을 세워야 한다. 각자의 학습 능력과 개인차를 고려해 학습의 양도 결정해야 한다. 학습 방법이 틀렸다면 이른 시일에 새롭게 변화를 주고 자녀의 특성에 맞는 공부 방법을 적용해야 한다. 남들의 공부법은 절대로 중요하지 않다. 자신의 실력은 누구보다 자신이 잘 알고 있기에 부모의 학원 선택이나 공부법 선택 시 자녀의 의견을 100% 반영해야 한다.

2) 즐겁고 재미있게 공부하는 방법을 초등학교부터 습관화해야 한다.

아이들이 게임을 할 땐 몰두하고 스스로 하듯이 공부는 재미있고 흥미로운 학습 방법을 찾아 초등학교 때부터 할 수 있도록 공부법에 부모님의 도움이 꼭 필요하다.

좋은 학습법은 습관에 의해 지속되는데 어릴 적부터 자녀가 흥미로운 일이나 자녀가 몰두하는 것에 부모가 관심을 두고 도와주어야 한다. 학습의 가장 기본이 독서이다. 독서의 습관을 어릴 때부터 습관화한다면 학업에도 긍정적인 영향을 미친다.

3) 교과서에 중요한 내용과 중요하지 않는 내용을 구분할 줄 아는 것이 학습 방법의 중요한 요소이다.

학원과 학교에서 선생님들은 중요한 내용은 밑줄을 치라고 강조한다. 아이에게 중요한 내용이 무엇인지 아이에게 자주 강조해 주어야 한다. 필기를 잘하는 아이라도 중요한 것을 모르고 엉뚱한 곳에 중점을 둔다면 필기를 아무리 잘해도 공부의 방향을 잃은 것이다. 요점을 찾아내어 스스로 밑줄을 그을 수 있도록 만드는 것이 학습에 있어 중요하다.

4) 자기주도학습의 '자'는 자신감을 뜻한다. 자신감은 아이에게 가장 중요한 공부의 동기가 된다.

당장 아이의 학습 능력이 발전이 없다고 자신감 없애는 말을 하면 안 된다. 부정적인 말은 아이의 자존감까지 떨어져 성인이 돼도 상처로 남는다. 자녀가 학습에 실패한다면 부모는 실패에 대해 나무라거나 혼내서는 안 된다. 그 과정을 같이 되돌아보고 어떤 부분에서 자녀의 실수가 있었는지 의논하고 수정하여 다음엔 다시 실수를 안 하도록 이끌어 주어야 한다.

5) 아이가 난 잘할 수 있다는 자신감이 있어야 스스로 학습을 할 수 있다.

동기 부여의 가장 중요한 요소가 자신감이다. 명확한 목표가 없다면 공부를 계속하기가 어렵다. 나의 목표가 결정되었다면 스스로 학습이 이루어지도록 조력자의 도움 또한 필요하다. 자신감은 자존감과 연결이 되는데 학습에 있어서 가장 중요한 정서이다. 자녀가 스스로 긍정적인 사고가 없고 불안감에 노출되어 있다면 자녀의 학습 효과는 부정적으로 나타난다. 긍정적인 아이가 학습 효과가 높다는 이론이 많다.

6) 공부의 방해 요소를 제거해라.

핸드폰, TV, 전자기기 등 공부를 해칠 방해 요소를 사전에 해결하고 공부에 임하는 분위기를 만들어 주어야 한다. 이는 부모가 솔선수범해야 한다. 가족이 모두 귀가하면 핸드폰 제어 시간을 만드는 것도 좋은 방법이다. 핸드폰으로 자녀와의 대화가 줄어들었고 자녀 또한 핸드폰에 노출된 가정 분위기라면 자녀의 핸드폰 제어를 할 수 없다. 공부의 방해 요소 제거는 부모의 할 일이다. 자녀가 공부하는데 TV 시청도 자녀에겐 방해 요소로 크게 영향을 미칠 수 있다. 거실 TV를 안방으로 옮기는 것도 한 가지 방법으로 볼 수 있다.

7) 계획을 자녀와 세워 보자. 계획을 세워야 공부하고 싶어진다.

학습을 위한 출발점에서 가장 필요한 것은 수치적 목표와 이를 위한 계획 설계이다. 계획을 세워야 공부하고 싶어진다. 계획은 크게 일일, 주간, 월간, 연간 계획으로 짜야 한다. 학습 계획에서 자녀의 의사를 존중하고 학원 과외 등 선택 시 자녀의 수락이 있어야 한다. 부모가 자녀의 의사를 무시하고 선택한다면 자녀의 자기주도학습은 행할 수 없다.

8) 학습의 문제 해결의 5원칙을 꼭 준수하라.

모든 과목을 막론하고 공통으로 적용되는 5개의 원칙이 있다. 바로 이해하기-사고하기-정리하기-암기하기-문제 해결 능력이다. 학생들이 학원을 다니면서 이해와 사고의 중요 과정을 문제 풀고 외우는 데에만 집착해서 등한시한다. 학습의 시작은 이해와 사고이다. 대부분 학생이 암기와 반복을 학습이라 착각하고 있는데 암기는 시간이 지나면 기억 속에서 사라진다. 반면 이해와 사고는 자신만의 것으로 기억 속에 오래 축적된다. 학습의 순서를 지켜야 효과적인 학습 습관을 만들 수 있다.

9) 가장 중요한 예습-복습-수업 '기본'에 충실하라.

해마다 수능 전국 만점의 인터뷰는 들어보면 '예습-복습-수업'이라는 기본에 가장 충실하다는 것이다. 예습은 완전 학습이 아닌 호기심의 시작이다. 이 단원에서 중요한 것이 무엇인지를 파악하는 시간이다. 복습은 반복이 생명이며 망각을 방지하려면 일반적인 사람으로서는 반복만이 살길이다. 가장 중요한 것은 수업 시간이다. 가끔 학생 중에 수업 시간에 학원 숙제나 다른 과목을 공부하는 아이가 있는데, 이는 잘못된 공부법을 하는 것이다. 시험 기간이 되면 교사들은 시험 진도를 맞추기 위해 각 반에 시험 내용을 점검한다. 시험 일주일 전에는 각 과목 선생님의 강조한 부분이 시험에 많이 출제되는데 이 기간이 수업 집중의 시간이다.

10) 자기주도학습의 습관을 만드는 것은 쉬운 일이 아니다.

인내심을 갖고 아이를 지켜봐야 한다. 스스로 학습을 익히는 시간은 부모의 정성과 관심, 사랑으로 이루어진다. 전문가의 도움을 받아야 하고 아이의 특성에 따라 여러 가지 학습 도구를 활용해야 한다. 시간을 두고 지속적인 노력이 필요하고, 초등학교 때부터 자기주도가 되어야 상급 학교에서 잘 적응할 수 있다는 것을 잊지 말아야 한다.

자기주도학습은 부모의 관심과 노력이 중요하다. 자기주도학습은 짧은 시간에 만들 수 있는 것이 아니다. 어릴 때부터 독서를 생활화하는 자녀들이 자기주도학습에 긍정적으로 작용하는 것을 볼 수 있다. 부모는 세심한 관찰이나 공부 환경의 변화 등 자녀에게 많은 영향을 미친다. 자녀의 독서 지도에 가장 효과적인 방법이 부모가 집에서 책을 읽는 것이다. 자녀는 부모를 보고 따라 하고 이는 자기주도학습으로 자연스럽게 이어진다.

2. 진로 선택의 시기는 고등학교가 아닌 중학교 3학년 때가 적기이다

📖 로크의 '목표 설정 이론'

인간이 목표를 설정하고 의도적으로 행동하는 과정이 동기에 큰 영향을 미친다고 주장한 로크는 목표 설정 이론을 체계화했다. 그는 네가지 방법으로 목표를 수행하는 데 영향을 미친다고 설명하고 있다.

첫째, 목표 설정은 학생에게 과제에 더욱 주의 집중을 하게 하며 특정한 학습을 증진하기 위해 행동을 촉진하게 한다.

둘째, 목표는 수행자에게 노력을 투입하도록 동기화한다.

셋째, 목표는 즉각적인 노력을 증가시킬 뿐만 아니라 노력을 지속시키거나 지속성을 증가시킨다. 예를 들어 연간 다양한 단기 목표를 설정해 장기적인 목표에 도달하거나 그동안의 학습에서 느낀 지루함을 제거할 수 있다.

넷째, 목표 설정 과정은 수행자에게 새로운 과제 해결 전략을 개발하도록 해준다.

출처: 위키백과

중학교 3학년이 되면 학부모들은 고입을 생각한다.

중학교 때에는 진로 탐색과 진로 설계를 탐색하는 시기이며 고등학교 때에는 구체적인 선택을 해야 하는 시기이다. 중3 시기에는 일반계 고등학교, 특목고, 특성화고, 예체능고 등으로 진로가 결정된다. 선택학교에 따라 진로가 일차적으로 달라진다.

부모와 자녀는 진학 진로에 있어서 한 팀으로 치밀하게 분석하고 아이의 진로를 생각해 올바른 결정을 해야 한다. 대부분 부모의 결정으로 자녀를 몰아가는 것은 주의가 필요하다. 서울대 의대에서 자퇴생들이 발생하는 것도 바로 학생의 진로를 생각하지 않고 밀어붙인 결과이다. 중학교 3학년은 중요한 시기이다. 학생이 좋아하는 것이 무엇인지, 관심 분야가 어떤 분야인지 부모와 같이 고민하는 것이 중요하다.

학교 현장에서 상담하다 보면 아이의 특성을 보지 않고 특목고, 유명 자율 사립고를 선호하고 강요하는 경우를 자주 본다.

학생의 성적만 우선으로 진로를 선택한다면 정체성 없이 내가 무슨 일을 좋아하는지 본인도 알 수 없다. 목표가 없이 성적에 맞추어 진학을 결정하면 학교생활에 활력이 없어진다. 특목고에서 매년 많은 아이가 자퇴하고 검정고시를 준비한다. 중학교 3학년이 되면 구체적인 진로 계획과 목표 실천을 위해 준비하여야 한다.

"고등학교 가서 진로를 선택하지"라는 말은 늦은 결정이다. 학생의 기질 파악이 가장 중요하다. 기질을 빨리 파악하는 것이 우선되어야 한다. 내 아이가 무엇이든 다 잘할 수는 없는 것이다. 아이의 달란트 중 가장 잘하는 무엇인가 있을 것이다. 그것을 파악하여 도와주는 것이 부모의 할 일이다. 꿈을 향한 목표가 분명해질 때 성공 확률은 높아진다. 중학교 과정에서 진로 목표를 구체적으로 설정해야 고등학교와 대학교에서 배울 학과로 진학할 수 있다. 미래 지향적인 목표 의식을 갖고 자신의 진로를 스스로 결정해서 개척해 나가야 한다.

진로 목표를 설정해야 하는 이유는 주변 사람들을 잘 살펴보면 행복해하는 사람들과 불행해 보이는 사람의 차이점을 통해 발견할 수 있다. 행복해한다는 건 자신의 긍정적인 모습을 만족하고 있다는 것이다.

3. 학습 효과를 높이는 5가지 공부 방법

"성적이 오르지 않으면 공부 방법을 바꾸어야 한다."

학생들의 최종 목표는 명문대에 들어가는 것일 것이다. 명문대 졸업 후 취업에 큰 도움을 준다. 또한, 아직까지는 인맥과 졸업장이 성공의 중요한 요인이 되는 것은 무시할 수 없다.

명문대 멘토들은 이구동성으로 "왜 공부를 하는지 고민하고 스스로 공부해야 할 이유를 찾는다면 성적은 자연스럽게 올라간다."라고 말한다. 멘토들은 자신의 다양한 공부 방법을 스스로 직접 찾아 자신의 공부법을 찾는 것이 중요하다고 충고한다.

스스로 학습법 자기주도학습법을 구체적으로 알아보자.

학교 현장 진학상담에서 명문고 합격생들을 보면 학생의 대부분이 학원을 안 다니고 있다. 이유를 물어보면 시간을 아낀다는 것이다. 학원에 오고 가는 시간을 절약해 다른 과목을 더 공부할 수 있다는 것이다.

수능 만점 학생들의 인터뷰 공통점 또한 학원을 안 다닌다는 것이다. 물론 상위 학생들의 공부법으로 한정을 둘 수 있다. 하지만 시간을 절약한다는 것은 생각해 봐야 할 공부법이다. 하루의 똑같은 시간을 어떻게 계획을 세우느냐는 중요한 학습 방법이다. 공부는 시간과 노력, 고민에 비례해 정해진다.

1) 공부의 기본은 스스로 공부의 이유와 목표가 있어야 한다.

목표가 없이 타율적으로 부모님의 공부 계획으로 학습한다면 성적 향상은 바랄 수 없다. 배우는 목적이 자신의 주관이 아닌 타율적으로 행한다면 효율적이지 못한다.

학원, 인터넷 강의, 과외 등 공부를 도와주는 공부 방법의 선택은 본인이 해야 한다. 본인이 자신의 공부 실력을 잘 알고 있고 각각의 장단점도 각각의 학생의 학습 상태와 성향에 따라 다를 수 있다. 유명한 학원을 다니고 인터넷 강의를 듣고 과외를 해도 어떻게 공부하느냐에 따라 다양한 결과가 나온다.

위와 같이 타인에 의해 공부하는 타율적인 방법과 스스로 공부하는 자율적인 방법과 차이가 나는 것은 목표와 이유가 확실하지 않기 때문이다. 목표가 있고 없고의 차이는 중요하다.

학교 현장에서 공부 잘하는 학생들을 보면 매일 꾸준히 공부한다는 공통점이 있다. 학원, 인터넷 강의, 과외는 스스로 학습하는 것이 아니다. 성적이 우수한 학생은 자기주도적으로 학습 시간을 갖고 꾸준히 매일 공부하는 학생이다.

2) 공부 계획이 없으면 공부를 잘할 수 없다.

하루, 주간 계획, 월중 계획, 학년 계획을 세워야 한다. 성적을 잘 받는 학생의 대부분이 수학, 영어 과목은 매일 공부한다.

중학교에서 공부를 잘하려면 공부 시간을 과목별로 정해 꾸준히 유지하면서 노력하는 습관을 들여야 한다. 이런 학습 습관이 고등학교까지 이어져야 하고, 방학은 성적을 향상할 기회임으로 철저한 계획을 세워 준비해야 한다.

3) 인터넷 강의는 더욱 계획을 잘 세워야 한다.

무조건 인터넷 강의를 듣는다고 해서 성적이 오르지는 않는다. 인터넷 강의를 듣는 학습법은 따로 있다. 학원이나 인터넷 강의를 들어도 집중하지 않는다면 돈과 시간 낭비다. 인터넷 강의를 듣기 위해 학습 과정을 선행적으로 문제집을 사서 풀어보거나 예습을 안 하고 듣는다면 효과를 볼 수 없다.

4) 가장 중요한 공부 방법은 학교 수업이다.

학교 수업 시 학원 숙제를 하기 위해 과목 선생님 모르게 문제를 푸는 학생을 자주 본다. 대부분 학원 숙제를 하고 있다. 이는 학교 수업과 학원 숙제를 모두 놓칠 수 있는 제일 나쁜 공부 방법이다.

학교 시험문제 출제에 대한 팁을 준다면, 먼저 출제 교사들은 과목 선생님과 함께 시험 문제를 나누어 출제한다. 따라서 시험 전 문제 출제 기간 일주일은 중요하다. 선생님들은 반별로 시험 내용을 전달해야 한다. 또한, 각 반에 수업한 문제만 출제할 수 있기 때문이다. 각 학교는 10년 동안 출제한 내용은 출제할 수 없다. 따라서 기출문제만 외우는 학생은 시험을 잘 볼 수 없다. 학교 수업이 기본이 되는 것을 잊지 말자.

5) 공부에는 왕도가 없다고 말한다. 이는 공부 방법은 개인적이기 때문이다.

자신에게 맞는 공부 방법을 스스로 해보고 자신에 맞는 공부 방법을 선택해 꾸준한 노력과 매일 학습만이 성적을 올리는 방법이다. 학원 선택 시 친구를 따라가거나 부모님이 결정한다면 자녀의 학업 수준을 무시한 비효과적인 타율적 공부 방법이다. 공부를 잘하는 아이들의 공통점을 보면 스스로 자기주도적인 학습을 하고 있다는 것이다. 상급학교에 진학하면서 부모의 강압적인 학습법은 효과적이지 않고 성적에도 나쁜 영향을 미친다. 부모는 자녀가 자기주도학습에 습관을 들이도록 어릴 때부터 공부 환경을 제공해야 한다.

4. 특목고를 준비하는 학습 계획서 세우기

고교학점제 시행과 고교 절대평가로 인해 올해 특목고 전국 자사고의 경쟁률이 높아지며 다시 특목고에 관한 관심이 높아지고 있다. 특목고 준비는 초등학교 6학년 때부터 미리 준비하는 경향이 있는데 중학교 입학 후 준비할 사항을 알아보자.

중학교 1학년 준비 사항

1) 자신의 미래에 맞는 목표 학교 설정 및 자기주도학습의 기초를 마련해야 한다.

1학년 자유학년제와 자유학기로 인해 학업에 대한 중심을 잡지 못하고 자신의 학업 판정을 알 수 없었다. 또한, 코로나19로 인한 학업 격차가 심해지고, 시험을 안 보면서 학업에 대한 자기주도학습이 부진하고 본인의 실력 검증을 할 수 없어 학생들의 어려움이 많았다. 이제는 학부모들의 요구로 자유학기제가 실시되면서 학생들의 시험이 부활하여 초등학교부터 중학교 시험에 대비해야 한다.

2) 자유학기제에 미래의 꿈과 목표 설정을 해야 한다.

고교학점제 시행으로 미래 진로의 꿈과 목표를 구체적으로 설정하는 시기이다.

3) 비교과인 특기 사항, 독서, 자율동아리, 봉사활동 등 포트폴리오를 작성해야 한다.

대부분의 1학년 학생들은 신경을 안 쓰는데 2학년이 되어 특목고를 진학하려는 학생들은 꼭 미리 준비해야 한다.

4) 학교 수업에 최선을 다해야 하고 과목별 내신 학습에 몰두해야 한다.

과목별 특기 사항에 좋은 점수를 받도록 최선을 다해야 한다.

✎ 중학교 2학년 준비 사항

1) 외고, 국제고 목표라면 상위 90점 이상의 영어 내신 성적을 유지해야 한다.

2~3학년 영어 점수가 90점 이상이 안 되면 외고, 국제고 지원해도 합격하기는 어려울 것이다.

2) 목표 학교에 맞춘 교과 선행학습 및 심화학습에 연관성 있는 독서 활동이 중요하다.

독서 활동은 면접 시 중요한 요소가 되고 선행과 심화는 고교 입학 시 학업 적응에 중요한 역할을 한다.

3) 방학 동안 목표 학교에 대한 구체적인 정보를 수집하고, 학교 설명회나 학교 방문을 직접 가보는 게 학교를 이해하는 데 큰 도움이 된다.

📜 중학교 3학년 준비 사항

1) 생활기록부를 통해 자기소개서 작성 준비를 시작해야 한다.

자기소개서는 특목고, 전국 자율사립고에 결정적인 합격 요인이 된다. 초안을 만들고 자신의 3년 동안 학업을 정리하는 시간을 갖는다.

2) 자기소개서와 면접이 합격의 당락을 결정하기에 계속 수정하고 자기소개서 내용 이외도 시사적인 글이나 자신의 진로에 대한 구체적인 면접 질문을 연습한다.

3) 자기소개서는 전문가나 학원 등에 전적으로 맡기지 말고 본인이 직접 작성하고 첨삭 또한 본인이 수정해 본인만의 자기소개서를 작성하라.

각 고등학교에는 유사성 자기소개서, AI 시스템으로 타인이 써 주는 자기소개서를 분별해 대필 가능성이 있으면 합격 후라도 조사해 불합격 처리한다. 스스로 충분히 1,500자를 쓸 수 있다. 남에게 첨삭을 부탁할 때도 본인의 생각으로 자기소개서를 수정해야 한다.

1) 외고인 경우 동점자 처리가 합격의 주요 변수이므로 3학년 국어, 사회 점수에도 높은 성적을 유지해야 한다. 영어 90점 이상은 기본이고, 국어, 사회 점수도 3학년 2학기 시험에 좋은 성적을 내도록 노력해야 한다.

2) 출결 관리를 철저히 해야 하고 무단결석으로 감점은 불합격의 요인이 된다.

3) 전국 자율사립고를 지원하는 학생이라면 모든 과목에서 올 A를 유지해야 합격률을 높일 수 있다.

　본인의 꿈과 연결된 자율동아리, 학교 회장단, 방송반, 독서반 등 적극적인 학교 활동을 해야 한다. 생활기록부의 비교과 관리, 세부 능력 및 특기 사항을 철저히 하고, 지원 학교는 중학교 시절 한 번은 꼭 방문하길 권한다.

　특목고 선택은 본인이 가장 중요하다. 본인이 선택한 학교가 자신의 꿈과 진로 목표에 맞는지 따져 보지 않고 부모의 의지로만 선택이 된다면 입학 시 적응을 못하고 중간에 자퇴하는 학생들도 많이 볼 수 있다. 저자가 특목고 지원 상담을 할 때 가장 먼저 고려하는 것이 본인 선택인가를 학생하게 질문한다. 또한, 외고와 국제고 지원 학생은 수학 점수를 본다. 수학 점수가 낮은 학생들은 외국어고 지원을 다시 한번 생각해 보아야 한다.

5. 부모의 공부 강요가 자녀의 학습에 미치는 영향

학교 현장에서 학생들을 상담해 보면 자기주도학습을 하는 학생들의 수는 적다. 부모들이 많은 부분을 관리하고 있고 학원, 과외, 인터넷 강의까지도 부모가 정해 주어 학생들의 불만은 더욱 커지고, 이는 부모와의 갈등으로 벌어진다.

부모와 자녀의 세대는 여러 가지 환경에서 큰 차이를 보인다. 지금 자녀들은 엄청난 정보와 초단위로 변하는 4차 산업의 주인공이고, 부모가 이해할 수 없는 사회 변화에 잘 적응하고 있다. 부모 세대가 TV 세대라면 자녀들은 유튜브(YouTube) 세대로 모든 정보를 영상으로 취득하고 부모들이 어릴 적보다 더욱 똑똑한 세대이다.

아이들은 학교에서도 친구 관계, 선생님, 학업 등으로 많은 스트레스를 받는다. 학교를 마치면 학원으로 가서 혼자 햄버거를 먹고 늦게까지 틀에 박힌 수업을 마치고 귀가한다. 이것으로 일과가 끝나는 것이 아니다. 밀린 학교, 학원 숙제를 하고 하루를 마감한다.

못한 학원 숙제는 수업 시간에 몰래 문제를 푸는 학생들을 자주 본다. 많은 학업 스트레스가 생기고 부모님의 강요가 심할 때는 자살까지도 이어진다. 그래서 우리나라의 청소년 자살률이 1위인 것이다.

자녀들은 모두 현명하고 똑똑하다. 자녀는 다른 아이와 비교하면 안 된다. 나의 자녀에게 맞는 공부 방법이 있을 것이므로 그것을 아이와 같이 의논하고 공부 방법을 선택해야 한다. 자녀는 본인의 공부 수준이나 자신을 제일 잘 알고 있다. 어쩌면 이렇게 공부시키는 부모는 자신의 욕심을 채우는 것이 아닐까 생각한다.

아이들이 여행을 하거나 동아리 활동을 하는 것은 생각할 수도 없다.

엄마의 못 이룬 꿈을 아이에게 큰 기대로 보상받으려는 마음이 많이 있다. 부모님과 자녀는 분리하여 생각했으면 한다.

✍️ 자녀를 인정하고 학습량, 수준 등을 자녀와 상의하여 학원도 결정해야 한다.

교사연구회에서 고등학교 수학 선생님이 중학교 수학 선행학습에 대해 강한 부정적인 의견을 제시하였다. 물론 우수한 학생이 선행을 나가는 것은 문제가 안 되지만, 중학 수학도 정리가 안 된 학생을 고입에 무조건 고등수학을 선행하게 되면 학생들은 고등학교 입학 시 수학에 대해 싫증을 느끼고 진도를 따라오지 못하게 된다. 이런 학생들은 선행학습을 하지 않은 학생들보다 무엇부터 어떻게 가르쳐야 할지 난처하다고 한다. 신중하게 선행을 선택해야 한다.

✍️ 오히려 성공한 부모가 아이의 미래를 망친다.

공부를 잘하고 좋은 대학을 나온 부모가 자녀에게도 공부를 잘해야 한다는 집착이 아이를 망친다. 요즘 의대에 대한 진학 욕구가 높아 반수의 반수를 한다는 기사를 본다. 자녀들이 나는 어떤 사람이지, 꿈이 뭔지, 자기 정체성 형성에 스스로 고민조차 할 수 없게 한다.

청소년기에 꼭 필요한 발달 과업이 있지만, 그럴 기회를 부모는 주지 않고 무조건 공부만 강요하다 보니 이러한 학생들이 대학 진학 시 마찬가지로 자신이 스스로 해본 경험이 적어 진로에 대해 난관에 빠진다.

부모 자체가 어떤 정체성도 없고 자신의 성공 키워드가 공부라 생각해서 자녀에게 큰 부담을 주는 소위 SKY 출신 부모의 자녀들은 더욱 큰 압박을 느낀다.

📝 **친구가 없다면 신중히 자녀를 관찰해야 한다. 이는 학습 저하에 큰 영향을 미친다.**

또래 아이들과 잘 어울리지 못하는 경우를 별거 아니라고 생각하는 부모가 있는데 친구 등을 통해 학습 정보를 얻고 서로 돌봐 주는 것은 중요한 공부 요인 중 하나이다. "못 어울리면 좀 어때? 공부만 잘하면 돼!" 등 이런 생각은, 정서 발달이 아이들에게 매우 중요한데도 부모들은 과소평가하는 경향이 있다.

분명한 건 부모가 변해야 한다는 것이다. 특히 사회 지도층의 자녀들이 부모님의 존재에 부담을 갖고 더 잘해야 한다는 압박으로 힘들어한다.

학습 계획 수립의 첫걸음은 자녀의 성향을 파악해 자녀에게 맞는 공부 방법을 음식의 간을 보듯 여러 가지 실험을 해봐야 한다. 아이의 성향을 단지 검사 결과로 한정하지 말고 부모 마음대로 규정지어서도 안 된다.

나의 자녀는 세상에서 가장 소중한 인격을 가지고 있는 보석 같은 귀한 자녀이다. 부모는 보석이 빛을 발할 수 있는 멘토가 되어야지 보석의 질을 바꾸어서는 안 된다.

6. 상위권을 유지하는 공부 비법

많은 교육 전문가가 공부 비법에 대해 논한다. 특히 상위권을 유지하기 위해 공부하는 아이들의 특성을 알아보면, 가장 뻔한 대답이지만 자기주도학습으로 스스로 학습 계획을 세우는 학생들이다.

특히 학교 현장에서 상위권 학생들의 특성을 보면 기본에 충실하다는 것이다. 예습 복습을 스스로 수행하고, 누구의 강요가 아니라 공부에 대한 흥미와 즐거움이 있다는 것이다. 코로나19 시대 부모와 같이 있는 시간이 많아지면서 부모의 잔소리는 많아지고 인간 자체가 누가 자신을 제어하려 하면 포기하든지 반감을 갖는 특성으로 나타난다. 코로나19로 인해 학력 격차는 크게 벌어져 실제 학교 현장에서 실감하는 상황이다.

공부 목표 학습량을 적절히 세우는 것이 중요하다.

공부의 양이 많다고 성적 상승의 기본이 되는 것은 아니다. 목표 학습량을 매일 100% 수행하는 것이 중요한 것이 아니고 목표를 다 채우지 못해도 그 시간 동안 얼마나 충실했냐가 중요하다.

예습과 복습에서 공부의 기본은 반복이라는 것이다.

공부의 가장 기본 정도는 반복의 학습이다. 우리 뇌의 기억 구조상 반복이 가장 공부 기술의 상위권을 유지하는 가장 효과적인 방법이다. 상위권 학생들의 성적 비법은 바로 복습이다.

에빙하우스의 망각곡선의 중요성을 봐도 복습을 위주로 하는 학생들이 성적이 높다는 것을 알 수 있다. 이러한 반복의 학습이 장기 기억으로 학습한 내용이 더욱 잘 떠오를 것이다.

학교를 마치고 학원으로 늦은 시간까지 공부하는 학생들이 가장 바라는 것은 상위 학생 그룹에 들어가는 것일 것이다. 밤늦게까지 공부하는데도 성적은 더 떨어질 때 부모와 학생들은 "왜 성적이 안 오르지?"하며 자책하고, 이는 학습에 대한 부정적인 영향을 미친다.

반면 상위권을 유지하는 아이들은 공부 시간의 양이 아니라 공부의 질을 중요시한다는 것이다. 부모의 잔소리나 강제적인 학습 강요로 공부하는 것이 아니라, 자신의 판단으로 자의적으로 공부 계획을 세운다는 것이다. 물론 공부의 시간은 적지만 자기주도적인 공부 기술이 상위권을 유지하는 비법인 것이다.

학교, 학원 등 하루 10시간 이상의 공부를 하면서 성적 향상이 안 된다면 공부 계획을 바로 수정해야 한다. 학부모 특강을 해보면, 부모님들이 학원에 대한 신뢰가 크다. 성적이 안 나온다면 바로 그 학원과는 절연해야 한다. 하지만 부모님과 자녀들은 학원을 그만두는 것을 매우 힘들어한다. 그 이유 중 가장 큰 것이 학원에 대한 신뢰보다 두려움이다.

"내가 이 학원을 안 다니면 어떡하지?" 그동안 타인에 의한 공부를 해 왔기에 자신의 공부 방법을 모른다는 것이다. 상위권의 학생들은 항상 여유가 있다. 적절한 공부의 양, 적절한 자율학습 시간을 정하는 것이 공부에서 중요한 시간이다. 스스로 탐구하는 시간이야말로 자기 것으로 만들어야 하는 중요한 시간이다.

상위권 학생의 공통점은 자기주도가 된다는 것이다. 공부는 능동적으로 해야 하고 그렇게 공부해야 자신만의 공부 방법으로 적은 시간이라도 효과적인 성적 향상이 나타난다. 부모의 잔소리나 강요로는 절대로 상위권 성적 향상을 바랄 수는 없다. 공부 계획을 자녀와 함께 자녀의 공부 수준을 정확히 파악하고, 실패할 수 있지만 자녀를 믿고 기다려 주는 것이 부모의 역할이다.

7. 명문대를 보낸 부모의 공통점

명문대를 보낸 부모들의 인터뷰를 보면 "전 공부하란 잔소리는 하지 않았어요."라는 말을 자주 듣곤 한다. 수능 만점인 학생들의 말에도 "전 학원 안 다녔어요."라는 인터뷰를 들을 때 일반적인 부모들은 특별한 경우라고 생각한다. 명문대 부모들은 공부보다 가정 환경의 공통점을 보면 부부가 각자의 자리에서 안정된 역할을 하고 있고, 부부간의 대화가 많아 화목한 분위기를 항상 유지한다는 것이다.

📝 **명문대에 보낸 가정들의 공통점을 살펴보면 다음과 같다.**

1) 명문대 합격생들은 학업 성과에 지속적으로 꾸준히 노력한다.

대부분 명문대 학생은 높은 학업 성과를 거두었거나, 적어도 그러한 잠재력을 가지고 있다. 이는 대개 학교에서의 학업 태도가 바르고 집중하는 모습을 볼 수 있다. 대부분 학원을 안 다닌다. 그 이유는 시간을 절약하기 위해서라고 하며, 인터넷 강의로 보충한다.

2) 부모의 교육 환경이 자녀의 학업에 큰 영향을 미친다.

명문대에 보내는 것은 비용이 많이 들기 때문에 가정에서 돈과 자원을 많이 투자했을 가능성이 있다. 학비, 교재, 컴퓨터, 기타 교육 자원

등이 자녀의 명문대 합격을 지원하기 위해 부모가 노력하지만, 이것이 명문대 입학의 지름길은 절대 아니다. 부모 각자의 자리를 지켜야 한다. 결코 아이에게 공부의 강요나 학원 선택 등 부모가 일방적으로 정한다면 아이의 독립권은 무시된다. 이런 교육 환경에서는 결코 자발적인 학습이 나올 수 없다.

3) 명문대를 선호하는 가정은 대개 교육 가치관이 높다.

이러한 가정은 교육을 중요하게 생각하며, 자녀의 교육에 많은 관심이 있다. 가정에서 자녀의 학습을 지원하고, 교육적인 자극을 주기 위해 노력한다. 명문대는 사회 활동에서 성공적인 경력이 보장되고, 이런 학생들의 표본을 뽑아 보면 가정에 명문대 출신이 많다는 것도 알 수 있다.

하지만 명문대 합격 학생들을 보면 자기주도학습이 어릴 때부터 몸에 익숙하고 부모의 간섭은 적다는 것을 알 수 있다. 초등학교 3학년부터 사고력을 요구하는 문제들이 출제되면서 자녀의 본 학업 실력이 나타난다. 어릴 때부터 학원에 보내고 선행을 위해 아이에게 부담을 준다면 아이의 자기주도학습은 강요로 어릴 때부터 수동적으로 된다. 자녀 교육의 올바른 학업 지도는 자녀 스스로 선택하고, 그 선택을 부모는 존중하고 지켜보는 것이다. 결국 공부는 아이가 하는 것이다. 특히 고등 사고력을 요구하는 중·고등학교 전, 이런 학업 행동을 몸에 익힐 수 있도록 부모의 멘토 역할은 중요하다.

8. 공부를 싫어하는 아이를 위한 TIP

부모들의 가장 큰 고민은 자녀의 학습 속도가 느리고 다른 아이에 비해 뒤처지는 것 같아 불안을 느낀다. 부모들은 학교, 학원 등의 시험지 점수에 대해 민감하고 다른 학생들과 비교하면서 자녀에게 학업 부담을 강요하게 된다. 자녀의 학습은 초등학교 고학년부터 논리적이고 사고력의 문제를 풀면서 아이는 점점 복잡해지는 학업에 대해 회피하는 행동을 취한다. 이러한 행동의 변화가 공부를 싫어하는 기본적인 모습이다. 자녀가 공부를 싫어하는 이유에 대해 살펴보면 다음과 같다.

1) 아동기 꾸준한 근면성에 관심을 두어야 한다.

아이들은 초등학교 고학년이 되면서 학습에 대한 좌절과 실패를 경험한다. 쉬운 문제를 틀리고 스스로 좌절감을 느끼고 부모의 학업 억압으로 아이는 자신감이 모자라고 포기하게 된다. 학습은 근면성이다. 어려서부터 부모는 놀이나 학습 과정에서 꾸중보다는 어떤 일을 완수하면 칭찬해야 한다. 생각보다 자녀들의 칭찬에 인색하고 강요에 대한 말을 더 자주 한다. 꾸준한 활동에 칭찬과 격려를 받으면 아이의 근면성은 더욱 성장한다. 이런 근면성이 아이의 학습에 긍정적인 영향을 미친다.

2) 부모는 아이가 직접 해볼 수 있도록 끊임없이 의욕을 불어 넣어 주어야 한다.

아이가 공부에 담을 쌓고 흥미가 없다면, 아이의 흥미 있는 다른 면을 살펴보는 것이 중요하다. 먼저 공부보다 자녀의 흥미, 관심사를 먼저 파악하고 아이가 좋아하는 것에 대해 부모의 적극적인 도움이 필요하다. 부모는 여러 가지 학습 도구들을 이용하면서 아이가 흥미 있는 부분의 관심을 가지고 행할 때 칭찬과 격려가 중요하며 자녀의 흥미를 학습으로 유도해야 한다.

3) 자녀의 공부량을 점검해야 한다.

필자에게 이런 부모의 상담이 들어오면 학원의 개수를 물어본다. 보통 3~4개의 학원을 다니는데 학원 숙제가 너무 많아 공부에 대해 포기하는 때도 있다. 아이가 감당할 수 있는 공부의 양을 주어야 한다. 과부하로 인해 번아웃 되면 아이는 공부에 대한 흥미를 잃어버린다.

4) 자녀의 놀이 시간이 없는 건지 부모는 체크해 봐야 한다.

부모는 공부량만 늘리면 아이의 학습 속도가 증가할 것이라고 생각한다. 학습 외에도 학습을 준비하기 위한 자녀의 심리 상태가 중요한데 활동적인 놀이나 스포츠 활동은 공부에 긍정적인 효과를 나타낸다. 자녀의 놀이 시간이 모자라지는 않는지 점검해 보고 바쁜 일과 중 움직임 활동에 대해 부모는 프로그램을 짜서 자녀의 스트레스나 기분 전환에 도움을 주어야 한다.

이외에도 학습적인 모습만 보지 말고 자녀의 학교, 학원 친구 관계도 학습의 저해 요인 중 하나이다. 학습에만 집중하지 말고 담임 선생님을 통해 교우 관계를 점검해 보고 문제가 있다면 부모가 도움을 주어야 한다. 또한, 가장 중요한 요인은 부모와의 관계이다. 부모와 바람직한 관계 형성이 아이의 학습 효과에 큰 영향을 미치므로 가정에서부터 아이를 신뢰하고 칭찬과 격려가 무엇보다 중요하다.

부모의 표현력 부족으로 칭찬에 대해 인색한 부모들이 많아 부모 또한 자녀를 위해 공부하고 노력하는 모습을 보여 주어야 한다.

9. 특목고·전국 자사고 자기소개서 작성할 때 부모의 지도 방안

자기주도학습 전형으로 선발하는 학교들이 갈수록 더욱 자기소개서의 면접 비중을 높이고 있다.

자기소개서는 스스로 중학교 생활을 정리하며 구체적이고 사실적으로 생활기록부를 토대로 평가자에게 본인의 장점을 구체적인 예를 들어 작성해야 한다. 미사여구로 글을 포장하는 것이 아니고 본인이 직접 경험한 학습 활동, 동아리 활동, 독서·봉사 활동을 토대로 간결하게 본인을 나타내는 것이다.

아직도 전문 학원이나 전문가에게 의뢰해 글을 쓰는 부모들이 간혹 있는데 이는 자녀에게 아무런 도움이 되지 않는다. 자기소개서는 고입뿐 아니라 사회생활 등 앞으로 남에게 본인의 표현을 글로 하는 것이기에 솔직하고 담백한 글이 평가 감독관들에 큰 점수를 받을 것이다.

필자는 《합격 사례를 통한 특목고 자사고 자기소개서 작성법》(올드앤뉴 발간)을 통해 교육 현장에서 수많은 자기소개서를 지도해 왔다. 그 과정에서 성적은 우수하나 자기소개서에 본인의 능력을 발휘하지 못하여 낙방의 고배를 마시는 안타까운 경우를 많이 보았다. 다음 3가지 중요한 요소를 점검해야 한다.

1) 자기주도학습 전형에 관한 올바른 이해

자기주도학습(Self-Directed Learning)은 학생 주도적으로 학습 목표를 설정·계획·학습 후 스스로 결과를 평가하는 과정을 통해 창의력과 문제해결력을 향상하는 학습 과정으로 학생의 자기주도학습 결과와 인성을 중심으로 고등학교 입학전형위원회에서 창의적이고 잠재력 있는 학생을 선발하는 입학 전형을 말한다.

그런데도 아직도 많은 학부모가 취지를 파악하지 못하고 전문 학원에 학생의 자기소개서를 맡기고 있는데, 이는 불합격의 원인이 된다.

2) "유사도 검증 시스템"을 활용하여 자기소개서의 표절 여부 검증 의무화

자기소개서는 자기주도학습 영역(꿈과 끼 영역)과 인성 영역 평가가 가능하도록 학생 본인이 직접 작성하여 파일 형태로 제출하게 되어 있다. 학원이나 특정 기관의 첨삭을 금지하며 대리 작성, 허위 작성 혹은 표절 시에는 사후에도 입학 취소 등 불이익을 부과한다는 사실을 명심해야 한다.

또한, 외국어 고등학교 입시에서 영어 등 각종 인증 시험 점수, 경시대회 입상 실적을 기재하면 영점 처리하며, 2015년부터 새롭게 부모의 사회·경제적 지위 암시 내용 등을 기재할 때 학교별 기준을 마련하여 항목 배점에서 10% 감점 처리 대상이다.

3) 2015학년도부터 외국어고 입시에 독서와 담임 추천서가 없다.

영재고, 과학고, 외국어 고등학교에 독서와 담임 추천서가 없어지면서 자소서와 면접이 40%를 차지하게 되어 외국어 고등학교 입학 담당관들은 합격의 당락은 자기소개서와 면접임을 강조하고 있다.

자기소개서는 학교에서 학업을 하며 포트폴리오를 그 안에서 만들어 가는 과정이다. 생활기록부를 중심으로 본인이 생각하는 학교의 지원 동기를 그 학교 홈페이지를 통해 알아보고 자기주도학습 또한 학교 안에서 찾아야 한다.

항상 메모하는 습관을 키우고 본인의 장점을 강조하며 약점을 승화시키는 과정을 정리한다면 자기소개서를 쓸 때 큰 도움이 된다.

스스로 학습 계획을 작성할 때 가장 중요한 것은 중학교 3년 동안 학교에서 구체적인 공부 방법을 적는 게 유리하다. 부모들은 자녀들이 학교 간부, 방송반, 독서반, 자율동아리, 과학 행사 등 학교 행사에 적극적으로 참여하게 하여야 한다. 자기소개서는 결국 생활기록부를 요약 정리하고 자신의 공부 방법을 추가하는 것이기에 학교생활에 충실할 수 있도록 자녀들을 독려해야 한다.

10. 자녀를 영재로 키우기 위한 부모의 역할

영재는 99%의 노력과 1%의 천재성으로 만들어진다고 말한다. 부모는 모두 자녀가 영재가 되기를 바란다. 어릴 때부터 부모는 자녀의 행동을 보며 우리 아이가 천재성을 가진 게 아닌가 반문하기도 한다. 모든 아이는 천재로 각자의 달란트를 가지고 태어난다. 단지 부모가 둔재로 만들지 않으려면 현명한 지혜가 필요하다. 요즘 영재 발굴단이나 학원 영재반 등에서 자녀의 성향과 실력을 파악하지 않고 영재를 만들려는 부모들이 많아지고 있다. 의대의 인기가 많아지면서 중학생들에게 의대 입시반이 성행한다고 하는데, 수요가 있기에 이런 조기 교육이 이루어진다. 학교에서 영재고등학교 진학을 원하는 학생들의 대부분이 부모의 권유로 영재고등학교를 준비한다. 영재고, 과학고 시험에 낙방해 일반고를 진학해서 적응 못 해 자퇴하는 학생들을 자주 본다. 부모의 잘못된 선택으로 진로를 망치는 학생들을 볼 때면 교사로서 마음이 아프다. 영재를 위해 자녀에게 프로그램을 제공하기 전 자녀의 관심사에 귀 기울이고 관심사를 지지하고 지원해 주는 것이 우선이다.

✍️ 자녀를 머리 좋은 아이로 키우기 위해 부모는 어떤 언행을 보여 주어야 하나?

1) 자녀의 사회성이 높을수록 영재성이 유지된다.

사회성의 바탕은 자녀의 정서이다. 정서적으로 안정이 되어야 불안감이 사라지고, 대인관계가 원만하고 원활한 소통으로 많은 정보와 간접적인 체험 경험을 할 수 있다. 영재성은 타인에 대한 배려로 남을 인정하는 공감 능력과 타인에 대한 이해력이 중요한 요소 중 하나이다. 사회성 발달이 늦은 아이들은 영재성을 점차 잃어버리고 학업 또한 상승할 수 없다. 자녀 나이에 맞는 사회성 훈련에 부모들은 학업보다 더 많은 관심을 두어야 한다. 일부분이지만 영재를 키우기 위해 학원만 돌리는 부모들의 자녀들은 친구 형성에 어려움을 보이고 학교 현장에서 따돌림을 당하는 아이도 있다. 사회성에 가장 좋은 방법은 스포츠 활동이다. 자녀가 친구들과 어울리고 체력도 키울 수 있는 좋아하는 운동을 선택해 자녀의 학습 프로그램에 필수로 꼭 넣어야 한다. 영재는 학습으로 만들어지는 것이 아니고, 영재성은 호기심과 흥미에 대한 부모의 관찰과 협조가 중요하다.

2) 자녀가 관심을 보이는 분야가 있으면 배울 기회를 제공해야 한다.

영재는 관심에서 시작한다. 자녀의 영재성을 발견하려면 자녀가 관심 있고 호기심 있는 분야를 발견하는 것부터 시작한다. 자녀의 달란트는 부모가 발견해야 한다.

대부분 부모는 이런 자녀의 관심사에 바쁜 부모의 활동 때문에 파악하지 못하고 지나가는 경우가 대부분이다. 영재는 부모가 만든다는 말은 이런 자녀의 관심사에 대해 충분한 지원을 한다는 것이다. 자녀는 자신이 좋아하는 어떤 분야에 부모의 지원이 이루어지고 부모의 관심과 사랑을 느낀다면 자녀는 더욱 자신감이 상승하고 학습의 효과도 높아진다. 영재성은 이렇게 자신이 좋아하는 일로써 시작된다. 주위 부모들의 영재성의 잣대로 자녀를 비교하지 말고 오직 자녀의 관심사에 집중해야 한다.

3) 자녀에게 예체능과 자연 속에서 체험할 수 있는 프로그램을 제공해야 한다.

영재 학원에 다니며 전전긍긍하며 항상 시간이 쫓겨 사는 아이들을 보면 안타깝다. 영재의 조건은 다양성의 적용이라 볼 수 있다. 예체능과 체험은 영재성을 극대화하는 가장 중요한 요인이다. 현명한 부모라면 자녀의 창의성을 위해 여러 체험과 머리를 쉬게 함으로써 더욱 활발한 생각을 가질 수 있게 도와주어야 한다. 부모들의 학습 참견은 적절한 시기에 자녀의 학습량에 맞추어 행해져야 한다. 너무 무리한 선행이나 주위 부모를 따라 행한다면 자녀의 영재성은 갈수록 떨어질 것이다.

수학 문제 하나를 푸는 것보다 자연의 햇빛을 자유롭게 받을 수 있는 시간을 먼저 제공해야 한다.

자녀를 영재로 만드는 것은 부모들의 꿈이고 부모의 욕심으로 모두가 원하는 것이다. 자녀의 천재성을 없애 버리는 부모의 행동을 살펴보고 뒤돌아보아야 한다. 우리 자녀는 각자의 소중한 달란트를 가지고 태어난다. 단지 가정의 환경이나 부모의 훈육 형태에 따라 영재성이 사라지거나 발견하지 못하는 것이다. 자녀의 영재성을 최초 발견하는 사람은 부모이다. 가장 먼저 부모가 할 일은 욕심을 내려놓고 자녀에게 좋은 습관을 지닐 수 있도록 버팀목이 되어야 한다. 자녀의 관점에서 바라보는 시간이 중요하다. 자녀들이 모두 영재라는 사실을 항상 기억해야 한다.

11. 자녀의 어휘력을 키우는 방법

청소년의 독서량이 심각하게 떨어지고 있는데, 공부의 기본이 되는 어휘력은 학습의 가장 중요한 원동력이라고 볼 수 있다. 명문대 진학의 공부 방법 중 가장 기초적인 것이 어휘력이다. 어휘력은 살아가는 언어 습관의 토대이고 상상력의 기본 초석이 된다. 자녀들은 컴퓨터, 핸드폰 과대 사용으로 어휘력이 갈수록 점점 떨어지는 현상을 보이는데 부모들은 문해력과 어휘력을 위해 자녀에게 많은 시간을 할애해야 한다. 중학교 국어 시간에 한 학생이 "무료하다는 말이 공짜를 뜻하나요?"라고 질문한다. 무료하다는 말은 흥미 있는 일이 없어 심심하고 지루하다란 말인데, 이런 말을 알아듣지 못한다는 것은 어휘력의 기초가 안 되어 있다는 것이다.

이런 일은 비일비재하게 수업 시간에 나타나고 국어 선생님들은 단어의 설명에 많은 시간을 보낸다고 한다.

📑 자녀의 어휘력과 문해력을 위해 어떻게 도와주어야 할까?

1) 부모가 가정에서 올바른 언어를 사용해야 한다.

자녀들의 어휘력의 문제가 있다면 부모의 언어 습관을 점검해 보아야 한다. 자녀는 부모의 어휘력의 한계를 닮아가고 있고 처음 학습되는 언어의 습관이나 어휘력은 부모를 보고 배운다. 부모의 어휘력을 높이기 위해 독서 등 모임을 통해 여러 가지 방법으로 문해력과 어휘력을 향상해야 한다.

2) 취학 전이나 초등학교 시절에 독서의 습관을 키우도록 부모는 책과 가까운 여러 가지 방법을 구상해 보자.

이 시기가 평생 독서 습관을 좌우한다고 해도 과언이 아닐 것이다. 부모는 시간을 정해 책방이나 도서관에 가는 것이 가장 효과적인 방법이다. 그곳에 가면 주위 환경이 책을 읽을 수밖에 없는 좋은 환경이 되어 있어 자녀들 또한 자연스럽게 책을 선택해 집중하게 된다. 집 안 거실에 많은 책을 쌓아 놓고 전시하듯 실내장식을 하는 부모가 많은데, 이는 자녀가 책을 원해 설치한다면 효과가 있지만 오히려 책에 대한 반감을 느낄 수도 있어 신중하게 결정해야 한다.

3) 정확한 진단으로 자녀의 어휘력과 문해력을 키우자.

중학교에 입학하면 기초학력 진단평가를 전 학년에서 실시한다. 교과서의 내용을 전부 이해하는 학생의 비율은 9%에 불과하다. 10명 중 1명만 어휘력에 문제가 없다는 것이다. 학교에서도 국어 선생님들이 꾸준히 노력하고 있지만, 부모들이 자녀와 독서 토론이나 독후감을 같이 써 보는 것을 추천한다. 또한, 어휘력에 도움을 주기 위해 새로운 단어를 주고 글을 만들어 보고 자녀가 만든 글에 새로운 어휘로 바꾸어 주는 놀이 또한 효과적이다. 자녀의 어휘 능력을 정확히 파악하여 등급별로 맞는 지도를 찾아보는 것도 좋다.

4) 토론하는 가정 분위기를 만들자.

어휘력의 향상을 위해 가정에서 토론할 수 있는 프로그램을 만들어 자녀와의 대화 시간을 가져야 한다. 독서나 신문 기사, 인터넷, 자녀 관심사 등의 토픽(topic) 시간을 정해 부모도 참여해 발표하고 토론하는 시간을 만든다면 자녀는 학교나 외부에서 자신감을 가지고 발표할 수 있다. 학교 현장에서도 수행평가의 대부분이 발표로 이루어지고 있다. 가정에서 이런 토론 시간을 만드는 것은 일거양득으로 자녀의 학업과 발표에 큰 도움이 된다.

이처럼 어휘력은 생각하는 힘, 창의성, 자신감, 학업 성적, 의사소통 등 여러 요소에 큰 영향을 미친다. 이 모든 요소는 서로 연결되어 자녀의 모든 어휘 능력과 발표력에 긍정적인 영향으로 나타난다. 학교에서는 학업에 가장 기초적인 틀이 되어 자녀의 시험에 많은 부분을 차지하고 성적 향상의 원인이 된다. 부모들은 부모의 어휘력을 위해 노력하고 자녀와의 대화와 독서 습관을 키워 주는데 본보기가 되어야 한다.

12. 자녀의 자기주도학습을 위한 부모의 역할

상위권 학생의 공통된 학습 방법은 자기주도학습을 스스로 자율적으로 계획하고 수립하여 실천한다는 것이다. 상위권 학생들은 매일매일 꾸준하게 스스로 공부하는 습관을 지니고 있다. 모든 학생이 자기주도학습을 못 하는 가장 큰 이유는 오랜 타율적인 공부 방법의 습관화가 되어 있다는 것이다. 부모의 잘못된 학습 방법이 대부분을 차지한다.

자기주도학습은 학습자가 스스로 자신의 학습을 계획하고 조절하며 실행하는 것을 말하는데, 이것은 학습자가 자신의 목표를 설정하고 그 목표를 달성하는 데 필요한 자원을 탐구하고 이를 활용하여 자신의 학습을 이루어 내는 것을 의미한다.

자기주도학습은 전통적인 수업 형태에서 벗어나 개인의 흥미와 요구 사항을 고려한 맞춤형 학습 방법으로, 학습자 스스로가 자신의 진도를 조절하고 문제를 해결하는 능력을 향상하며 학습의 책임감을 높이는 데 도움이 된다.

자기주도학습을 위해서는 명확한 학습 목표와 계획, 자기 평가와 피드백, 그리고 자율 동기 부여가 필요하다. 또한, 정보를 찾고 분석하는 능력, 문제 해결과 의사소통 능력도 중요하다. 이러한 능력을 강화하기 위해 학습자는 관련 자료를 찾아보고, 스스로 문제를 해결하며, 타인과 함께 공유하고 토론하는 등의 방법을 활용할 수 있다. 자기주도학습은 지속적인 학습에 필요한 능력으로, 삶 속에서 지속적인 성장과 발전을 위해 중요한 역할을 한다.

자기주도학습은 학습자 스스로가 자신의 학습을 계획하고 실행하는 능력을 기르는 것이다. 부모는 아이들이 이러한 능력을 기를 수 있도록 도와주어야 한다. 아이들이 자기주도학습을 기를 수 있도록 도와주는 방법을 알아보자.

1) 아이의 학습 목표 설정 돕기

부모는 아이가 관심이 있는 분야를 파악하고, 그 분야에서 달성할 수 있는 목표를 함께 설정해 줄 수 있고, 이를 통해 아이의 목표 의식과 실행 능력을 키울 수 있다.

2) 학습 계획 수립 지원하기

아이가 학습 계획을 수립하도록 도와주고, 이를 실행하는 과정에서 도움을 줄 수 있으며, 이를 통해 자녀의 학습 계획과 실행 능력을 키울 수 있다.

3) 자기 평가와 피드백 제공하기

부모는 아이가 자기 평가를 하도록 유도하고, 이를 바탕으로 피드백을 제공할 수 있다. 이를 통해 아이는 자신의 강점과 약점을 파악하고, 보완하는 방법을 찾을 수 있다.

4) 학습을 위한 리소스 제공하기

부모는 아이가 필요한 학습 자료나 교재를 찾아 주고, 이를 이용하는 방법을 알려줄 수 있다. 이를 통해 아이는 필요한 정보를 찾고, 이용하여 자기주도학습을 할 수 있다.

5) 동기 부여하기

부모는 아이의 학습에 관한 관심과 호기심을 높이는 방법을 찾아 주고, 긍정적인 피드백을 제공해야 한다. 이를 통해 아이는 학습에 대한 즐거움과 자신감을 얻을 수 있다.

위와 같은 방법을 통해 부모는 자기주도학습 능력을 기르는 데 큰 역할을 할 수 있다. 부모들은 자녀의 학습의 주최자가 되어서는 안 된다. 부모들은 급한 마음에 더 좋은 학원을 찾으며 자녀를 도와준다지만 결국 자녀의 자율적인 학습권을 빼앗는 결과를 초래한다.

13. 자녀의 학업 위기 시에 대처하는 방법

학부모가 된다는 것은 기쁘기도 하지만 자녀와 함께 여러 가지 할 일이 많아진다. 유치원부터 다른 아이와의 비교가 시작되고, 자녀가 뒤처짐을 느끼면서 할 수 있는 일을 걱정하고 무엇인가 방법을 고안하게 된다. 학부모는 자녀의 심리적, 정신적인 면뿐만 아니라 학업에 열중하게 된다.

자녀의 학업 위기는 초등학교 3학년, 중학교 1학년, 고등학교 1학년에 집중적으로 나타난다. 초등학교 1, 2학년을 지나면 3학년부터는 논리적 사고력이 필요하면서 특히 수학에 대한 수학 포기자가 형성되는 시기이다. 따라서 수학의 즐거움을 부모가 도움을 주어야 하는 중요한 시기이다. 학부모들은 여러 공부법을 자녀에게 제공할 의무가 있고, 자녀는 자신에게 맞는 공부법을 스스로 선택해야 한다.

중학교 1학년이 되면 자유학기제로 2학기만 시험이 있어 시험의 부담이 없어지고 학습량이 오히려 줄면서 학생들의 노력 또한 중요성이 떨어진다. 이때는 학교, 학원에서도 학생들의 개인차가 뚜렷하게 벌어지는 시기이다. 자기주도학습이 되는 학생들은 이 시기가 스스로 공부할 수 있는 또 다른 기회이지만, 많은 학생이 공부를 소홀히 함으로 성적 격차가 많이 벌어져 2학년이 되면 후회하는 학생들이 많다. 특히 특목고나 전국 자사고를 지원하는 학생들은 중1부터 스스로 자율동아리, 봉사, 독서 등 준비하는 모습을 볼 수 있다.

고등학교 1학년이 되기 전, 중학교 3학년의 시기는 중요한 시기이다. 대부분 학교 현장에서 기말고사가 끝나고 많은 시간을 자율 활동으로 보낸다. 고등학교 입학 전 4개월의 시간은 얼마든지 학업을 보충할 수 있는 시간이며 중요한 학업 기회이다. 고등학교 입학 후 첫 시험은 자녀의 대학 진학에 큰 영향을 미치고 있어, 학부모들은 이 시기를 학업의 중점 기간으로 새로운 학업 프로그램을 다시 설정해야 한다.

고등학교의 변화로 절대평가 및 고교학점제로 인해 부모들은 입시 전문가가 되어야 한다. 부모 시대 유망한 학과의 변화가 이루어지므로 부모는 자녀의 입시를 위해 공부해야 한다. 부모는 자녀가 어떤 분야에 관심이 있는지, 어느 과목에 흥미가 있는지를 바탕으로 학습 전략을 짜고 초등학교부터 많은 경우의 수로 학습의 기회를 제공하여 자녀가 스스로 선택할 수 있게 해야 한다.

이제 학교 선택의 변화가 많아 고등학교에서 대학 진로를 위한 융합 과목과 진로 선택 과목을 이수해야 대학의 전공을 선택할 수 있다. 부모들의 대학 선택과는 달라진 부분이다. 가장 중요한 것은 자녀의 소질과 적성, 흥미 등을 미리 파악해야 한다. 부모들은 자녀를 위해 입시 전문가가 되기 위해 큰 노력을 해야 하고 설명회, 전문가 상담 등을 통해 자녀를 파악해야 한다.

책, 블로그, 입시 카페 등을 통한 방법도 중요한데, 자료 중 자녀와 다른 잘못된 정보도 많으니, 취사선택을 잘해야 한다.

14. 부모의 심리적 안정과 자녀의 학습 능력 관계

학교 현장에서 학습 상위권의 학생들을 관찰하면 공통점이 심리적 안정이 되어 있다는 것이다. 학습에 가장 중요한 원인이 심리적 안정이다. 정서적으로 안정이 되면 아이들은 스스로 학습을 탐험하고 자기주도학습이 이루어진다. 반면 정서적으로 불안하고 고민이 많다면 학습효과는 그만큼 저하된다. 부모님이 가장 신경 쓸 일이 바로 자녀의 심리적 안정을 위해 최우선으로 노력해야 한다. 부모들은 본인이 초조해 자녀들을 선행 및 자녀의 특성을 고려하지 않고 보편적인 교육에 떠민다. 부모들은 자녀의 특성이나 실력을 파악하지 않고 자신들의 학습 잣대에 자녀를 적응시켜 자녀에게 큰 부담을 준다. 심리적인 안정이 되면 아이들은 자신의 호기심으로 스스로 학습에 관심을 보이고 자신에 맞는 것을 찾아서 실수를 범하더라도 긍정적인 학습 효과를 거둔다. 새학기가 되면 학교 부적응 학생들이 여러 가지 행동으로 나타난다.

아이들은 모든 것이 불안하고 스트레스를 받는다. 새로운 환경과 새학기라는 부담으로 자신이 해결해야 할 문제들이 많아지면서 정신적일 뿐만 아니라 육체적으로도 피곤하다. 부모는 이러한 자녀의 해결책을 제시해야 한다. 바람직한 첫 번째 시각은 본인의 자녀들은 누구보다 다르다는 사실을 인식해야 한다.

요즘 부모들은 맞벌이나 사회생활의 힘든 일 등으로 신학기가 되면 과민성 증후군이 증가한다. 과민성 증후군 증상으로 부모 또한 불안, 무기력함, 우울함을 느낀다.

이런 부모의 증상은 바로 자녀에게 영향을 미치고 자녀의 학습 효과에 부정적인 영향을 미치게 된다. 따라서 우선 부모가 선행할 일은 본인의 과민성을 산책이나 명상 등을 통해 스스로 자기 치료를 해야 하고, 지나치다면 병원의 도움을 받아야 한다.

과민하고 불안한 부모 밑에서 자라는 자녀는 정서적이나 심리적 안정에 큰 나쁜 영향을 준다. 자녀는 힘든 상황이 주어질 때 첫 번째로 부모를 찾게 되고 친구와 선생님에게 호소도 하지만, 결국 부모가 자녀의 불안감이나 고민을 해소해 주어야 아이는 안정감과 평온함을 느낀다. 학습의 첫 번째 해결할 일이 바로 이런 자녀의 불안감 해결에 우선적이어야 한다. 이런 선행 해결 없이 아이에게 선행이나 학습만 강조한다면 아이는 학습 능력을 향상할 수 없다.

대부분 상위권 학생을 보면 안정되고 평온하고 가정적으로 아무 문제가 없다는 공통점을 가지고 있다. 또한, 이런 학생들은 공부 방법 또한 본인이 계획하여 자기주도학습을 하고 있다는 것이다. 학생 진학상담에서 "선생님 학원 시간의 낭비로 저는 학원을 안 다녀요."라고 말하는 상위 학생들을 볼 수 있다. 이런 학생들의 부모를 상담해 보면 부모 또한 자녀의 판단을 존중하고 스스로 학습을 할 수 있는 안정적인 가정이라는 것을 느낄 수 있다. 뒤처진 학생들이 학원에 다니는 것을 반대하는 것이 아니다. 누구보다 자녀가 자신의 실력을 가장 잘 알고 있고 학원 선택이나 인터넷 강의, 문제집 선택 시 본인에 맞는 학습을 선택해 공부해야 한다.

초·중 때부터 이러한 작업을 준비해야 하고, 앞서 말한 대로 학습 전 부모와 가정의 건강한 심리가 자녀의 학습에 우선된다는 것을 명심해 부모의 심리적 안정부터 점검해야 한다.

특히 신학기 자녀뿐만 아니라 부모도 직장에서 힘든 상황이기에 슬기롭게 이런 기간을 잘 넘기기 위해서는 부모와 자녀의 심리적 안정을 위해 각자의 노력이 중요하다. 이 시간을 슬기롭게 잘 넘긴다면 부모 자녀 모두 건강한 생활과 행복한 시간을 유지할 것이다.

15. 부모의 언어 능력이 자녀의 언어 발달에 미치는 영향

부모의 언어 능력은 부모가 사용하는 언어의 품질과 양을 의미한다. 부모의 언어 능력은 언어적 문법, 어휘, 발음, 언어 사용 빈도 등 다양한 측면을 포함한다.

부모의 언어 능력은 자녀의 언어 발달에 큰 영향을 미친다. 부모가 정확하고 다양한 언어적 모형화를 제공하면, 자녀는 언어를 학습하고 발달시키는 데 도움이 된다. 그러나 부모가 부정확하거나 불완전한 언어 모형화를 제공하면 자녀는 잘못된 언어적 특성을 학습하게 될 수 있다.

가정 환경에서 고소득층, 전문직의 부모의 아이가 읽기 말하기에서 2배 정도의 어휘력을 보여 준다고 한다. 이렇게 가정 환경이 실로 중요하다.

부모가 아이의 언어 발달에 긍정적인 영향을 미치는데 영유아기에는 말을 자주 걸어 주고 노래, 책을 많이 읽어 줄수록 아이의 언어적 경험이 증가하여 언어 발달에 큰 도움이 된다.

코로나19 상황에서 모두 마스크로 인해 외부에서 대화할 수 있는 경우가 적어지고 부모 또한 바쁜 사회생활로 자녀와 대화할 수 있는 시간이 적어지면서 아이의 어휘력은 점점 떨어진다. 언어 발달의 미성숙은 사회성 결여로 나타난다. 아이는 상대방의 눈과 표정을 보고 감정과 정서를 익히는데 코로나19로 인한 마스크로 상대의 의사 표현을 알 수 없다.

언어 발달이 학습의 기초이고 언어 발달 미숙은 자녀의 자존감에도 영향을 주어 자신감이 없어지고 말 수가 점점 줄고 급기야 말을 하지 않는 경우로도 이어진다. 이런 심각한 경우는 치료를 먼저 받아야 한다. 시간이 지나면 나아질 거라고 하고 방치한다면 자녀는 정신적인 문제도 유발할 수 있다.

📝 부모의 언어 능력이 자녀에게 미치는 3가지 영향을 살펴보자.

첫째, 부모의 언어 능력은 자녀가 언어를 학습하는 데 필요한 언어 모델링의 질을 결정한다.

부모가 문법적으로 정확하고 다양한 어휘를 사용하면, 자녀는 이러한 언어적 특성들을 학습하게 되고, 이는 자녀의 언어 능력 발달에 도움을 줄 수 있다. 반면에 부모가 제대로 된 언어 모형화를 제공하지 못하면, 자녀는 부정확한 언어적 특성을 학습하게 될 수 있으며, 이는 자녀의 언어 발달에 부정적인 영향을 미칠 수 있다.

둘째, 부모의 언어 능력은 자녀의 언어 학습 환경을 결정한다.

부모가 자녀와 자주 대화하고 적극적으로 언어적 상호 작용을 하는 경우, 자녀는 자연스럽게 언어를 학습하게 된다. 그러나 부모가 바쁘거나 대화를 자주 하지 않는 경우, 자녀는 부족한 언어적 자극을 받게 되어 언어 발달에 어려움을 겪을 수 있다.

셋째, 부모의 언어 능력은 자녀가 다른 사람과 상호 작용하는 능력에도 영향을 미친다.

부모가 자녀와 함께 대화하면서 상호 작용하는 습관을 지니면, 자녀는 이를 따라 하게 되어 다른 사람과 대화하며 원활한 상호 작용을 할 수 있는 능력을 갖추게 된다.

따라서 부모의 언어 능력이 자녀의 언어 발달에 큰 영향을 미치며, 부모는 자녀의 언어 학습에 적극적으로 참여하고 언어 모형화를 제공하는 것이 좋다. 언어는 상호 작용의 원리이고 부모가 더욱 사랑으로 자녀를 대하고 관심 있게 상호 작용을 위해 노력한다면 자녀의 언어력은 빠르게 회복할 수 있을 것이다.

16. 체험 학습이 아이의 창의력에 미치는 영향

요즘 코로나19로 인해 캠핑이 오히려 많아지면서 자연 속에서 아이들과 많은 시간을 보내는 가족들이 늘고 있다. 이는 바람직한 체험이고 아이들에게 자연에 순응하는 겸손과 아름다움으로 행복한 느낌을 느끼게 할 수 있다. 특히 유아 숲 체험은 아이에게 오감을 느끼고 자연과 교감하는 전인적인 성장을 도모한다. 부모 또한 자연 속에서 자연스레 잔소리나 구속을 안 하게 되고, 아이들은 탐구력과 모험심을 키워 스스로 새로운 오감을 키우고 창의적인 질문과 답을 스스로 터득하게 된다. 저자 또한 주말만 되면 아이들과 산과 들로 나아가, 많은 체험을 하였다. 성인이 된 아들과 딸이 자주 어린 시절 부모와 같이 갔던 산과 들의 체험을 말하곤 한다.

어릴 때 자연적인 체험은 아이에게 큰 안정과 평온함을 준다. 부모들도 등산하면 다른 곳에서 느낄 수 없는 산뜻하고 기분 좋은 하루를 체험한다.

숲에서 아이들이 뛰어놀고 경험하는 모든 것은 학습에도 접목된다. 집중력과 탐구력은 스스로 본인의 체험으로 느낄 수 있고 이는 학습에 본인도 모르게 큰 도움이 되며 학습의 기본 요소인 안정감과 평온감은 숲에서 느끼는 느낌과 같아서 큰 효과를 나타낸다.

숲의 효과 중 또 다른 것이 인성에 큰 영향을 미친다는 것이다. 아이는 자연을 소재로 자기 스스로 놀이 기구를 만들고 이것은 새로운 창의성의 강화로 이어진다.

자연 속에서 또 다른 이점은 아이의 면역력을 키울 수 있다는 것이

다. 코로나19로 인해 아이들이 행동이 적어지고 핸드폰과 노트북 사용
이 늘면서 청소년 비만으로 인한 많은 부작용이 나타나고 있다. 이 때
문에 더욱 부모들은 자연과 접할 기회를 많이 만들고 체험이나 여러 행
사에 적극적으로 참여할 수 있도록 독려하는 것이 중요하다.

자연은 아이들에게 사회성을 키워 준다. 처음 만난 친구와도 자연 속
에서는 함께 뛰어놀고, 친구가 될 수 있고 정서적으로 안정이 되어 공
격성 또한 사라지는 것을 볼 수 있다.

외국 사례를 보면 초등학교 때 교육 과정에 이런 숲 체험이나 활동에
큰 비중을 두고 있다.

청소년 사춘기를 겪으면서 많은 갈등을 치유하는 방법 중에 이런 숲
체험이나 농촌 체험을 통해 큰 효과를 거두고 있다. 이런 행사가 큰 인
기를 끌고 있는 것도 요즘 아이들의 지친 마음을 치유할 수 있기 때문
이다.

체험 중에는 "하지 마", "안 돼" 등 자녀를 제어하는 말은 되도록 하
지 말고 스스로 체험하고 경험할 수 있도록 많은 자유 시간을 아이에게
주어야 한다.

자녀의 창의적인 생각에 가장 영향을 주는 이는 부모이고 대부분 부
모가 아이의 창의적인 아이디어를 망치곤 한다. 자연은 부모나 아이에
게 여유를 안겨 주고, 자연의 사계절의 변화에 아이는 순응하고 겸손을
스스로 배운다. 이런 감정과 느낌은 성인이 되도 어릴 적 몸에 익힌 자
연의 고마움을 통해 인성에도 큰 도움이 되고 바람직한 성인으로 자라
는 데 자연은 자연스럽게 큰 영향을 미친다.

17. 우리 아이가 공부를 못하는 7가지 이유 TIP

공부를 못하는 아이는 없다. 공부가 싫은 아이가 있을 뿐이다. 해결책은 단순하다. 새로운 것을 터득하고 성취감을 느낄 때 우리 뇌에서는 도파민이나 세로토닌 같은 행복 호르몬이 만들어진다.

공부가 재미있다는 것을 경험하게 해야 한다. 그 행복감을 느낀 사람은 또 맛보고 싶어서 다시 도전하며 성취하려 한다. 이런 성취감은 목표를 향해 질주하는 원동력이 된다. 학업 일정은 자녀가 과중한 학습량 때문에 스트레스를 받지 않도록 계획을 세워 도와주어야 한다.

공부는 결국 스스로 자기주도적 학습으로 해야 한다. 공부가 가치 있는 좋은 일이고 즐겁고 행복한 일이라는 생각이 자리 잡아야 스스로 공부하며 잘할 수 있게 된다.

📑 **학습 동기를 높이는 7가지 TIP을 알아보자.**

1) 공부 전 마음의 준비를 해야 한다.

공부 습관, 생활 습관, 핸드폰 사용 습관 등은 초등학교부터 형성된다. 초등학교 생활 습관이 중학교, 고등학교의 학습 분위기를 결정한다. 아이의 자존감, 실패의 상황에서 포기하지 않고 이겨낼 힘을 길러주고, 만약 아이가 이러한 마음의 준비가 되어 있지 않다면 공부에 앞서 방해하는 요소를 제거하는 일이 우선되어야 할 것이다. 산만한 분위기로 학업을 할 수 없다면 정돈된 분위기를 조성해 주는 것이 부모의 역할이다.

2) 아이는 지금 상황에 만족하고 행복한 상황인가요?

장기적인 관찰을 한 많은 연구에서 지금 느끼고 있는 행복지수가 공부를 잘할 수 있는 밑거름이 되는 것으로 밝혀졌다. 공부 잘하는 아이라도 지금 불행하다고 느낀다면 언제 학습 동기가 떨어질지 알 수 없다. 행복한 상황이라면 부모의 화목한 모습이 가장 큰 영향을 준다. 부모의 다툼은 자녀들에게 불행적인 요소 중 가장 큰 부분을 차지한다. 자녀를 위해 부모는 가정 환경에 최대한 노력해야 하고 편안하고 안락한 분위기를 주어야 한다.

3) 재미있는 수업 환경을 조성해 아이의 학습 동기를 만들었나요?

역사 게임이나 아이가 좋아하는 것을 공부 환경에 연결한다. 이는 학습 동기를 높이는 핵심 요소이다. 재미없고 지루한 수업의 반복은 아무것도 하지 않는 것보다 더 나쁜 결과를 낳을 뿐이다. 중학교 수업 시간은 45분이다. 학습에는 효과적인 시간이 있는데 가정에서는 집중할 수 있는 시간은 30~40분으로 본다. 자녀에게 더 많은 시간을 강요해서는 안 된다. 자녀들의 능력이 각각 다르므로 일률적으로 수업을 강요해서는 안 된다.

4) 아이가 공부의 필요성과 진로에 대한 목표를 알고 있나요?

본인의 진로에 대해 부모와 토론하며 관심 분야에 대한 정보를 제공하고 인생에 있어 공부가 왜 필요한지를 설명해 주어야 한다. 21세기 정보 사회에서 학습이 가진 중요성이 무엇인지 알려 주고 관련 서적을 함께 읽은 뒤 대화를 나누는 것이 효과적이다. 부모가 원하는 진로를 강요하거나 자녀에게 대리 만족을 위해 부모의 욕심을 자녀에게 표출한다면 자녀는 자아 성취감이 하락하여 스스로 과업을 수행할 수 없다.

5) 아이가 학습에 집중하고 성취감을 느끼고 있나요?

집중력이 다른 아이와 비교해 현저하게 떨어진다면 집중력 테스트나 전문가의 도움을 받아보는 게 좋다. 이를 위해서는 꾸준한 학습, 학업 성취를 알아보는 학습 검사나 외부 조력자의 관심과 격려, 적절한 외적·내적 보상이 뒤따라야 한다. 성취감은 자녀 스스로 과업 수행의 결과에 만족할 때 얻을 수 있다. 부모의 도움으로 성취감을 얻을 수 없다. 자녀가 실패하여도 다시 도전할 수 있다는 격려와 관심만이 자녀에게 용기를 주는 것이다.

6) 아이에게 정서적으로 안정된 환경이 만들어져 있나요?

가정 환경이 가장 중요하고 이는 부모의 역할이 가장 크다. 정돈된 공부방, 뇌 건강을 돕는 식사, 충분한 수면, 적절한 여가 활동, 꾸준한 독서와 글쓰기 등은 정서적으로 안정된 환경을 만들어 준다. 안정된 환경에는 부모의 역할이 큰 부분을 차지한다. 여러 가지 환경이 중요하지만, 건강한 식사와 수면은 자녀에게 가장 중요한 부분이다. 건강에 관한 상황임으로 자녀를 위해 바쁘지만, 최선을 다해야 한다.

7) 칭찬은 고래도 춤추게 한다.

부모는 한 가지라도 잘하는 아이의 긍정적인 자존감 성취를 위하여 칭찬을 아끼지 말아야 한다. 아이가 가장 듣고 싶어 하는 말이 부모로부터 칭찬을 듣는 것이다. 하루에 한 번 아이를 칭찬할 말을 생각하고 실천해 보자. 부모들은 자녀를 볼 때 해야 할 일에만 집중하여 지적하고 강요한다. 자녀의 잘하는 일과 장점을 발견하고 칭찬한다면 학습 의욕도 높아지고 긍정적인 아이로 성장한다. 성인이 되어도 칭찬받고 자란 자녀는 다른 사람보다 성공적인 삶을 살게 된다. 부모에게 인정받아야 남에게 인정받는다.

위의 학습 동기를 높이는 7가지 TIP의 공통점은 무엇보다 부모의 관심과 배려가 필요하다는 것이다. 자녀의 학습 동기에 부모의 역할은 실제로 큰 영향을 미친다. 부모는 자녀의 공부 환경에 최선을 다하고 정서적인 안정을 위해 노력해야 한다. 또한, 부모도 최신의 정보 습득을 위해 부모 강좌나 학교 특강, 학교 설명회 등에 적극적으로 참여해 변화하는 진학 정보나 자료를 모으고 자녀에게 더 좋은 정보를 제공해 주어야 한다.

18. 공부 잘하는 아이를 둔 부모들의 7가지 숨겨진 비밀

자녀의 학업에 가장 영향을 미치는 대상은 부모이다. 부모들은 자녀들이 학원이나 과외를 통해 성적 향상을 원하는데 학업의 가장 기본은 가정의 공부 환경이다. 부모들은 자녀들에게 매일 학교, 학원에 관해서 끊임없이 잔소리를 하게 되는데 잔소리는 자녀에게 어떤 도움도 되지 않고 부모와의 분실만 조장한다.

1) 지금 못해도 나중에 잘할 수 있다는 자신감을 심어 주자.

나쁜 성적을 받아오거나 예체능 등에서 아이가 남보다 뒤처진다고 알았을 때는 "못하는 걸 보완할 수 있으니 걱정하지 마라, 아빠가 도와줄게."라며 격려와 응원으로 자녀가 다시 도전할 수 있도록 도움을 주어야 한다.

2) 약점을 보완하고 강점은 더욱 강하게 키우자.

누구나 아이는 약점과 장점이 있다. 장점보다 약점 보완이 중요한데 부모는 정확히 아이의 약점이 무엇인지를 파악하여 전문가의 도움을 받아야 한다면 하루속히 도와주어야 한다. 아이의 약점을 충분한 대화를 통해 같이 인식하고 보완 방법을 아이와 공유하며 고쳐 나가야 한다. 대부분 부모는 자녀의 약점과 못하는 면을 먼저 보는데 자녀의 숨겨진 장점을 찾아보고 칭찬해야 한다.

3) 자녀의 말에 귀 기울이는 것

엄마는 주로 다른 일을 하며 멀리 있는 아이에게 전달만 하곤 하는데 눈을 마주 보며 아이의 말에 귀 기울여야 한다. 흘러가는 말은 자녀에게 전달도 안 되고 각자의 이야기를 떠드는 것에 불과하다. 자녀와의 대화는 시간과 조용한 장소를 선택해 진지하게 이루어져야 한다. 자녀의 말에 경청하기 위한 최선의 방법은 자녀의 눈을 보고 자녀를 포용할 마음가짐을 부모가 미리 준비해야 한다.

4) 학교 담임 선생님이나 진로진학 상담교사의 상담을 우선적으로 받아야 한다.

부모님들의 정보 습득 방법을 보면 주위 엄마, 담임교사, 학원 원장, 카페, 설명회 참석 등 검색으로 하는데 먼저 학교 담임을 찾아야 한다. 학업뿐만 아니라 자녀의 학교 적응, 친구 관계, 흥미 등 담임 선생님들은 부모보다 자녀에 대해 많은 정보 알고 있다. 진로와 진학에 대해서는 각 학교에 전문적인 진로상담교사가 모든 학교에 배치되어 있으니 학교 안에서 자녀에 대한 구체적인 질 높은 상담을 받을 수 있다.

5) 잔소리 대신 너를 믿는다고 말해야 한다.

잔소리를 좋아하는 사람은 없다. 내가 잔소리하고 있다고 말하는 이도 없다. 아이들이 제일 싫어하는 게 매일 똑같은 말이다. 부모는 하루 중 자녀들에게 가장 많이 사용하는 말이 무엇인지 생각해 보면 "하지 마!", "빨리 해!", "다 했니?" 등 재촉하거나 숙제를 빨리 끝내기 위한 지시 사항의 말들을 한다. 이런 대화는 매일 반복되는 말로 자녀들은 식상해 부모가 말해도 "또 시작이네…" 등 전혀 자녀에게 도움이 안 된다.

잔소리의 뜻은 필요 이상으로 듣기 싫게 꾸짖거나 참견한다고 하는 것이라고 정의한다. 자녀들이 듣기 싫은 소리는 부모에 반감만 생기고 부모의 다른 말들도 무시하는 경향을 나타난다.

"넌 잘할 수 있어! 잘해 낼 거야!"라고 자녀에게 격려와 응원을 해야 한다.

6) 가족과 같이 식사 시간을 늘려야 한다.

공부 잘하는 아이의 상위 1%는 가족과 같이 저녁을 같이하는 시간이 많다는 것이다. '밥상머리 교육'이란 말도 있듯이 음식이란 먹는 거 이외에 더 큰 긍정적인 에너지를 준다. 맞벌이나 바쁜 부모들로 인해 자녀와의 시간이 적어지고 있다. 일주일 중에 주말이라도 자녀와 정기적인 시간을 갖는 것이 중요하다. 일주일을 정리하며 자녀의 학교생활이나 학원 등 어려움을 같이 공유하는 시간을 만드는 것이 중요하다.

7) 부모는 자녀에게 친구를 이해하는 너그러운 마음과 감사함을 배우도록 부모가 노력해야 한다.

친구들에게 인기가 있는 아이들의 대부분이 친구들을 도와주고 배려한다. 남을 이해하는 너그러운 마음을 갖도록 해 준다면 아이는 항상 차분하고 안정되어 있기에 여러 가지 관계에서 우위를 가지며 친구도 많아지고 남에게 배려하는 아이로 자란다. 또한, 감사함을 아는 아이는 친구 관계, 학교생활 등 사회성이 높고 관계 형성에 높은 적응성을 보인다.

위의 7가지 부모의 역할은 자녀의 학습이나 행동에 많은 영향을 미치고 자녀의 자존감의 상승을 볼 수 있다. 부모의 실수에는 관대하고 공감한다면 자녀의 모든 과업을 스스로 자기주도적으로 행할 수 있다. 부모는 자녀의 학습 환경에 최선을 다해 만들어 주어야 한다. 자녀에게 바라기 전에 부모의 문제가 무엇인지 뒤돌아보는 시간을 가져야 한다.

19. 자녀의 재능을 키우는 부모의 역할

부모는 자녀의 재능을 관찰하고 파악하여 더욱 실력을 키워 주는 역할을 해야 한다.

유아기 때는 아이의 관심이 확연히 나타나는데 좋아하는 놀이나 활동 등으로 자연스럽게 관심을 보인다. 이때는 자녀의 다중 지능을 발견하기 쉬운 나이로 자녀의 행동만 관찰하여도 아이의 재능을 알 수 있다. 초등학교에 들어가면 관심 분야에 집중하는 자녀를 볼 수 있다. 특히 책을 선택해 독서하는 모습이 나타나면 관심 독서를 통해 자녀의 재능을 알 수 있다. 중고등학교에 입학하면 자녀의 재능을 수상 실적이나 학업 성적 등으로 자녀의 영재성이 나타나고 고등학교 진학에 있어 진로에 대한 구체적인 로드맵을 부모는 제시해야 한다.

하워드 가드너(하버드 교육대학원 교수)가 제시하는 지능 이론은 언어 지능, 논리 수학적 지능, 공간 지능, 신체 운동적 지능, 음악 지능, 인간 친화적 지능, 자연 친화적 지능, 자기 성찰 지능, 실존적 지능으로 구성된다. 부모는 자녀가 좋아하고 장점을 보이는 행동이나 학습을 더욱 권장하고, 반면 자녀의 약점이나 단점을 보완하기 위해 노력해야 한다.

📝 부모는 자녀의 지능을 위해 어떻게 도움을 주어야 하나?

1) 자녀가 좋아하는 것이 재능이라 볼 수 있다.

자녀가 좋아하고 즐겁게 어떤 일에 몰두한다면, 이는 자녀의 흥미와 적성에 맞는 행동을 보여 주는 것이다. 물론 좋아하는 일만 하기는 힘든 상황이지만, 좋아하는 일을 진로로 결정한다면 행복한 삶의 원천이 될 것이다. 부모는 자녀가 좋아하는 일에 대해 탐색할 수 있도록 여러 가지 유형으로 문제를 제시해야 한다. 또한, 다양한 경험을 할 수 있도록 부모는 자녀에게 맞는 프로그램을 제공해 주어야 한다. 자녀는 학습 발달이나 관심 능력을 향상하고 있으므로 제자리에 멈추지 않도록 시기별로 자녀의 강점 지능을 위해 다양한 경험에 노출해야 한다.

2) 부모는 자녀의 재능 발견과 성공에 대해 강요와 포기는 금물이다.

자녀의 생각과 지능적인 창의력에 관심을 기울이고, 칭찬을 해준다면 자녀의 의욕과 재능은 더욱 긍정적으로 향상될 것이다. 자녀의 만족감과 행복감은 자녀의 학업이나 생활에서 큰 자부심을 느끼고 자존감을 느끼게 된다. 자녀의 동기 유발을 위해 부모는 최선을 다해 자녀를 파악하고 관찰하여 재능을 발견해야 한다. 대부분 부모의 관심은 자녀의 학업 성적에만 몰두하는 경향이 있는데 이는 자녀의 재능을 발견할 수 없는 상황을 부모가 만드는 것이다. 자녀에게 학습을 강요하거나, 다수의 학원을 보내는 부모들 둔 자녀의 공통점은 수동적이고 창의적이지 못하고, 자기주도학습이 안 된다는 것이다. 강요는 자녀의 창의성을 포기하게 만들고 성공적인 자녀를 키우기 위해서는 자녀의 장점을 부각하여 칭찬하고 격려하여 잘하는 면을 더욱 도와주어야 한다.

3) 자녀의 재능 발견에 조급하거나 포기하지 마세요.

부모들은 어릴 적에 자녀가 영재가 되길 원하는 부모가 많은데, 재능의 발견은 청소년기나 성인기에도 나타날 수 있다는 것이다. 조급하게 생각하지 말고 아이의 흥미나 적성검사를 통해 관심을 보이는 분야에 다양한 체험이나 경험, 학습을 할 수 있도록 해주는 것이 중요하다. 자녀들은 각자의 달란트를 가지고 태어났다. 자녀의 재능을 보지 못하는 것은 자녀에게 부모의 욕심을 투영시키거나 자녀의 의사를 무시하고, 부모의 잣대로 아이를 판단했다는 것이다.

위와 같이 자녀의 재능은 부모의 관찰과 관심으로 자기주도적인 행동이나 학습을 보고 알 수 있는데, 가장 중요한 것은 격려와 칭찬이다. 자녀의 잠재 능력을 발견하였다면 부모는 실력 발휘를 위해 도와주어야 한다. 또한, 잘하는 것을 칭찬하는 일도 중요하지만 못했던 일을 지금 잘한다면 더욱 격려해 주고 실패해도 잘할 수 있다는 과정의 중요성을 알게 된다. 자녀들은 각자의 영재성과 재능을 타고 나오지만 단지 부모의 미숙함으로 자녀의 재능을 발견 못 한다는 것이다. 자녀를 긍정적으로 지켜보고, 기다리는 성숙한 부모 모습이 자녀의 재능 발견에 큰 영향을 미친다.

20. 창의적인 자녀로 키우는 감정 코칭 5가지 TIP

가정에서 감정 상담 교육이 잘된 아이는 집중력이 우수하고, 창의적이며 학습 능력도 향상되는 것을 볼 수 있다.

감정 조절을 잘하는 아이는 타인의 감정을 잘 이해한다. 친구도 많고, 선생님에게 사랑받고, 학습 면에서도 우수한 성적으로 나타난다. 아이의 각각 고유의 특성과 감정 표현, 몸동작, 음성, 음량, 표정 등에 관심을 두면 자녀의 감정 발달과 성장에 큰 도움이 된다.

📝 감정 코칭 5단계

① 아이의 감정을 포착한다.

② 좋은 기회로 여긴다.

③ 아이의 감정을 들어 주고 공감한다. (경청)

④ 감정을 의식하도록 돕는다.

⑤ 바람직한 행동으로 선도한다. (양보 타협 선택)

📝 자녀의 감정 코칭을 위해 부모의 역할을 알아보자.

1) 자녀를 창의적인 아이로 키우기 위해서는 학부모의 자가 진단이 우선 돼야 한다.

부모는 자신을 알아야 하고, 부모의 감정 점검이 필요하다. 아이의 감정을 무시하고 지나쳐서는 안 된다. 자녀는 개인적인 인격체이고, 감정을 중요시하지 않고, 부모의 일방적인 무시는 아이의 감정에 혼란을 주고 자신의 감정에 혼란이 오면 아이는 주체적이지 못하고, 자신의 감정이 무엇인지 모른다.

이렇게 자란 아이는 커서 감정을 노출하지 않고, 감정 표현을 반대로 함으로써 상대방에게 오해를 줄 수 있는 행동을 본의 아니게 할 수 있다. 가정에서 감정 표현을 솔직히 하고, 그 감정 표현에 대해 인정해 주는 연습을 하는 것이 중요하다.

2) 가정에서 부정적인 감정을 억압하거나 훈계해서 부정적인 감정은 억제해야 한다

감정을 억압한다면, 아이는 자신에 대한 확신과 자아 존중감이 없어진다. 때론 이러한 감정은 충동적으로 남을 해칠 수도 있다.

부정적인 감정은 승화를 통해 본인이 제어하고, 절제 능력을 세울 수 있도록 도와주지만, 억압만으로 해결될 수 없다. 어릴 때 이런 부정적인 감정의 억압으로 청소년기에 감정의 폭발로 이어져 친구와 싸우거나 이상 행동이 나타남을 알 수 있다.

3) 자녀의 감정 조절을 위해 나쁜 감정은 절재할 수 있도록 돕는다.

자녀의 감정을 무제한 허용한다거나, 나쁜 감정 또한 아이들이 크는 과정이라고 생각하며 그냥 넘긴다면 외부에서 감정을 분출하고 상황에 따른 감정을 배우지 못해 학교에서 왕따당하거나 자기중심적인 왕자병, 공주병이 생길 수 있다. 문제는 다른 사람의 감정을 이해하지 못해 상대방에게 오해를 불러올 수 있고 상대방이 원하지 않는 화를 표출할 수 있다.

4) 아이의 감정을 허용할 때 행동에 제한을 해야 한다.

부정적인 감정은 잘 승화해 좋은 성찰의 기회를 만드는 게 중요하다. 부모는 자녀의 감정을 잘 들어 주고, 시간을 할애해 자녀에게 공감을 해주고 자녀에게 대안을 제시해 주어야 한다. 문제 해결 능력을 키워주고 격려함으로써 자녀에게 자아 존중감을 키워줄 수 있다. 자녀의 감정을 부모가 수용하고 격려한다면 자녀는 금방 효과적인 감정 표현이 나타난다.

5) 부모가 감정 코칭에 어려움이 있다면 전문가를 만나보는 것도 중요하다.

학교 현장에서 감정 표출로 착실한 아이가 학교폭력위원회나 신도에 부쳐지는 경우를 보면 안타깝다. 가정에서 잘못된 감정 지도로 자녀가 교육받지 못해 벌어지는 일이라 더욱 부모는 세심히 자녀를 살피고 돕는 조력자가 되어야 한다.

어릴 때부터 자녀의 감정 코칭은 자녀의 창의성, 학업, 대인관계 등에 큰 영향을 미친다. 부정적인 감정은 제어해야 하고 자녀의 감정을 조절하기 위해 자가 진단을 해 자녀의 감정선을 파악하는 것이 중요하다. 무엇보다 자녀에게 공감과 인정이 중요하다. 자녀의 감정을 수용하고 공감해 준다면 자녀의 문제 해결 능력을 키워 주며 자녀의 자아 존중감은 상승해 창의적인 사고와 학습 면에서도 실력 향상을 보인다. 자녀의 감정 조절에 부모의 역할은 중요하며, 부모의 감정 점검이 우선되어야 자녀의 감정 조절에 도움을 줄 수 있다.

21. 자녀의 공부를 망치는 부모의 행동

부모는 자녀를 잘 키우기 위해 최선을 다한다. 부모가 자녀의 학업에 관해 적극적인 개입이 오히려 자녀에게는 큰 부담이 되고 감정 충돌 등 부작용을 발생한다. 자녀는 하나의 인격체로 바라보는 시각이 중요하다. 자녀는 부모의 소유도 아니기에 부모의 대리 만족을 위해 자녀를 억압하고 강요해서는 안 된다. 학업뿐만 아니라 자녀의 취향이나 꿈에 대하여도 부모가 간섭하고 정해 준다면 아이들은 자신이 좋아하는 것이 무엇인지도 모르고 자신의 꿈에 대해 어떤 결정을 하지 못해 자기 존중감이 하락한다. 자녀는 홀로서기로 자신의 자아 발달이나 자기 존재감을 키워 가는데 타인에 의한 강압적인 지시는 성장 발달에 나쁜 영향을 미친다. 부모의 지나친 학업 개입은 자녀에게 스스로 자기주도학습을 하는데 방해가 되고 자신이 무엇을 해야 하는지 결정을 못 하는 결정 장애의 한 요인이 된다.

📝 자녀의 공부를 망치는 부모의 행동을 알아보고 어떤 도움을 주어야 하는지 생각해 보자.

1) 부모 자신이 꿈을 못 이루어 자녀에게 대신 꿈을 강요해서는 안 된다.

대부분 부모의 학습 강요는 자신의 꿈을 자녀에게 투영시켜 자녀에게 강요하는데, 자녀는 이러한 욕심을 부담스럽고 힘겹게 반응한다. 자녀의 학습 방법이나 학원 선택 등에 구체적으로 개입하면서 자녀의 의사가 반영 안 되는 경우, 장기적으로 자녀의 학업을 망치는 결과를 초래한다. 자녀는 로봇처럼 부모의 일정에 의해 행동하고 자녀는 어떤 의견도 표출할 수 없어 자신의 존재감 자체를 알 수 없고 학업 능력 또한 하락한다. 자녀는 부모의 꿈을 이루는 대리 만족의 대상이 되어서는 안 된다. 부모의 성공 기준에 부합하지 못할 때 자녀는 죄책감까지 느끼고 부모 또한 자신의 목표에 도달하지 못하면 또 다른 요구로 자녀에게 부담을 준다. 이러한 부모의 훈육법이 반복되면서 자녀는 자기주도학습을 할 기회를 박탈당하게 된다.

2) 부모의 언행일치가 자녀의 학업에 긍정적인 영향을 준다.

자녀들은 부모를 보고, 언행이나 행동 규범 등 많은 것을 학습한다. 자녀에게 공부를 강요하면서 부모는 집에서 TV만 보며 하루를 지내는 모습을 본다면 자녀들도 같은 패턴을 익히게 된다. 부모가 자녀에게 독서의 중요성을 말로만 지시한다면 자녀는 가정 환경에서 경험 학습이 안 되어 부모의 말에 신뢰를 느끼지 못한다. 책을 읽는 부모의 모습 자체가 아이들에게 각인되면 강요하지 않아도 자연스럽게 책을 가까이 하게 된다. 말보다 부모는 자신이 언행일치를 보여 주는 것이 어떤 교육보다 중요하단 사실을 깨닫고 변화를 위해 노력해야 한다.

3) 자녀의 학습이나 언행에 부모는 개입해서는 안 된다.

부모들은 대부분 자녀를 믿지 못해 무슨 일이든 다 해결해 주고 싶어한다. 부모 없이는 안 될 거로 생각해 자녀의 모든 일에 개입하고 자기 생각대로 움직여야 만족한다. 이런 개입은 자녀의 자립심과 자존감을 하락시키고 성과를 못 낸다면 부모의 지적으로 자녀는 더욱더 위축될 것이다. 청소년기에 접어들게 되면 부모의 개입에 대해 자녀들의 반항이 시작되며 부모와 충돌이 심해진다. 이는 갈수록 더욱 심해지고 자녀들은 학업을 포기하는 결과를 초래하기도 한다. 부모의 과한 욕심은 자녀의 반항만 불러오고, 학업 성과 또한 이루지 못한다. 자녀 각자의 학업 역량이 있고 수준에 맞추어 단계별 학습이 이루어져야 효과적인데 부모의 욕심으로 선행을 강요하고 자녀의 학업 능력과는 무관하게 진행한다면 자녀들에게 전혀 도움을 줄 수 없다. 자녀의 학업 능력을 정확히 파악하고 진행 속도에 맞게 공부 방법을 선택해야 한다.

4) 강압적인 가정 환경은 자녀의 반항심을 불러 학업에도 나쁜 영향을 미친다.

대부분 권위적인 부모들은 자녀를 단속하기 위해 많은 규칙을 만들고 제어한다. 물론 가정에서 규칙을 만들고 지키는 것은 당연한 일이지만, 부모가 일방적으로 규칙을 정하면 자녀와 다툼이 일어난다. 이런 과도한 규율 대부분이 학업에 관한 것이 많은데, 세부적으로 정한 규칙은 자녀들에겐 힘겹고 지키지 못한 것에 대해 불안과 부모에게 죄책감을 느껴 거짓말을 하게 되고 임기응변으로 부모를 속인다. 규율이나 규칙은 자녀와 이해관계를 형성하고 모두 동의하는 가운데 만들어져야 한다. 규율이 오히려 자녀의 학습에 방해가 된다면 신속히 가족회의를 열어 자녀의 공감을 형성해 수정해야 한다.

부모로서 자녀를 도와주기 위해 이런 여러 가지 행동을 하지만 잘못된 학습 코칭은 이른 시일 안에 수정되어야 한다. 지체할수록 자녀의 학습엔 방해가 될 뿐이기 때문이다. 우선순위로 가정 환경이 중요한데 강압적인 방법으로 학습 효과를 볼 수 없기에 부모의 훈육 방법의 변화가 요구된다. 공부 방법, 학원 선택, 진로 선택 등 모든 부분에 자녀의 의사를 첫 번째로 반영해야 한다. 일방적인 부모의 학습 코칭은 자녀에게 궁극적으로 전혀 도움이 안 되고 자기주도학습을 방해할 뿐이다. 부모는 자녀에게 말보다 올바른 언행을 솔선수범해 보여 주어야 자녀는 부모를 신뢰하게 된다. 자녀의 공부를 망치는 가장 중요한 요인은 부모의 억압적인 훈육 방법이다. 자녀를 인격체로 존중하고 관심과 사랑이 우선되어야 자녀의 학습 환경이 개선된다.

자녀의 올바른 인격 형성을
키우는 방법

제2장

자녀의 올바른 인격 형성을 키우는 방법

1. 불안이 높은 자녀를 돕는 방법

자녀는 태어나면서 외부에 의한 모든 자극에 불안을 느낀다. 성장하면서 점차 불안 요소들이 사라지기는 하지만 지속해 계속된다면 부모의 세심한 관찰이 필요하다. 자녀들이 불안을 느낀다는 것은 반대로 부모에게 SOS를 보내고 있다는 뜻이다. 부모와의 애착 관계 형성이 불안에 많은 영향을 주고, 부모의 양육 방법이 자녀의 불안 요소를 해소하는 데 큰 역할을 한다. 부모의 유형이 중요한데 엄격한 부모보다 자상한 부모가 불안감의 수치는 적다. 자녀들이 불안을 느끼면 가장 먼저 표현하는 상대가 부모이다. 부모의 관점에서 자녀의 상황을 대수롭지 않게 넘기거나 무시한다면 자녀는 더욱 힘든 상황으로 악화될 수 있다. 부모는 부모의 관점에서 보지 말고 자녀의 힘든 상황을 구체적으로 파악해 도움을 주어야 한다.

📝 부모는 높은 불안을 호소하는 아이에게 어떤 도움을 줄 수 있을까?

1) 자녀가 공감할 수 있도록 가정 환경 분위기를 조성해야 한다.

자녀의 불안은 부모에게 도움을 요청하는 신호이다. 안정된 가정이라면 자녀는 부모에게 도움을 요청하고 부모와의 공감을 통해 불안을 해결한다. 권위적인 가정에서 자녀들은 자신의 불안을 표현하지 않고 불안이 해결이 안 되어 외부에서 폭력을 가하거나 부모에게 거짓말도 하게 된다. 어릴 때 불안 해소가 안 되면 성인이 되어도 타인에 대해 예민한 반응을 보이고 사회생활에 어려움을 겪게 된다. 청소년기에는 이런 불안이 학업이나 친구 관계에서 부정적인 영향으로 학업이 저하되거나 관계 형성이 안 되어 잦은 다툼으로 나타난다. 자녀와 공감한다는 것은 쉬운 일이 아니다. 대화할 때면 자녀에게 집중해 시간을 정해 관심을 표현해야 한다. 지나가는 말이나 무시하는 행동은 자녀의 불안을 더욱 가속하게 되어 자녀에게 여러 가지 피해로 다가온다. 가정 환경의 조성이 가장 중요하고 자녀가 부모에게 편하게 말할 수 있는 분위기를 조성해야 한다.

2) 자녀에게 부모는 건강한 정신 상태를 갖추고 있어야 한다.

자녀의 불안한 감정을 해소하기 위해서는 부모의 반응이 중요하다. 부모가 불안하다면 자녀에게 그대로 감정이 전해져 자녀의 불안감을 해소할 수 없다. 부모가 위기 상황에 침착하게 반응하지 못한다면 자녀는 부모를 보고 자신도 어떻게 해결해야 하는지를 몰라 우왕좌왕하게 된다. 자녀는 부모의 안정된 모습은 그대로 받아들이고 불안 해소의 방법을 자연스럽게 터득하게 된다. 부모는 자녀의 모델이다. 정서,

성격 형성 등 모든 것의 기초는 부모이고 부모를 보고 자라는 자녀들은 자연스럽게 학습된다. 부모의 올바른 정서는 자녀의 성장에서 오래도록 남아 있고 학습된 불안 해소방법은 사회생활에서 성공할 수 있는 바탕이 된다.

3) 자녀들이 불안을 느끼는 목록을 파악하고 자녀를 위해 부모는 시기에 맞는 해결책을 제시해야 한다.

자녀들은 실패에 대한 불안, 미래에 대한 불안, 학업에 대한 불안, 친구 관계에 대한 불안 등 여러 가지 힘든 상황에 적응해야 한다. 실패는 성장하며 많은 경험을 하게 되는데, 부모들은 실패의 결과를 보지 말고 과정에 대해 자녀의 실패를 도와주어야 한다. 미래에 대한 불안은 특히 청소년기에서 나타나는데 학업과 연결되어 자신감의 결여로 나타난다. 자녀의 학습 방법을 다시 체크하고 자녀와 같이 학원, 과외 등 학습 방법에 대해 자녀와 의견을 나누고 계획을 짜야 한다. 사춘기 자녀들의 가장 어려운 문제가 관계 형성인데 불안이 친구, 교사 등의 관계에서 부정적인 모습으로 나타난다. 불안은 폭력으로 나타나고 이는 학칙을 어겨 학교폭력위원회에 부쳐지기도 한다. 부모는 자녀의 시기에 맞추어 불안 요소를 해소하는 것이 바람직하다.

자녀들의 불안 요소를 정확히 파악하고 불안 요소에 맞는 해결책을 제시해야 한다. 부모는 자녀가 불안할 때 수용적인 모습으로 다가가야 한다. 과하게 반응하거나 화를 낸다면 자녀의 불안은 더욱 증가할 것이다. 불안은 자신을 보호하는 경계 신호이다. 약간의 긴장감은 자녀의 집중력을 높이고 학업에도 집중할 수 있는 긍정적인 효과를 보인다. 단지 불안이 심해 일상적인 생활에 문제가 발생하고 병리적인 문제가 발생한다면 전문가의 도움을 받아야 한다.

2. 예의 바른 아이로 키우는 법

부모들의 육아 중 가장 고민스러운 부분이 자녀의 예의범절이다. 식당이나 공공장소에서 다른 사람에게 피해를 주고 지하철이나 교통수단에서 소리를 지르거나 자리 이동을 하는 위험한 행동을 보인다. 예의범절은 타인의 생각과 감정을 헤아리고 상대방을 존중하는 마음에서 나오는데 빠른 행동 수정이 필요한 이유가 남에게 피해를 주기 때문이다. 예절 교육이 바른 아이는 상대방을 배려하고 잘 어울리는 성향을 지닌다. 반면 남에게 지적당하고 부모에게 혼나는 일이 많아지며 자존감이 떨어지고 심한 경우 ADHD(주의력결핍 과잉행동장애)의 성향을 보이기도 한다. 자녀들은 예절 교육을 받지 못해 어떻게 행동해야 하는지를 모른다. 예의 없는 아이들의 대부분이 부모가 한두 명의 자녀만 출산하면서 기죽지 말라며 자녀를 방임하는 육아에서 나온다.

📝 자녀를 어떻게 하면 예의 바른 아이로 키울 수 있는지 알아보자.

1) 자녀의 행동에는 책임이 따른다는 사실을 명확하게 올바른 기준으로 훈육해야 한다.

양육 방식에 가장 중요한 것이 일관적인 기준이다. 예의범절은 타인에게 불편을 주기에 예의 없는 행동을 할 때면 그 즉시 행동 수정을 해야 한다. 공공장소에서 자녀를 지도할 때는 다른 사람이 모르게 장소를 옮겨 자녀와 둘만의 시간을 갖고 행동에 대한 설명과 타인의 불편에 대해 명확히 설명해야 한다. 가끔 큰소리로 자녀를 혼내는 경우가 있는데 이는 자녀의 자존감에 상처를 줄 수 있고 자녀에게 전달이 잘 안 된다. 조용한 장소로 이동해 훈육하는 방법이 제일 좋다. 자녀의 자존 감도 보호하고 행동 수정의 효과도 크다.

2) 예의는 부모의 모범이 가장 효과적으로 자녀에게 영향을 준다.

예의범절은 어릴 때부터 조기 교육이 필요한데 가장 많은 시간을 보 내는 부모와의 시간이 큰 영향을 미친다. 예의 바른 자녀를 키우고 싶 다면 부모가 먼저 좋은 모델이 되어야 한다. 자녀를 인격체로 존중하 며 존댓말로 자녀에게 대하는 것이 여러 가지 성품에 좋은 영향을 미치 고 자녀 스스로 부모가 자신을 인정하고 존중해 준다는 사실에 큰 만족 감과 위안을 얻는다. 인사를 잘하는 부모, 남의 험담을 안 하는 부모, 이웃에게 배려하는 부모, 봉사하는 부모라면 자녀에게 가장 좋은 모델 이 되는 것이다. 이런 부모 슬하에 자란 아이들은 자연스럽게 예의를 배우고 남에게 칭찬받으며 학교생활에서 남을 배려하는 행동으로 나 타나 인정받는 아이로 자라게 된다. 예의에 있어 부모의 역할은 무엇 보다 중요하다.

3) 잘못된 행동은 바로 수정하고 남에게 불편을 주었다면 사과를 할 수 있도록 지도해야 한다.

자녀가 잘못된 행동을 했음에도 불구하고 그냥 자녀가 기죽을까 봐 넘긴다면 자녀는 자기 행동이 정당화되어 다음에도 똑같은 상황에 처 했을 때 똑같은 행동을 하게 된다. 행동 수정은 즉시 행해져야 한다. 시간이 지나면 자녀는 자신의 행동의 문제를 모른다. 행동 수정 시에는 큰소리가 아닌 단호하지만 부드럽게 잘못을 지적해야 한다. 자녀의 인격도 생각해야 한다. 오히려 큰소리로 남이 들을 정도로 야단을 친다면 효과적인 측면에서 부정적인 면을 보인다. 행동 수정 후 자녀에게 사과할 수 있도록 시간을 주고 당사자에게 미안함을 표현할 수 있도록 자녀를 교육해야 한다.

예의범절 교육은 유아기 때부터 시작하는 것이 가장 효과적이다. 예의범절 교육을 못 받고 자란 아이는 커서도 여러 가지 새로운 환경에 적응을 못하고 학교나 외부 활동에서 부적응아로 낙인찍히기도 한다. 이런 부작용은 학업과 대인관계에서 문제가 발생하고 자녀의 자존감은 떨어져 의기소침한 아이로 자라게 된다. 예의 바른 아이들은 친구 관계, 학업 등 여러 상황에서 두각을 나타낸다. 예의범절의 기본이 타인에 대한 배려이다. 자녀를 성공시키려면 기본 예의를 훈육하는 일에 부모는 매진을 다 해야 할 것이다.

3. 공격성이 많은 아이를 위한 부모의 현명한 처방

공격적이고 친구와 자주 싸움이 일어난다면 일시적이라면 큰 문제는 아니라고 볼 수 있는데, 지속해 이런 행동이 나타난다면 자녀의 내면의 문제를 파악하고 원인에 대해 적절한 조치가 이루어져야 한다. 유아기라면 성장하면서 사회성을 배우면서 없어지는데 청소년기의 공격적인 행동은 학교에서 왕따당할 수 있고 성격 형성에 큰 장애가 될 수 있다.

공격성을 보이는 자녀들의 공통적인 특징은 감정 표현의 문제가 있거나 부정적인 성향, 폭력성을 띠고 있다는 것이다. 공격성이 많은 아이는 자존감이나 자기 존중감이 낮고 학교에서도 학업 능력이 떨어지고 자신을 비하하는 성향을 보인다. 폭력을 가한 가해자들은 피해자보다 낮은 자존감을 보이고 있으며, 불안과 자신의 실수에 대해 반성하지 않고 다른 아이에게 가해자로 각인되어 학업에도 나쁜 영향을 미친다. 공격적인 자녀는 사회성 발달의 문제로 나타나는데, 이는 비행과 부모 또는 선생님에게도 반항적인 태도를 보인다. 학교 폭력으로 인해 학교로부터 자퇴 조치를 받거나 스스로 전학 및 검정고시를 준비하는 경우도 자주 본다.

부모는 어떤 방법으로 자녀의 공격성에 도움을 줄 수 있나?

1) 폭력적인 자녀의 원인을 파악해야 한다.

일시적으로 친구와 싸웠다면 그 이유와 자녀의 행동에 관해 대화로 원인을 파악하고, 다시 반복하지 않도록 부모가 교육하면 된다. 여러 원인이 있지만 스트레스로 인한 폭력이라면 부모 자신의 훈육 방법을 점검해야 한다. 대부분 엄격하고 권위적인 집안의 환경에서 자란 자녀들이 공격성을 띤다. 화를 못 참는 자녀에겐 상대방의 입장을 알 수 있도록 설명해 주고 여러 상황에 나타날 수 있는 타인의 행동과 언어를 가르쳐야 한다. 공격성을 띠는 가장 많은 원인은 관심을 받기 위해서 나오는 자기방어이다. 부모와의 관계 형성이 되지 않은 상태에서는 자녀의 공격성을 해결할 수 없다. 평소 자녀를 이해하고 부모와의 좋은 관계가 자녀의 공격성을 저하시킨다.

2) 부모에게 자주 혼나는 자녀일수록 공격성이 강하다.

부모가 자녀의 모든 일을 해 준다면 자녀는 스스로 할 수 있는 일이 없고 자존감이 하락하고 자기 만족감 또한 저하된다. 대부분 자녀에게 많은 코칭을 하는 부모들일수록 자녀에게 더 많은 요구와 부담을 주어 자녀를 통제하며 자주 혼내는 경향을 보인다. 부모와의 관계가 원만하면 자녀는 정서에 안정을 느끼고 부모를 신뢰하게 된다. 부부 관계에 문제가 있으면 공격성이 많은 자녀로 성장하게 된다. 부모가 안정되어야 자녀에 대한 긍정적인 에너지가 나타나고 부모에게 혼나는 시간이 적어지면서 자녀의 공격성은 감소하게 된다. 부모는 화를 통해 자녀의 감정을 다스리려 하지만, 오히려 화는 자녀에게 공격성을 더욱 부채질할 뿐이다.

3) 자녀의 사회성 발달에 관심과 방법에 대한 연구를 해야 한다.

공격적인 행동은 사회성의 결핍이 오고 적응하지 못하면서 조직 안에서 왕따가 되고 지속된다면 자녀는 헤어나지 못하는 비행의 굴레로 빠지게 된다. 반사회적인 행동으로 나타나는 것이 공격성이다. 공격성을 달리 표현하면 애착으로 볼 수 있는데 자녀의 의사와 다르게 행동이 나타나며 그런 공격적인 행동 후에 자녀는 스스로 죄책감을 느끼지만, 방어기제로 또다시 공격성을 표출하는 것이다. 부모는 냉철하게 자신을 분석하고 자녀의 공격성에 잘못된 훈육 방법을 다시 반성해 보고 개선하기 위해 끊임없이 노력해야 한다.

공격성은 학교 현장에서 나타나는데, 지속해 행해진다면 자녀에겐 돌이킬 수 없는 징계를 받게 되고 친구들에게 폭력적인 아이로 인식되어 따돌림을 당하고 학교를 그만둘 수밖에 없게 된다. 학교 밖에서 공격적이고 폭력적인 행동은 반사회적인 행동으로 나타나 범죄나 비행으로 큰 문제를 일으킨다. 자녀들의 공격성은 부모에게서 나오는 경우가 대부분이다. 부부 관계의 원만한 관계 형성은 자녀에게 안정감과 평온함을 주고 타인에 대한 배려를 배운다. 공격성은 화난 모습의 표현이라 말할 수 있는데, 아직 미성숙한 감정을 가지고 있고 자기중심적인 사고로 어쩌면 성장 과정에 자연스러운 행동으로도 볼 수 있다. 자녀는 부모에게 관심의 표현으로 공격적이고 폭력적인 행동을 할 수 있다. 가정에서 공격적인 행동의 원인을 파악하고 훈육 방법에 문제가 있다면 빨리 행동 수정을 통해 자녀를 도와주어야 한다. 빠른 조치가 안 되면 폭행으로 이어져 더 큰 잘못을 범하게 된다. 부모는 자녀의 거친 행동에 관심과 사랑으로 보살피고 자녀를 이해하기 위한 대화를 많이 가져야 한다.

4. 자녀를 강한 정신력을 키우기 위한 부모의 역할

청소년기가 되면 학업의 부담이나 친구 관계, 학원, 선생님과의 관계 등 자녀들은 새로운 일에 대한 적응 훈련으로 스트레스도 받고 실수를 통해 좌절하기도 한다. 강한 정신력은 이런 힘든 과정을 해나가는 데 큰 영향을 미친다. 자녀의 정신 건강은 어릴 때부터 이루어지는데 부모의 적극적인 역할을 요구한다. 자녀를 한 인격체로 존중하고 이해하는 부모의 모습은 아이의 강한 정신력에 큰 도움이 된다. 자녀의 정신 건강을 위해서는 부모 스스로 올바른 가치관과 바른 행동으로 자신을 무장하고 자녀가 부모를 바라볼 때 안정감과 신뢰를 주어야 한다. 부모가 불안하거나 우울하다면 자녀의 정신 건강은 약해지고 자존감까지 하락하는 경향을 보인다.

📖 **자녀의 강한 정신력을 위해 부모의 역할 수행을 알아보자.**

1) 자녀에게 구체적인 정신 건강의 근육을 키워 주자.

자녀가 과업 수행에 실수하였다면 자녀와 실수의 원인을 진지하게 같이 파악해 보고 다음번에는 다시 실수하지 않도록 해야 한다. 실수에 대해 대부분의 부모는 나무라거나 비웃는 예도 있는데, 이런 부모의 모습을 자녀가 본다면 다시는 자신의 실수를 부모에게 보이지 않고 거짓말을 할 수도 있다. 자녀는 부모에게 잘 보이려는 애착심이 있으므로 실수에 대해 관대하게 자녀를 대하고 자녀를 위로하는 포용적인 모습을 주어야 한다. 자녀들은 할 일이 많고 새로운 일에 적용해야 하는 어려움이 있다. 자녀가 기댈 곳은 부모가 첫 번째 조력자이다. 다정하고 평화로운 부모의 마음이 전달된다면 자녀의 정신 건강은 많은 위안과 용기를 얻는다.

2) 자녀의 불편이나 두려움에 부모는 자녀가 스스로 대처하도록 격려해 준다.

자녀가 두려움으로 자신의 과업을 수행하지 못하고 새로운 인간관계에 어려움이 있다면 자신의 문제를 직시할 수 있도록 자녀에게 설명해주고 스스로 문제를 해결하도록 도움을 준다. 무조건 모든 일을 부모가 다 해주는 것은 자녀의 자립심에 전혀 도움을 주지 못한다. 결국 자녀 스스로 모든 일을 해야 자신에게 도움이 되며 새로운 과제를 해결하는 데 큰 밑바탕이 된다.

자녀의 불편이나 두려움을 부모는 자연스럽게 "넌 할 수 있어!" 등의 말로 용기를 북돋아 주고 실수해도 다시 할 수 있다는 여유로운 생각을 전달해야 한다.

3) 부모의 정신력이 자녀의 정신력이다.

자녀의 강한 정신력의 요소는 자녀의 식단, 운동, 수면 등 여러 가지 기본적인 것이 수행되어야 한다. 즉석 음식은 되도록 멀리하고 자녀의 운동과 수면을 체크하고 관찰을 통해 자녀의 문제를 파악해야 한다. 이런 기본적인 부모의 역할에 관심을 두어야 한다. 부모가 스트레스가 많거나 불안한 모습은 자녀에게 그대로 투영되어 정신 건강에 해롭다. 부모는 스스로 정상적인 활동과 올바른 일상을 유지해야 하고 자신의 신체적, 정신적 문제를 현명하게 해결하고 자녀를 지도해야 한다. 부모는 특히 자녀의 숙면을 위해 노력해야 한다. 부모 자체가 핸드폰에 지나치게 빠진다면 자녀 또한 잘 때까지 핸드폰을 보며 수면에 문제가 생길 수 있다.

가정에서 부모 또한 핸드폰 제한 시간을 정하는 것도 좋은 방법이다. 자녀의 건강을 해치는 것 중에 핸드폰 과다 사용을 볼 수 있는데, 부모가 솔선수범하는 모습을 보여 준다면 자녀와의 대화가 많아지고 자녀의 건강에도 큰 도움이 된다.

자녀의 강한 정신력을 키우기 위해서는 부모 자신이 강한 정신력을 가지고 있어야 한다. 정신적으로 강한 아이는 자기 잠재력을 최대한 발휘할 수 있으며 학업 등 여러 가지 과업을 훌륭하게 실행할 수 있다. 강한 정신력은 무슨 일을 하든지 최선을 다할 힘을 발휘하고 자신감과 자존감을 회복할 수 있다. 부모의 역할은 자녀의 불안, 두려움, 감정 미숙 등 스스로 해결할 수 있는 정신력을 키워 주는 방안을 연구하고 전문가의 도움을 받아 자녀의 문제의식을 빨리 해결하는 것이다.

5. 자녀의 스트레스 해결을 위한 부모의 역할

자녀 스트레스 해소법에는 성인에 비해 취약하고 해결하는 능력이 약하다. 대부분 자녀는 청소년기에 접어들면서 학업과 친구 관계, 부모 관계, 진로에 대한 두려움으로 스트레스를 받게 된다. 진로에 대한 스트레스는 진학, 취업, 꿈에 대해 막막하여 스스로 해결할 수 없어 심하면 우울증이나 번아웃 증후군까지 나타날 수 있다. 부모들이 도움을 줄 수 있는 진로에 대한 두려움은 진로 심리검사, 흥미검사, 직업 가치관 검사 등 커리어넷을 통해 무료로 검사하여 해결할 수 있다. 검사 결과에 따라 평소 자녀가 잘하는 관심 사항이나 흥미에 대해 탐색하고 자녀와 소통한다면 진로 스트레스가 한결 나아질 것이다. 스트레스는 신체적으로도 만성 두통, 불면 등 여러 가지 힘든 상황으로 나타난다. 정신적으로 여러 가지 불안, 초조, 학업 부진, 우울 등의 스트레스는 청소년 스스로 해결하기는 어렵다.

📝 자녀의 스트레스를 위해 현명한 부모의 자세를 알아보자.

1) 자녀에게 스트레스를 주는 부모의 유형

부모의 훈육에 있어 강압적이고 화를 많이 내는 경우 자녀들은 자신의 감정을 속이고 부모와 거리를 두어 신뢰 형성이 될 수 없다. 부모가 감정을 나타내고 실수하였다면 바로 자녀에게 사과하는 모습을 보여야 한다. 아무런 조치가 없다면 자녀는 어디에도 자신의 고민과 스트레스에 대한 도움을 받을 수 없다. 부부싸움도 자녀에게 큰 나쁜 영향을 주는데, 부부간의 폭력은 결코 자녀 앞에서 해서는 안 될 금기 행동이다. 엄마가 폭행당하는 장면을 본 자녀는 아빠에 대한 적개심을 나타내고, 자녀가 성인이 된다면 그대로 학습되어 똑같은 모습으로 나타난다.

2) 자녀의 스트레스의 만병통치약은 진실된 소통과 경청이다.

자녀의 스트레스의 성장 과정을 긍정적으로 지켜보고 스트레스의 아픔을 같이 나누고 자녀의 고민에 경청과 소통으로 품어 주어야 한다. 자녀의 스트레스를 부모가 대신 해결할 수는 없다. 그 과정에서 함께 공감하고 긍정적인 모습을 보여 주는 것이 부모의 역할이다. 갈수록 부부 대화, 자녀와의 대화 등 가정의 대화 시간이 적어지면서 자녀에 대한 이해도가 떨어지고 부모의 신뢰도도 낮아지고 있다. 일주일에 부모는 시간을 정해 자녀와 대화의 시간을 만들어 정기적으로 자녀의 고민과 요구 사항 등을 사전에 파악해야 한다. 청소년기는 스트레스가 심해 부모의 도움이 절실히 필요하다.

3) 자녀의 스트레스가 심해지면 전문가의 도움을 속히 받아야 한다.

청소년기 스트레스가 당연한 듯 바라보는 부모가 있는데 이는 자녀의 신체, 정신적으로 큰 손실을 볼 수 있다. 스트레스의 결과로 학업, 타인과의 관계 형성에 소극적이고 적극적으로 대처하지 못한다. 자녀를 조금만 관심 있게 관찰하면 스트레스를 발견하기는 쉽다. 물론 성장 발달의 한 과정으로 슬기롭게 이겨내는 아이도 있다. 하지만 지속해 스트레스가 이어진다면 속히 전문가의 처방을 받아야 자녀의 힘든 상황이 해결될 수 있다. 부모의 세밀한 관찰이 무엇보다 중요하다.

청소년기에는 누구나 고민도 하고 불안해하기도 하고 스트레스도 받는다. 이는 성장 발달의 한 과정이지만 부모로서 무엇보다 자녀에게 경청하는 자세가 스트레스를 완화해 준다. 모든 청소년에게 스트레스가 있지만 이를 모두가 해결하지 못하는 것은 아니다. 가장 중요한 멘토는 부모이고 부모의 관심과 사랑이 스트레스를 해결할 수 있다. 부모도 청소년기에 사춘기를 겪었지만, 자녀를 이해하지 못한다. 이유는 부모의 욕심을 자녀에게 투영시키고 내가 못 한 부분을 자녀에게 충족하려는 기대 심리로 인한 결과가 그 이유이다. 자녀의 스트레스 해소 방법 중 필자는 운동을 추천한다. 운동하는 아이는 행복하고 체력이 보강되어 스트레스를 해결하는 능력에 큰 도움이 된다. 자녀에게 물려줄 재산 중에 공부보단 운동이라고 말한다. 운동하는 부모는 자신들의 스트레스 해소도 되고 자녀는 부모를 보고 배우는 이중 효과를 얻을 수 있다. 가장 빠른 청소년 스트레스 해법은 운동 프로그램을 자녀에게 제시하고 자녀가 스스로 선택해 운동한다면 많은 부분 자녀의 스트레스가 해결될 것이다.

6. 대인기피증이 심한 자녀를 위한 부모 대처법

요즘의 청소년들은 학업, 친구 관계, 선생님과의 관계 등 여러 가지 힘든 외부 자극으로 인해 우울증을 많이 겪고 있다. 심한 경우 대인기피증으로 이어진다. 이를 사회 불안장애라고 하는데, 내성적인 아이와 수줍음 많은 아이와는 다르게 타인과의 관계에서 부정적인 것을 미리 두려워하는 질병의 하나이다.

원인은 타고난 기질로 볼 수 있지만 가장 큰 원인은 부모의 양육 태도와 스트레스가 주요 원인이다. 스트레스는 학업 성적과 본인 진로에 대한 입시 문제가 가장 클 것이다. 특히 학교 현장에서 발표할 때 이런 증상이 나타나는데, 불안감 해소를 위해 부모들은 노력하고 증상이 지나치다면 전문가의 도움을 빨리 받을수록 좋다.

📝 **부모가 이런 불안 증상을 없애기 위해 어떤 양육 태도를 가져야 할까?**

1) 자녀와 소통하는 시간을 많이 가져야 한다.

가정의 대화가 없는 가정일수록 자녀의 이런 장애는 발견이 늦어 더욱 심한 증상으로 나타난다. 특히 청소년의 대인기피증은 성인보다 치료가 늦다고 말한다. 이는 부모에게 사실적으로 털어놓고 말하지 않는 경우가 많아 발견이 늦어진다. 치료의 기간이 늦을수록 자녀의 불안은 더욱 커지고 이를 반복하게 되면 매사 학업이나 사생활에 제약이 되고 자신감이 하락한다. 따라서 자녀의 현 상태를 자주 소통하는 시간을 가지고 고민에 대해 의논하는 평온한 가정 환경이 중요하다. 자녀가 부모에 대해 항상 든든한 지원자이고 정신적인 멘토라고 생각해야 소통이 이루어진다. 소통은 하루아침에 이루어지는 것이 아니고 평소 집안 환경이 갖추어져야 한다.

2) 부모는 자녀가 긍정적인 정서를 갖을 수 있도록 칭찬과 격려를 아끼지 말아야 한다.

대인기피증은 부정적인 예감이나 자녀 스스로 "난 못 할 거야" 미리 짐작하고 발표나 시험 불안으로 나타날 수 있다. 따라서 부모는 자녀의 과업에서 과정에 대해 칭찬하고 긍정적인 격려를 해 주어야 한다. 긍정적인 훈육은 자녀의 자신감 상승을 보이고 힘든 일도 "난 할 수 있어!"라는 긍정적인 신호를 줄 수 있어 자녀의 불안 극복에 큰 도움이 된다.

3) 자녀가 좋아하는 취미 활동을 통해 자녀의 잘하는 모습을 발견한다.

학업 외로 자녀가 잘하는 취미 활동을 자녀와 같이 찾아보는 작업을 함으로써 자녀가 좋아하는 새로운 활동을 만들어 주는 것이다. 자녀의 장점은 누구보다 부모가 잘 알고 있다. 하지만 청소년기에 부모는 학업에만 신경을 쓰고 다른 자녀와 비교해 자기 자녀의 늦은 학습에 불안을 느낀다. 불안은 바로 자녀에게 영향을 미치고 부모의 불안증이 자녀에게 전염된다. 결국 자녀 스스로 헤쳐 나아가야 할 문제이지만 불안 해소는 부모의 양육 태도로 정해짐으로 심사숙고해서 자녀를 위해 도움의 손길을 주어야 한다.

위와 같이 누구나 청소년기에 불안과 우울증을 보이는데 정도의 차이를 정확히 파악하여 자녀를 양육해야 한다. 부모의 양육 태도를 바꾸어 자녀가 변화가 이루어진다면 다행인데 자녀의 힘든 상황을 방치하거나 대수롭지 않게 생각해 지켜만 본다면 자녀는 힘든 하루를 보낸다. 대인기피증도 심한 경우 우울증처럼 자살로도 이루어진다. "사춘기라 다 그럴 거야."라고 쉽게 생각해 자녀의 불안과 대인기피증을 지켜본다면 더 큰 문제 행동으로 나타날 수 있어 자녀의 행동 파악에 부모들은 세심히 살펴보아야 한다. 자녀와의 소통, 긍정적인 정서 노력, 칭찬, 격려, 새로운 취미 활동이 많은 부분 자녀의 문제를 해결할 수 있다. 단지 부모의 노력에도 자녀의 변화가 없다면 이른 시일에 전문가의 도움을 받아야 한다. 학교나 외부 활동의 제약이 된다는 것은 자녀에겐 큰 손실을 보기 때문이다. 학교 현장에서 수행평가로 발표 수업이 많은데 대인기피증으로 실력을 발휘하지 못하는 경우를 보면 안타깝다. 부모들은 학년이 올라가기 전에 하루빨리 해결해 주어야 하는 중요한 행동 수정의 첫 번째 목표이다.

7. 아이의 정서 발달에 영향을 미치는 부모의 역할

정서 발달은 감정과 느낌을 포함하며 그 일이 합리적인지 적절한지 사회의 규범에 어긋나지는 않은지에 대한 스스로 평가할 수 있는 능력을 말한다. 유아, 청소년기에 정서 발달은 성인이 되어도 삶에 큰 영향을 미친다. 정서란 단순히 느낌과 인지만을 의미하지 않는다. 정서의 안정은 아이에게 행복한 삶으로 이어지고 평온한 감정 제어가 형성되며 이는 부모의 역할이 가장 중요하다.

📝 부모들이 자녀의 정서에 어떻게 도움을 주어야 하는지에 대해 생각해 보자.

1) 자녀의 정서 발달에 가장 중요한 공감 능력을 키워 주워야 한다.

타인에 대한 공감은 아이가 일생을 살아가면서 가장 중요한 감정의 표현이다. 사회성의 발달에서 가장 중요한 타인의 공감은 원만한 대인 관계뿐 아니라 아이 스스로 남을 통해 배울 수 있는 것이 많다. 공감은 정서 능력뿐 아니라 학업, 교우 관계에서 배려와 규칙을 배우고 타인에 대한 이해에 긍정적인 효과를 나타낸다.

2) 자녀 스스로 계획을 세우고 성공에 대한 만족감을 느끼도록 부모가 격려하고 도와주어야 한다.

정서 발달의 실제 연습은 구체적인 계획 수립으로 시작할 수 있다. 아이 스스로 만족감과 성취감을 느낀다면 자녀의 정서 발달에 긍정적인 모습을 볼 수 있고, 부모의 격려와 칭찬이 아이의 만족감에 큰 영향을 미친다.

3) 부모는 양육자로서 무조건식의 양육은 자녀에게 도움을 주지 못한다.

무조건 다 받아 주는 부모의 훈육은 바람직하지 않다. 아이의 옳은 행동과 나쁜 행동에 대해 명확하게 구분하여 일관적으로 행동해야 아이는 자기 행동을 스스로 제어할 수 있다. 유아기 때는 신체 성장과 왕성한 활동이 이루어지고, 청소년기에는 정서의 급격한 발달로 사리 분별을 못하는 경우가 있다. 이때 부모가 일관적인 모습을 보여주면 아이 스스로 정서와 자아 개념을 형성하게 된다. 부모의 역할은 이 시기에 중요한 표본이 되는 것이다.

따라서 자녀의 정서 발달을 돕기 위해서는 자녀의 흥미, 적성, 관심에 집중해 아이를 관찰하고 미리 파악하는 부모가 되어야 한다. 아이들이 미숙하고 실수하는 등 미완성된 정서를 스스로 경험하고 주도적으로 해결할 때까지 참고 기다려 주는 모습이 아이의 정서와 자신감에 도움을 준다. 자녀의 학업과 과업이 뒤처진다고 생각해 부모가 미리 개입한다면 아이 스스로 할 수 있는 일이 없이 수동적인 태도만 보일 것이다. 이런 수동적인 행동이나 언행은 자녀의 정서 개발을 뒤처지게 만드는 원인이 될 것이다. 부모는 인내심을 가지고 자녀를 바라보는 연습을 해야 한다. 자녀의 안정된 정서 발달을 위해 아이의 관점에서 지켜보고 답답해도 과업의 수행이 미흡해도 격려하고 칭찬하는 태도가 중요하다.

8. 자녀의 거짓말에 대한 지도 방법

유아기 자녀의 거짓말은 인격 형성에 자연스러운 발달 단계라고 볼 수 있지만, 청소년기의 거짓말은 신중히 살펴보아야 한다. 부모로서 생각지도 못한 자녀의 거짓말에 당황하고 바로 훈육을 통해 대처하거나, 성장하면 자연스럽게 없어질 것으로 생각하고 별다른 반응을 안 보이는 두 가지 경우일 것이다. 청소년 시기에 거짓말은 부모의 관심을 받기 위한 반대급부의 행동으로 볼 수 있다. 부모는 이러한 거짓말에 슬기롭게 대처해야 한다.

📜 **다음은 거짓말의 원인과 부모의 현명한 대처 방법을 알아보자.**

1) 자녀의 거짓말이 심각하다면 원인을 파악해야 한다.

거짓말의 원인이 부모와의 갈등이라면 이는 심각한 상황으로 보고 대처를 빨리 해야 한다. 거짓말은 반사회적 행동으로 나타나고 학교와 외부에서 미인정 결석이나 도벽까지도 이어지는 경우를 볼 수 있다. 거짓말이 지속해 계속된다면 자녀 자신 또한 진실과 거짓의 분별력이 떨어지고 습관적으로 거짓말을 하게 된다.

2) 한두 번의 거짓말에 지나친 훈육은 오히려 자녀의 문제 행동을 키울 뿐이다.

습관적인 거짓말은 이른 시일 안에 고치도록 부모의 정확한 증거를 자녀에게 제시하고 대화해야 한다. 막연한 증거 없이 자녀를 훈육하고 때론 체벌로 강하게 대한다면 자녀는 자기방어로 또 다른 거짓말을 만들고 이는 심각한 문제 행동으로 이어진다. 해결의 시작점은 부모와의 친밀감이고, 이런 친밀감은 하루아침에 형성되는 것이 아니기에 평소 부모는 자녀와의 친밀감을 위해 많은 대화와 인내로 자녀를 관찰하여야 한다.

3) 자녀의 발달적인 성숙에 대해 인정하고 믿어 주는 신뢰감을 형성해야 한다.

자녀의 거짓말 원인이 대부분 부모와 친밀감을 가지기 위한 행동이다. 부모가 자주 비난하고 일방적인 훈육을 하는 자녀들이 이런 거짓말의 빈도수가 높은 것을 볼 수 있다. 청소년기 인격 형성과 발달 속도에 맞추어 부모는 훈육의 방법을 찾아야 한다. 거짓말은 무조건 안 된다고 생각하는 부모들이 많은데 원인의 질과 지속적인 태도를 신중하게 점검해 봐야 한다. 자녀의 거짓말에 스스로 반성할 수 있게 시간을 주고 그 원인과 행동을 관찰하여야 한다. 증거 없이 자녀를 체벌하면 문제 행동에 변화를 줄 수 없다. 자녀의 발달 단계의 한 일원이기에 부모의 신뢰심으로 자녀와 유대 관계가 있어야 올바른 행동으로 이끌 수 있다.

거짓말의 반대는 진실함이다. 자녀들이 평소 부모에게 힘든 말이나 하고 싶은 일들을 부모의 제지로 못 한다면 거짓말의 도구를 통해 자신을 합리화하는 것이다. 정직함에 대한 교육을 중요시하고 평소 부모 또한 정직한 생활을 자녀에게 보여 주어야 한다. 자녀의 일에 신뢰하지 못하고 무조건 학업 이외에 모든 일을 낭비한다고 생각해 행동을 제어한다면 자녀들의 거짓말은 계속되어 결국 자신의 문제 행동이 무엇인지 판단을 못 하게 된다. 청소년기의 거짓말에 대한 훈육이 안 되고 지속해 이어진다면 성인이 되어 사회 부적응이나 사회로부터 격리되는 일까지 벌어지게 된다. 청소년기에 꼭 치료하고 넘어가야 할 중요한 인격 형성의 한 부분이다.

자녀의 훈육 방법을 강압적으로 대할수록 자녀는 부모 곁을 벗어나기 위한 행동으로 거짓말을 택한다. 수용과 존중으로 대해야 하며 실수에 대한 관대한 포용이 중요하다. 또한, 부모의 지나친 욕심으로 자녀의 목표 달성에 무리한 계획을 세운다면 자녀 관점에서 부모를 실망하게 하지 않기 위해 거짓말을 하게 된다. 거짓말은 어쩌면 부모에게 SOS를 보내는 신호와도 같다.

"자녀들이 얼마나 힘들었을까?" 반문하며 부모 스스로 감싸 주고 사랑으로 안아 준다면 거짓말은 자연히 사라질 것이다.

9. 아이의 자존감 높이는 부모의 역할

자존감이란 스스로 자신의 품위를 지키고 자신을 존중하는 마음이라 말한다. 자존감은 아이의 일상 행동, 언어, 선택, 결정 등 모든 것에 영향을 미친다. 자존감이 강한 아이는 타인의 말과 행동에 휘둘리지 않고 자신감으로 자신에게 주어진 학업, 일 등을 차분히 해결한다. 반면 자존감이 낮은 사람은 타인의 감정과 말이 나를 움직여 자기 삶이 만족스럽지 못하고 힘든 일이 생기면 작은 일이라도 중심을 못 잡고 헤맨다. 자존심은 아이가 문제를 해결하는 방법에서 중요한 역할을 하고 특히 사춘기 학업이 증가하면서 더욱 자존감의 역할이 크다. 자신을 사랑해야 남에 대한 이해도가 높아지고 타인에 의해 자신의 신념이 흔들리는 것을 막을 수 있다.

📝 자존감을 높이기 위한 부모의 역할을 알아보자.

1) 자녀의 열등감을 부모는 대화와 사랑으로 감싸 주어야 한다.

자존감이 떨어지는 원인 중 하나가 자신의 우월감이나 열등감으로 자녀가 남의 눈을 너무 많이 의식해서 자신의 관점을 정하지 못한다는 것이다. 부모는 자녀의 장점을 살펴보고 칭찬과 격려로 아이를 바라봐야 한다. 자녀의 감정을 있는 그대로 받아 주는 것이 자존감을 키우는 기본이고 자녀의 모자란 면을 꾸짖거나 체벌한다면 아이는 마음을 닫고 자신을 보여 주지 않아 자존감은 떨어진다.

2) 자녀에게 믿음을 주고 목표와 기대를 자녀와 함께 풀어보자.

자존감을 높이기 위해서는 자녀에게 긍정적이고 용기를 주며 사랑과 존중을 받을 자격이 충분히 있다는 것을 설명하고 부모의 자녀에 대한 믿음을 확인시켜 자녀가 평온한 마음이 될 수 있도록 노력해야 한다. 자존감의 첫 번째가 부모의 믿음이다. 부모는 자녀가 잘하기만 바라지 말고, 실패해도 지켜보고 부모가 나를 믿고 있다는 신뢰심을 주어야 한다.

3) 자존감은 정신적으로 육체적으로 건강해야 한다.

부모는 자녀의 건강에 최우선으로 두어야 한다. 이는 학업, 학원, 학교에 앞서 정신적 육체적으로 건강하지 않으면 자신을 높일 수 없고 자신감이 모자라 자존감은 떨어진다. 스트레스는 긴장감을 높이고 불안감이 높아지게 된다. 부모는 음식과 운동 등 자녀의 건강 관리에 가장 힘써야 한다. 사춘기 아이들이 제일 관심이 많은 부분이 외모이고 특히 과체중인 학생들의 자존감이 떨어진다는 결과 보고가 있다. 부모는 자녀의 건강 체크 운동, 스트레스에 관심을 보이고 나쁜 습관은 빨리 수정해 주어야 한다. 건강에 대한 것은 냉철하게 아이를 훈육해야 한다.

청소년기 자존감의 결여는 우울증으로 변한다. 남에게 나서지 못하고 다른 사람에 대한 의식으로 자신감이 모자라 스스로 자신의 마음 안에 갇히게 된다. 자신을 그대로 받아들이는 것이 첫째이다.

자존감이란 자아 존재감이라고도 하는데, '자기 스스로 자신의 감정의 긍정적인 면을 세우는 것'이라고 한다. 유아기나 사춘기 때는 스스로 자아의 발달 단계에 있어 자신의 감정을 확립하지 못한다. 부모는 이 시기에 자녀의 열등감이나 포기에 대해 충고와 격려가 필요하다. 자녀가 잘하는 것을 같이 의논해 보고 자녀의 역량에 대해 칭찬해야 한다. 아직 성격 형성이나 인성이 완벽하지 않은 상태이기에 부모의 역할은 스스로 자존감을 키우기 위해 여러 방법을 연구하고 적용해 봐야 한다. 부모 또한 자녀 훈육의 초보이기에 자녀를 위해 배우고 여러 도구를 통해 자녀에게 가장 잘 맞는 방법으로 도와주는 책임이 있다.

10. 자녀의 자립심을 키워 주는 방법

자립심이란, 남에게 예속되거나 의지하지 않고 자기 스스로 서려는 마음가짐을 의미한다. 부모들이 걱정하는 것 중의 하나가 자녀의 자립심 결여이다. 아이가 모든 것을 해 달라고 졸라대는 아이는 대부분 부모의 간섭과 어릴 때부터 스스로 안 해도 부모가 모든 것을 다 해준 기억이 많기 때문이다. 예를 들면, 아이가 현관에서 신발을 어렵게 신고 있을 때 대부분의 부모는 신발을 신는 것을 바로 도와준다. 이는 자녀의 홀로서기를 부모가 방해하는 행동이다. 이러한 일들이 많은 부분에서 나타나고 아이는 스스로 자립할 수 없는 의존적인 아이로 성장하게 된다. 자녀의 자립심은 어려서부터 성장하는데 청소년기에 이런 부모의 과잉보호는 의존적인 아이로 자라게 된다.

📝 **자녀의 자립심을 키우는 부모의 역할을 알아보자.**

1) 자녀가 스스로 할 수 있다는 성취감을 느끼게 하라.

조금 느리고 어설프지만, 자녀 스스로 할 수 있는 일은 부모가 간섭하지 말고 지켜보는 것이 중요하다. 물론 부모보다 시간이 더 걸리고 완벽하지 않지만, 성취감을 느낄 수 있게 시간을 주고 기다린다. 대부분 부모는 자녀의 실패에 대해 관대하지 못하고 부모가 실패하기 전에 참여해 아이의 성취감을 뺏어가는 경우가 있는데, 자녀들이 실패를 통해 무엇인가를 배울 수 있도록 도와주는 것이 좋다. 부모가 자녀의 실패를 부정하지 말고 격려하고 인정해 주는 것이 중요하다. 실패 또한 아이들이 겪을 책임이기 때문이다.

2) 자녀가 완벽하기를 바라지 마라.

자녀는 성장 과정의 진행형이고 아이의 실증과 실패 행동은 당연한 성장 과정의 한 부분이다. 부모의 욕심으로 아이의 결과물을 바라보지 말아야 하며, 아이의 눈에 맞추어 자신의 욕심을 버려야 한다. 쉬운 일이라도 완성한 자녀에겐 칭찬이 필요하고 성취욕을 느낄 수 있는 말투가 중요하다. "우리 아들 참 잘했어!", "예전보다 훨씬 좋아졌네."라는 말과 같은 긍정적인 칭찬은 아이에게 큰 만족감과 성취감을 높이는 데 도움이 된다. 이는 스스로 할 수 있다는 자립심으로 이어진다.

3) 집안의 소소한 일들을 어려서부터 자녀와 같이한다.

빨래 개기, 청소, 설거지, 세탁 등 여러 가지 집안의 쉬운 일들을 같이하며 책임감을 느끼도록 도와준다. 대부분의 부모는 "이 시간에 공부를 시켜야지 무슨 집안일이냐?" 하고 반문할 것이다. 하지만 이러한 일은 부모와 소통도 되고 자녀 스스로 만족함을 느껴 자립심에 큰 도움이 된다. 성인이 되어도 몸에 밴 행동으로 인해 남을 배려하고 결혼 후 배우자에게도 만족감을 주는 결과로도 나타난다.

무조건 도와주는 것이 자녀를 사랑하는 것은 아니다. 학교 현장에서 수행평가를 부모가 도와주는 아이들은 부모의 간섭으로 학습 욕구를 저하하는 결과로 이어진다. 아이의 선택을 존중하고 스스로 선택한 것에 대해 실패해도 격려하고 응원해 주는 부모의 자세가 필요하다. 아이는 성장 중임을 부모는 항시 자각해야 한다. 완벽함을 바라지 말고 칭찬과 격려로 기다려 주는 것이 자녀가 자립심을 높일 수 있는 가장 좋은 방법이다.

11. 자녀의 자존감을 높이는 부모의 역할

자존감의 사전적 의미는 스스로 품위를 지키고 자기를 존중하는 마음으로 되어 있다. 달리 표현하면 '자신을 사랑하는 감정'을 말한다.

부모는 어려서부터 아이에게 자존감 형성에 큰 영향을 미친다. 여러 다양한 부모의 자존감 향상을 위한 대화법을 살펴본다면 다음과 같다.

1) 긍정적인 칭찬과 네가 아닌 나의 입장에서 아이와 대화해야 한다.

"너는 도대체 왜?"라는 말보단 "힘들었구나, 우리 아들…", "엄마가 어떻게 도와줄까?"

"너 절대로 하지 마!"라는 말보단 "엄마 생각은 이런데 너는 어떻게 생각하니?" 등 부모들의 감정을 제어해 아이 입장에서 대화를 해야 한다.

또한, 아이들이 부모에게 듣고 싶은 말은

"사랑해!"

"수고했어요."

"힘들었지? 수고했다."

"넌 할 수 있어!"

등 어쩌면 쉬운 단어인데 생각보다 부모들은 표현을 잘하지 못한다. 이는 부모들이 아이들과 만나는 시간이 적고, 그 시간에 아이의 잘못된 행동만 보이기에 제어나 절제의 강요를 많이 한다.

2) 부모는 자신의 감정을 자녀에게 정확히 표현해야 한다.

자녀는 하나의 인격체로 자신을 방어하고 스스로 부모의 행동을 파악한다. 아이가 잘못했을 때 지적하거나 제어만 한다면 아이의 자존감은 성장할 수 없다. 아이가 실수했다면 혼내기보다는 대화로 잘못된 행동을 서로 이견을 조율하며 풀어나가야 한다. 또한, 부모도 실수했다면 바로 사과하고 미안함을 자녀에게 전해야 한다. 이 부분이 안 된다면 아이의 자존감 회복은 힘들고 자녀 또한 사과를 못 하면 타인에게 존중되지 못한다. 자녀와의 대화에서 부모의 진심 어린 모습이 아이를 감동하게 한다.

3) 아이에게 말을 할 때 부모들은 신중을 기해야 한다.

아이의 뇌세포는 특히 부모의 영향을 가장 많이 받는다. 부모는 태어나며 가장 먼저 만나는 인격체이고 가장 부모의 모습을 따라 인격이 형성되기에 부모의 말 한마디는 무서울 정도로 중요하다.

무심코 부모들은 아이에게 "넌 도대체 누굴 닮은 거야?"라는 말을 자주 하는데 이 말은 아이에게 큰 혼란을 주는 말이다.

부모는 자신이 무슨 말을 한지도 모르지만, 아이의 자존감은 부모의 잘못된 언어 형성에서 시작된다.

아이는 태어나면서 부모에게 기쁨과 격려, 감사, 환희 등 부모에게 태어나면서 많은 위로와 희망을 준다. 아이가 성장하며 어긋난 행동을 보여도 그때를 생각한다면 절대 아이에게 상처 주는 말은 하지 말아야 한다. 부모는 더욱 인내하고 지켜봐 주는 파수꾼이 되도록 부단히 노력하고 힘써야 한다.

12. 자신감 있는 아이로 키우기

부모들은 자녀 양육에 있어 초보자로 시작한다. 결혼을 준비하며 자녀 교육을 위해 미리 준비하는 부모는 적다. 자녀가 태어나고 그때부터 남들의 훈육을 찾아보고 나에게 적용해 아이의 교육을 시작한다. 자녀는 유일한 인격체이고 남과는 전혀 다른 행동과 언어로 부모에게 다가온다. 부모라면 자녀가 자신감을 갖기를 원하고 남들 앞에서 떳떳하게 자신을 표현하는 모습을 원한다. 자신감은 아이들이 성장하면서 발전하는 중요한 요소 중 하나이다. 자신감이 높은 아이는 스스로에 대한 믿음이 있어 자기주도적인 학습이 가능하고 새로운 도전에 대한 두려움이 적다.

📝 따라서 부모님은 자신감 있는 아이로 자라기 위해 아래와 같은 방법들을 고려해 볼 수 있다.

1) 칭찬과 격려를 해야 한다.

자녀가 성취를 이룰 때마다 축하하고 칭찬해야 한다. 또한, 어려움을 겪을 때는 격려해 준다면 자녀는 자기 능력을 인정받고 어려움에 부딪혔을 때도 극복할 힘이 생길 것이다.

2) 실패 또한 아이의 자신감을 높일 수 있다

자녀가 실패하거나 실수했을 때, 이를 부정하지 말고 긍정적인 방법으로 접근해야 한다. 실패를 경험하면 자녀는 다시 도전하면서 자신감을 회복할 방법을 배울 수 있고 실패를 통해 자녀가 더욱 성숙해지고 강인해질 수 있다.

3) 자녀의 자율성을 존중해야 한다.

자녀에게 자율성을 부여하면 자기 능력을 시험하고 자신의 결정을 내릴 기회를 제공한다. 부모는 자녀가 자기 생각과 감정을 표현할 수 있는 환경을 만들어 준다면 자녀는 자신을 믿고 자신감을 느끼게 된다.

4) 다양한 경험과 체험을 갖게 하라.

자녀에게 다양한 경험과 체험을 제공하면 자신감을 키울 수 있다. 새로운 환경에서 새로운 사람들과 만나는 것은 자녀에게 새로운 시각을 제공하여 자기 능력을 시험할 기회를 제공한다.

5) 부모는 피드백을 제공하라.

자녀가 자신의 자신감을 향상하기 위해서는 부모님의 피드백이 필요하다. 자녀가 어떤 일을 잘했다면 그것에 대해 칭찬하고, 어떤 부분을 개선해야 할 때 그것을 직접 알려 준다면 자녀는 자신의 자기 능력에 자신감을 찾게 된다.

이외에도 자녀를 인격체로 존중한다면 자존감과 자신감을 느끼며 인격 형성에도 도움이 될 것이다. 부모와 같이 있는 시간을 많이 가진 아이는 안정되고 평온함을 느껴 부모의 친밀감이 아이에겐 자신감의 상승을 가져온다.

13. 예의 바른 아이로 키우기 위한 부모 코칭법

예의 바른 아이는 남과 잘 어울리고 다른 사람을 배려하고 친구도 많아 학교나 외부에서 자신감을 얻고 사회활동에서 적극적으로 행동하게 된다. 반면, 예의가 없는 아이는 자기중심적이고 자존감이 낮아 사회 활동에서 많은 제약을 받는다.

예의 바른 아이란, 다른 사람들에게 예의와 존중을 보이며, 인간관계에서 좋은 모범이 되는 아이를 말한다. 예의 바른 아이는 다른 사람의 감정을 이해하고 존중하며, 언제나 다른 사람들과 함께하는 것을 즐기며, 인간관계에서 긍정적인 역할을 한다.

예를 들어, 예의 바른 아이는 인사를 잘하며, 감사의 말과 사과하는 마음을 잘 표현한다. 또한, 다른 사람들의 의견을 듣고 이해하는 것을 중요하게 생각하며, 자기중심적인 행동보다는 타인을 배려하며 사회적인 규칙을 잘 지키며, 상황에 따라 적절한 행동을 취한다.

이러한 예의 바른 아이는 어른이 되어도 인간관계에서 잘 적응하며, 더 나아가 사회적으로 존중받을 수 있는 인간이 된다. 따라서 부모님들은 자녀들에게 예의 바른 행동을 가르치고, 그러한 행동을 보여 주며, 지속해 관찰하며 피드백을 제공해 주는 것이 중요하다.

📝 **예의 바른 아이로 키우기 위해 어떻게 해야 할까요?**

1) 예의 바른 아이를 키우기 위해서는 부모가 모범이 되는 것이 중요하다.

부모님이 항상 예의 바르게 행동하고, 예의 바른 언어를 사용하며,

좋은 예를 보여 주면 아이도 자연스럽게 그러한 행동을 따라 하게 된다. 또한, 아이와 함께 대화하면서 예의 바른 언어와 행동에 관해서 이야기해 주고, 아이가 실제로 적용할 수 있는 상황을 연습해 보면 좋다. 아이가 예의 바른 행동을 할 때는 꾸준히 칭찬해 주면서 잘하고 있다는 것을 알려주면 더욱 도움이 된다.

2) 어릴 때부터 예의범절을 가르쳐야 한다.

식당에서 젊은 부부 중 아이가 떠들고 돌아다녀도 아무런 제지를 안 하는 것을 자주 본다. 이런 아이는 커서도 남에 대한 배려나 산만한 아이로 성장할 가능성이 높다. 공공장소에서 떠들지 않기, 식사 예절, 인사 예절 등은 어릴 때 부모의 교육관으로 충분한 교육이 되어야 한다.

3) 모든 행동에서 책임을 질 수 있게 해야 하고 감사와 사과의 표현을 할 수 있도록 부모가 관여해야 한다.

예를 들면 자기 물건을 스스로 정리할 수 있도록 책임을 부과해야 하고 감사와 사과의 정확한 표현을 할 수 있도록 부모는 상황에 맞게 지도해야 한다. 잘못된 행동은 바로잡아 주고 무엇이 잘못되었는지를 설명해 주어야 한다.

4) 다른 사람의 감정을 이해하고 존중하는 것도 예의 바른 아이를 키우는 데 중요하다.

아이가 다른 사람의 감정을 이해하고 존중하는 것을 배울 수 있도록 아이가 타인의 처지에서 생각하게 하는 기회를 많이 제공해 주면 좋다. 다른 사람과의 관계에서 상대방의 감정을 부모가 대신해서 이해할 수 있도록 설명해 주는 것도 좋은 방법이다.

자녀의 예의 바른 행동의 기본은 부모님이 올바른 행동과 언어를 보여주는 것이 무엇보다 중요하다. 부모가 바른 예의범절을 보인다면 자녀에게 예의를 강요하지 않아도 자연스럽게 인사, 식사 예절, 공공 예절, 배려 등 부모의 모습에 동화되어 자녀는 예의 바른 아이로 성장한다.

14. 수줍음 타는 아이 부모 대처법

수줍음이 많은 아이는 남을 지나치게 의식하거나 자신감이 없어 혼자 있기를 좋아하고 사람들이 많은 곳을 피하는 경우가 많다.

수줍음은 자신감이 부족하거나 불안감을 느끼는 상황에서 나타나는 특성이다. 이는 다양한 이유로 발생할 수 있고, 가장 일반적인 이유 중 하나는 사회적 불안증이다. 사회적 불안증은 사람들과 상호 작용할 때 불안감을 느끼는 것을 의미하는데 이는 가족 구성원, 친구, 교사, 동료 및 다른 사람들과 대화를 나눌 때 나타날 수 있다.

또 다른 이유는 개인적인 성격이나 경험에서 비롯될 수 있다. 자신감이 부족하거나 자기 평가가 낮은 사람은 수줍음을 느낄 가능성이 높다. 또한, 이전에 부정적인 경험을 한 경우, 예를 들어 비판적인 피드백을 받거나 차별을 당한 경우에도 수줍음이 발생할 수 있다.

수줍음을 극복하는 것은 시간과 노력이 필요하다. 자신의 감정을 이해하고 받아들이는 것이 중요하고 자신에게 친절하게 대하며, 자신의 강점을 발견하고 강화해 나가는 것도 도움이 된다. 또한, 새로운 경험을 즐기며 적극적으로 참여하며, 다른 사람들과 대화하며 자신감을 키울 수 있으며 만약 수줍음이 너무 심한 경우, 전문가의 도움도 받을 수 있다.

📜 **수줍은 아이를 가진 부모의 역할은 다음과 같다.**

1) 이해하고 수용해야 한다.

수줍은 아이에게 이해와 수용을 보여 주는 것이 중요하다. 부모는 아이가 수줍은 성격이라는 것을 인정하고, 그들의 감정을 이해하며, 그들의 성격을 존중해 주어야 한다. 성격은 바로 수정되는 것이 아니다.

2) 안정감을 제공해야 한다.

수줍은 아이는 새로운 상황에서 불안해하거나 두려움을 느낄 수 있다. 부모는 그들에게 안정감을 제공하여 새로운 환경에서도 안전하게 느낄 수 있도록 해야 한다.

3) 대화와 이야기를 나누어 주어야 한다.

부모는 수줍은 아이와 자주 대화하고 이야기를 나누어 줌으로써 그들의 자신감과 소통 능력을 키울 수 있다. 아이의 장점을 더욱 칭찬해 주고 자신감을 느낄 수 있도록 친밀감을 유지해야 한다.

4) 적극적인 참여를 유도해 주어야 한다.

수줍은 아이는 새로운 경험을 하기보다는 익숙한 것에 머무르는 경향이 있다. 부모는 아이에게 새로운 환경에 대한 적응을 높이기 위해 아이에게 새로운 장소의 경험을 위해 노력해야 한다.

수줍은 아이를 도와 자신감을 키우는 가장 좋은 방법의 하나는 언제나 칭찬과 격려이다. 수줍은 아이는 자신에게 양성적인 피드백을 받을 때 자신감이 향상될 가능성이 높다. 또한, 새로운 환경이나 활동에 참여시켜 주는 것도 좋은 방법이다. 이를 통해 아이는 자신이 새로운 상황에서도 적응할 수 있다는 것을 알게 된다.

수줍은 아이는 역할극 놀이를 통해 자신감을 키울 수 있는데, 아이가 다른 사람의 역할을 맡아 연기하면서 자신이 직접적으로 말하지 않고도 자신감을 얻을 수 있다. 또는 활동적인 스포츠나 춤과 같은 활동은 수줍은 아이에게 좋은 방법이다. 이러한 활동은 아이가 자기 능력을 시험해 보고 성취감을 느낄 기회를 제공한다.

이처럼 수줍은 아이들은 얼마든지 부모의 노력으로 행동 수정이 가능하고 시간 또한 오래 걸리지 않는다. 단지 부모의 사랑과 관심, 노력으로 시간을 앞당길 수 있고 이는 아이의 노력보다 부모의 노력으로 행동의 변화가 있다는 것을 알고 서둘지 말고 여유를 가지고 아이를 관찰하자.

15. 주의 산만한 아이 집중력 높이는 부모의 역할

학교 현장에서 교사에게 지적당하거나 가정에서 주의 산만한 아이를 보면 부모 또한 대책이 없어 꾸지람으로 아이를 제어한다. 주의 산만한 아이들은 집중력을 유지하기 어려울 수 있으므로 공부법에 대한 추가적인 지원이 필요하다.

📋 **주의 산만한 아이들을 돕기 위한 몇 가지 공부법을 살펴보자.**

1) 학습 시간을 나누어 분할하자.

주의 산만한 아이는 긴 시간 동안 한 가지 일을 계속하기 어려울 수 있다. 따라서 공부 시간을 짧게 나눠서 집중할 수 있도록 한다. 예를 들어 30분 동안 공부하고 5분 동안 쉬는 학습 방법을 적용해야 한다.

2) 시각적 자극을 활용한다.

주의 산만한 아이들은 시각적 자극에 민감하므로 그림, 도표, 색깔 등을 활용해서 학습 내용을 시각화하여 전달한다.

3) 아이에게 관심을 가지고 지도한다.

주의 산만한 아이들은 관심있는 주제에 대해서는 높은 집중력을 발휘한다. 따라서 관심 있는 주제를 가지고 있는 과목에서 학습을 하도록 도와주고 그 과목의 관련된 내용을 자세히 다루는 책, 동영상 등을 제공해 준다.

4) 목표를 설정해 준다.

목표를 설정하는 것은 주의 산만한 아이들의 자신감을 높일 수 있고 학습 목표를 구체적으로 설정하고, 그 목표를 달성하는 과정에서 성취 감을 느낄 수 있도록 도와주어야 한다.

5) 움직임 활동의 기회를 제공한다.

주의 산만한 아이들은 움직임이 많은 경우가 많다. 따라서 공부 시간 동안 움직일 수 있는 여지를 만들어 주어야 한다. 예를 들어, 스쿼트 자 세, 무릎 굽혀 일어서기, 몸을 움직이면서 공부하기 등을 추천한다.

6) 학습 전략을 가르쳐 준다.

주의 산만한 아이들은 자신이 어떻게 학습할 수 있는지 모를 수도 있 다. 따라서 학습 환경을 부모는 제공해야 아이들은 학습에 집중력을 발휘할 수 있다. 이런 아이에게 가장 중요한 것은 가정의 학습 환경이 중요한 요소가 된다.

7) 일정한 루틴을 제공한다.

일정한 루틴은 주의력 부족 아이에게 안정감을 제공할 뿐만 아니라, 자기 조절 능력을 강화하고 집중력을 향상하는 데도 도움이 된다. 따 라서 부모는 아침, 점심, 저녁 등의 일정을 일관되게 유지하는 것이 중 요하다.

8) 명확하고 간결한 지시를 해야 한다.

주의 산만한 아이는 지시를 이해하고 따르기가 어려울 수 있다. 따라서 부모는 명확하고 간결한 지시를 제공하며, 이해가 어려울 때는 간단한 그림이나 도표를 활용하여 설명하는 것이 좋다.

9) 긍정적인 강화와 보상 시스템을 구축해야 한다.

주의 산만한 아이는 긍정적인 강화와 보상 시스템을 통해 행동을 학습할 수 있다. 부모는 아이가 잘한 것에 대해 칭찬하고, 보상을 제공함으로써 아이를 격려하고 자신감을 높이는 것이 중요하다.

10) 효과적인 학습 방법과 환경을 제공해야 한다.

부모는 자녀가 학습하기 쉬운 환경을 조성하며, 자녀가 학습하는 데 필요한 자료와 도구를 제공하는 것이 중요하다. 또한, 부모는 자녀가 효과적인 학습 방법을 습득할 수 있도록 돕는 것이 좋다.

이외에도 부모는 자녀와 소통하며 자녀의 감정을 이해하고 공감하는 것이 중요하다. 또한, 자녀의 관심사와 취미에 관해 관심을 가지고, 이를 통해 자녀와의 유대감을 형성하는 것이 좋습니다. 무엇보다 자녀와의 소통이 학습 효과를 높일 수 있고 지속적인 관심과 기다려 주는 부모의 역할이 중요하다.

16. 부모는 자녀의 집중력을 키우는 첫 번째 선생님!

집중력이란 어떤 일을 할 때 다른 생각에 방해받지 않는 것을 말한다. 각종 공부나 시험을 준비할 때 성공과 실패를 가르는 요인이 된다. 학교 현장에서 수업하다 보면 2~3명은 지나칠 정도로 수업 방해를 하고 다른 아이에게 부정적인 학습 및 정서적으로도 피해를 준다.

집중력은 선천적으로 타고나는 것이 아니다. 집중력이 떨어지는 이유는 아이의 스트레스와 수면 부족이 큰 영향을 미치고, 초등학교 입학 시 몰랐던 자녀의 집중력 저하를 부모들이 알 수 있다. 집중력이 떨어지는 자녀의 발견은 가정보다는 학교에서 담임 선생님의 면담을 통해 듣게 되는 경우가 많다. 집중력이 낮은 아이들은 과제 수행의 어려움을 겪고, 과제가 끝나도 복습이 이루어지지 않는다. 반면 집중력이 높은 아이들은 과제를 충실히 이행하고 끝나도 다시 복습하는 행동을 취한다. 이는 집중력이 학습에 가장 중요한 요소임을 알 수 있다.

자녀가 게임에 몰두할 때 집중하는 모습을 알 수 있다. 못하게 하면 화를 내기도 한다. 바로 집중력은 정상아로 태어났다면 유전도 아니고 문제도도 아닌 것이다.

📝 집중력 향상을 위해 아래와 같은 요소를 알아보자.

1) 초등학교 입학 전에 집중력 훈련을 시켜야 한다.

새로운 학교 적응에 대부분 학생은 불안하고 학습량이 늘면서 어떤 순서로 과제를 처리할 수 있을지 고민하게 된다. 몸과 마음에 큰 변화가 오는 시기이기에 부모는 메모장 확인 등 학교생활에 관심을 두고 자녀에게 멘토 역할을 해야 한다. 못하는 것에 대한 비난은 절대 안 된다. 아이를 꾸짖게 되면 아이는 학교 상황을 부모에게 말하지 않는 경우가 생긴다. 이럴수록 아이를 더 안아 주고 신체 접촉을 통해 아이를 격려하고 자녀의 장점을 찾아 칭찬하는 것이 좋다.

2) 집중력과 사고력을 담당하는 뇌의 전두엽은 계속 발달하고 있다.

자녀가 주의 산만하다고 모두 문제가 있다고 볼 수는 없다. 물론 학교 현장에서 지나쳐 ADHD 치료를 받는 학생도 있지만, 산만도가 창의력으로 나타날 수도 있고 적극적인 학생일 수도 있다. 완전한 뇌 발달이 성숙하지 않은 상태여서 부모의 관심으로 얼마든지 집중력 강화에 도움을 줄 수 있다.

3) 칭찬과 격려는 아이의 집중력 강화에 중요한 역할을 한다.

자녀가 과제를 끝냈다면 "우리 아들 벌써 다했구나.", "집중을 잘하는구나." 등 과제 수행을 한 아이에게 바로 칭찬해야 한다. 칭찬은 시기가 중요하다. 반면 과제가 틀려도 "다음번엔 더 잘할 거야. 수고했어요." 이런 칭찬과 격려는 아이에겐 든든한 나의 지원자가 곁에 있다는 사실에 마음의 안정과 평온함을 느낀다. 자녀의 집중력 향상은 자녀가 얼마나 마음의 안정을 느끼고 있느냐가 가장 중요한 요소이다.

17. 인성이 좋은 아이로 키우는 법

인성의 사전적인 뜻은 인간의 성질을 말하고 학문적으론 인성을 다양한 의미로 사용된다. 인성은 한마디로 인격과 성격이라고 생각하면 된다. 자녀의 인성을 위해 먼저 해야 할 일은 부모의 성숙한 성격이 중요하다. 아이에게 인성을 요구하기 전에 부모 스스로 나는 과연 인성적으로 합당한가를 찾아보아야 한다.

가끔 아이에게 다른 사람에게 90도 인사를 재차 강요하는 부모가 있는데, 이는 자녀에게 자신의 인성을 강조하는 하나의 예이다. 부모들은 자신의 인성 잣대로 자녀에게 무리한 행동을 자주 강요한다. 이럴수록 자녀는 위축되고 부모의 인성 판단에 따라 자신의 인성 기준을 정리하지 못한다. 부모 세대처럼 "무조건 착해야 한다."라는 말은 자녀 세대와는 맞지 않고 착하다는 개념을 현실에 맞게 설명해 주어야 한다. 오히려 솔직히 표현할 수 있도록 도와주는 것이 부모의 역할이다. 아이는 부모를 통해 인성의 중요한 사회성과 도덕성을 배운다. 부모가 지키지 않으면서 예의 바르게 행동하라고 한다면 아이는 인성의 괴리감을 느껴 자신의 인성에 혼란을 느낀다.

부모가 자녀에게 화가 났을 때 비난과 원망하는 태도가 아닌 포용적이고 관용적으로 대처해야 한다. 자녀는 자연스럽게 이러한 부모의 자세를 보고 남에게 화났을 때 자연적으로 부모와 같이 포용적으로 된다. 이렇게 부모가 솔선수범하는 모습은 자녀 스스로 긍정적인 모습으로 변해 가도록 만든다. 인성의 가장 중요한 것은 자녀가 커서도 부모의 언행이 똑같이 나온다는 것이다. 부모나 가족 친지의 가정 환경에 관한 연구를 보면 가정 환경이 아이에게 미치는 영향은 생각보다 크다.

부모들의 잔소리나 간섭이 아이에게 부정적인 영향을 미친다는 것을 부모라면 다 경험이 있을 것이다. 부모는 아이의 행동 발달이나 수준에 따라 알맞은 학습을 해야 한다. 부모는 어쩌면 자녀 양육의 초보자이다. 따라서 더욱 부모는 공부하고 자녀 훈육에 문제가 있다면 다른 도구로 바꾸어야 한다.

인성은 학습 효과에 큰 영향을 미치는데, 부모가 공부 방법을 결정하는 아이는 스스로 자기주도학습을 할 수가 없다. 오히려 낙천적이거나 긍정적으로 자신의 목표를 향해 실수하면서도 스스로 자신의 학습을 결정하는 것이 조금은 느리지만 훗날 큰 효과를 볼 수 있다.

부모는 공부 잘하는 아이를 먼저 생각하는데 그보다 상위 개념이 바로 인성이다. 올바른 인성이 갖추어지면 학습 능력은 평온함으로 인해 자연스럽게 높아진다.

물론 예의 바른 아이로 키우는 것은 당연한 부모의 소망일 것이다. 단지 부모 세대와 자녀의 세대는 엄청난 차이가 있고 부모 세대의 인성 개념 또한 변화가 있다는 것이다. 날로 인성이 중요하다고 말하는데 학교나 가정에서 실시하는 인성 교육 또한 예의범절을 강조하면서 '인성' 하면 예의범절을 말한다는 것은 진부한 표현이다.

인성에서 중요한 요소인 자기 조절력, 자기 긍정성, 도덕성은 부모에게서 나온다. 화목한 가정에서 자녀는 자연스럽게 부모의 인성을 습득하고 사회성과 질서 규칙 등 많은 것을 배우고 익힌다. 부모는 아이의 인성 모델이다. 부모 자체가 훌륭한 코치가 된다면 자녀는 행복한 삶을 살 수 있다.

18. 자녀를 긍정적인 아이로 키우는 법

자녀들은 유아기, 아동기, 청년기 등 다양한 발달 단계를 거치면서 단계에 맞는 부모의 일관된 교육이 필요하다.

부모는 자녀의 자신감이 없거나 학업에서 뒤처질 때 여러 반응이 있겠지만 대부분 "넌 왜 바보 같아?", "성적이 이게 뭐야?" 등 부정적인 말을 더 많이 한다.

자녀는 자신을 낳아 준 부모에게 가장 인정받고 싶어 하고, 반면 상처도 부모에게 더 받는다. 이렇게 자존감의 상처를 받은 아이는 외부에 나가 자신감이 더 모자라고 포기하게 된다.

📝 긍정적인 아이로 성장하기 위해서는 부모님들은 어떻게 해야 할까?

1) 부모님이 자녀에게 하는 말 중에 남과 비교를 하며 아이를 책망한다.

아이들을 상담하다 보면 가장 싫어하는 것이 동생이나 남과의 비교이다. "넌 왜 동생보다 공부를 못하니?", "옆집 애는 공부를 잘하는데 넌 왜 못해?" 이런 비교는 자녀의 학업이나 자존감에 큰 상처를 주고 분노까지 유발되어 동생과의 사이도 벌어지는 경향을 보인다. 부모는 아이의 장점을 찾아 주고 칭찬하지만, 비교하는 것은 절대 하지 말아야 한다.

2) 자녀를 존중하며 대화하기

자녀와의 대화에서 부모는 본인도 모르게 자녀를 소유물로 보면서 아무 말이나 하는 경우가 있다. 자녀를 존중하는 말을 하고 부정적인 단어를 피하고자 부모 교육이 필요하다. 부정적 언어는 정서적으로 불안, 자신감 결여, 대인관계 부적응 등 또래 관계나 사회생활에서 나타난다.

지시가 아닌 I message를 활용해야 한다. "넌 왜 공부를 안 하니?"라는 말보다 "우리 아들이 많이 힘들지?"라고 부모의 감정과 말을 일인칭으로 하는 것이다. 연습을 통해 자녀에게 말해 준다면 자녀의 긍정적인 인성에 큰 도움이 될 것이다.

3) 부모들의 자녀에 대한 직접적인 도움이 과잉보호라면 자녀는 독립심이 결여된다.

지나치게 자녀의 학업, 학교 수행평가 등 많은 부분을 다 해결해 주는 부모를 가끔 본다. 이는 자녀의 창의성이나 책임감에 대해 큰 오점을 남기는 것이다. 아이 스스로 능동적으로 하는 데 과잉 도움은 큰 해가 된다.

4) 부정적인 자아 개념을 가진 자녀를 빨리 치유하기 위해서 가장 중요한 것은 칭찬이다.

칭찬은 자녀들의 안정을 찾고 자녀의 기를 살려 주는 빠른 처치 방법이다. "갑자기 칭찬을 어떻게 하나요?"라고 질문하는 부모가 있는데 이는 평소 칭찬에 인색한 부모들이 대부분이다. 칭찬은 찾아서 해야 한다. "우리 딸, 오늘 너무 예쁜데.", "네가 우리 아들이란 게 행복해." 등 얼마든지 자녀를 칭찬할 것은 많다. 칭찬은 가장 빠른 피드백을 주는 좋은 부모의 치료 약이다.

5) 자녀의 실수나 포기, 실패에 부모들은 적극적으로 공감을 하자.

자녀는 성장하며 수없이 실수나 실패를 거듭하며 경험할 것이다. 실수나 실패 시 꾸중만 한다면 자녀들은 자신감이 더 떨어지고 자신을 숨길 것이다. 물론 실수를 반복하지 않도록 차분히 설명해 주고 다시 힘을 낼 수 있도록 도와주고 격려하며 자녀가 다시 일어날 수 있게 충고한다면 자기 탓만 하지 않고 똑같은 실수를 다시 범하지 않고 자신을 되돌아보는 시간을 가질 것이다. 부모가 변해야 아이가 변한다. 부모가 변하려면 자녀들처럼 공부해야 한다.

19. 부모의 긍정적인 말이 자녀의 자존감에 미치는 영향

부모의 긍정적인 말은 아이의 자존감을 상승시키고 부모 또한 긍정적인 사고를 갖게 된다. 자녀들을 인정하고 격려해 주는 사람이 바로 부모이다. 자녀는 부모에게 잘한 모습을 자랑하고 싶고 인정받기를 바란다. 하지만 바쁘다는 핑계로 부모들의 관심은 소홀하다. 자존감과 자신감은 부모에게서 나온다. 해맑은 우리 아이들은 학교와 학원 너무나 힘든 극한 직업에 매일 시달린다.

우리 아이들은 자신의 의지와 관계없이 입시의 지옥에 떨어져 상급학교 진학을 할수록 스트레스와 고민이 많아진다. 학부모 특강 때 자주 강조하지만, 우리 아이들이 진로를 결정하는 2030년이 되면 개인적인 생각으로는 한국에서 일자리를 얻기보단 세계로 나갈 것이다. 큰 시야를 키워 주고 당장 못하는 수학, 영어 등의 성적으로 아이를 평가해서는 안 된다. 미래에는 자존감이 강한 아이가 성공한다. 자녀들이 가장 고민이 많은 학업으로 인한 상처 때문에 자녀의 자존심은 하락한다.

📝 부모의 긍정적인 말과 아이의 자존감을 키우기 위해 어떤 노력을 해야 하나?

1) 자녀의 잘못된 행동에 비난이나 지적은 삼가야 한다.

자녀들이 가장 싫어하는 것이 비난이다. 서로의 의사를 존중하고 받아들이는 상황에서 비난의 긍정적인 형태가 충고이다. 지적은 부모의 기준으로 윽박지르거나 행동에 부정적으로 비판한다는 것이다. 부모의 눈높이에서 바라보면 자녀는 실수투성이라는 생각을 한다. 기준의 잣대를 부모의 사고로 본다면 자녀는 항상 남보다 뒤처진다는 두려움으로 자녀의 모든 행동을 관리하고 비난하고 지적하게 된다. 긍정적인 자존감을 가진 아이들은 자신을 사랑하고 자아 형성의 긍정적인 모습을 띠며 자신의 가치를 높게 평가해 새로운 과업이 주어졌을 때 최선의 노력을 다한다.

동기 유발의 기본이 자존감이다. 이는 창의성과도 밀접한 관계가 있다. 남에게 비난받는 것보다 부모에게 비난받거나 지적을 자주 당하는 아이들은 자아 형성에 부정적인 영향을 받고 이는 의욕 상실로 이어져 새로운 과업을 수행할 수가 없다.

2) 낮은 자존감을 가진 아이들의 공통점을 알아보자.

자존감이 낮은 아이들은 자신이 부족하다고 생각하고 자신감이 떨어지며 불안 심리를 가지고 있다. 이러한 불안은 새로운 환경이나 새로운 과제를 하지 못하고 포기하는 경향을 보인다. 실수에 대한 불안이 커지고 다시 하고자 하는 의욕도 사라져 포기하게 된다. 이는 학업이나 관계 형성에서도 문제를 일으켜 성적 저하나 다툼으로 이어진다.

잠재력을 키울 수 없는 이유가 바로 불안과 두려움이기 때문이다. 자녀들에게 내재하여 있는 불안 요소를 하루속히 해결해 주기 위해 부모는 노력해야 한다. 회복을 위해서는 적절한 시기에 자녀들에게 관심을 가지고 자녀들이 힘들어하고 있는 일이 지금 무엇인지 파악해 올바른 처방을 해 주어야 한다.

3) 자녀에게 사랑과 관심을 두고 긍정적인 환경을 제공해야 한다.

자녀를 사랑하지 않은 부모는 없을 것이다. 무한적인 사랑과 관심은 오히려 자녀에게 해가 된다. 스스로 할 수 있도록 돕고 미숙하지만, 자녀 스스로 해결 후 과정에 대해 칭찬을 아끼지 말아야 한다. 부모들은 대부분 사랑 표현에 서툴다. 자녀들은 표현해 주어야 느낌을 알 수 있고 부모의 의사를 확인할 수 있다.

학부모 특강에서 자녀와 하루 중 얼마나 눈을 마주치는지 물어보면 부모들은 갸우뚱하게 된다. 대화하고 있지만 대화가 아닌 지시하고 있단 사실을 알게 될 것이다. 눈을 보고 사랑스럽게 대화한다면 자녀는 자신을 소중한 존재로 여기게 되며 부모와의 관계 형성은 긍정적 효과를 발휘하게 된다.

자녀의 자존감 회복이나 자신감의 상승은 부모의 양육 태도에서 출발한다. 낮은 자존감의 폐단은 여러 가지 상황에서 나타난다. 학업, 친구 관계, 부모 관계, 사회생활의 문제 등으로 볼 수 있는데 가장 영향을 밀접하게 나타내는 것이 학업이다. 자녀들의 가장 큰 스트레스가 학업과 진로인데 낮은 자존감은 성적 향상이나 진학에 부정적인 방해 요소가 된다. 자존감 회복의 첫걸음은 부모와의 대화이다. 자녀를 인격체로 생각하고 자녀를 존중하고 누구보다 많은 관심과 사랑을 표현해야 한다. 부모의 진정성 있는 대화는 자연스럽게 자녀의 자신감 상승을 이끈다.

매일 밤 자녀와 대화하는 시간을 만들어야 한다. 자녀가 어떤 말을 하든지 감싸 주고 친밀감의 표현을 스킨십이나 사랑스런 눈으로 행한 다면 자녀는 부모의 진정성을 느끼게 된다. 부모의 진정성과 자녀를 믿어 주는 믿음이 자존감 회복의 첫걸음이다.

20. 인기 있는 아이로 키우기 위한 부모의 역할

인기 있는 아이는 학교 현장에서 친구 관계나 여러 가지 학습 면에서 도 특출한 모습을 보인다. 한 예로 필자가 경험한 아이가 있는데, 부산 에서 강남으로 전학해 온 학생인데 부산 중학교에서 3학년 1학기까지 회장을 하고 전학해 온 지 얼마 안 돼 2학기 회장을 한 아이였다. 강남 지역에서는 회장을 하기 위해서 경쟁이 치열한데 이 학생의 장점을 보 면 겸손과 남을 경청할 수 있는 공감 능력이 뛰어나다는 것이다. 또한, 학습에서도 우수해 전국 자사고인 하나고등학교에 진학한 학생이었 다. 인기가 있다는 것은 아이가 가진 장점이 많다고도 말할 수 있다. 반 면 친구가 없고 의기소침한 아이들은 자신감의 결여로 친구 관계나 학 습에서도 어려움을 느낀다.

📜 인기 있는 아이로 키우기 위해 부모는 어떤 역할을 해야 할까?

1) 배려와 성품을 가진 아이로 성장할 수 있도록 부모의 본보기가 중요하다.

부모의 배려하는 모습을 보고 자란 아이들은 부모를 보고 배려를 자연스럽게 배운다. 평소 남에게 베푸는 부모의 모습은 아이에게 그대로 투영되어 배려에 대한 긍정적인 모습으로 자연스럽게 나타난다. 아이의 기본 성품은 가정에서부터 시작된다.

첫째로 가정이 평온해야 한다. 차분한 성격을 가지는 아이들의 대부분은 긍정적인 가정 환경에서부터 나온다. 평소 기부나 종교 활동에서 봉사 활동의 기회가 있으면 자녀와 같이 하길 권한다. 몸소 봉사 활동에 참여한 아이는 성인이 되어도 자연스럽게 남을 위해 봉사하고 상대방의 입장을 고려하게 된다. 이런 아이가 인기가 있는 건 당연한 결과이다.

2) 자신을 사랑하고 자존감이 높은 아이로 키워야 한다.

인기 있는 아이들의 특징은 자존감이 높다는 것이다. 앞서 말한 학생 또한 자존감이 높은 아이였다. 자기 스스로 존중하고 자기 행동에 자신감을 가진다면 주위에 있는 다른 아이들에게 당연히 인기를 끌 수밖에 없다. 자존감이 큰 아이는 자신을 낮추고 상대방을 높일 수 있는 성품을 가진다. 잘난 체하는 아이와 달리 남의 처지도 이해하는 감정 조절이 된다는 것이다. 대부분 부모는 자녀가 다른 사람에게 행하는 잘못된 행동이나 언어에 관여하지 않는데 이는 잘못된 행동이다. 잘못한 부분에 대해서는 상대방의 느낌을 설명해 주고 적절한 사과까지도 할 수 있도록 지도해야 하는 것이 부모의 역할이다.

3) 긍정적인 말을 사용하도록 지도해야 한다.

친구가 없는 아이들의 특징은 상대를 생각하지 않고 자기 말만 하게 되어 친구들이 멀어진다. 자녀의 언어 선택이나 행동을 부모가 관찰하고 문제가 있으면 바로 수정해 주는 것이 필요하다. 자녀는 자신이 말한 것에 대한 친구의 반응을 그리 크게 생각하지 않는다. 친구를 집에 초대해 자녀의 대화 방법을 보면서 일방적인 대화의 문제를 점검해 자녀에게 다정하게 설명해 주는 것이 중요하다.

"○○야, 친구에게 이런 말은 상대가 기분이 나쁠 것 같은데 네 생각은 어때?" 등 대화 소통의 문제를 수정해 주면 인기 있는 아이가 될 것이다.

인기 있는 아이는 부모의 성품과 언어 능력으로 영향을 미친다. 배려, 남에 대한 존경심, 긍정적인 말이 아이의 자존감을 통해 자연스럽게 주위 다른 아이들에게 친밀감을 느낀다. 인기 있는 아이들은 후천적으로 만들어지는 것이 아니고 선천적인 부모의 역할에 영향력이 더크다. 부모는 매사 언어와 행동에 조심스럽게 행동해야 한다.

21. 행복한 아이로 키우는 법

'행복'을 국어사전에서 찾아보면 '생활에서 충분한 만족과 기쁨을 느끼어 흐뭇함. 또는 그러한 상태'를 말한다. 부모들은 자녀의 행복을 위해 얼마나 노력하고 있는지 자신을 돌아봐야 한다.

부모들의 훈육에서 화를 무조건 참고 있는 것이 좋다고 볼 수는 없다. 화를 쌓아 놓으면 언젠가는 폭발하여 오히려 자녀에게 해를 미친다. 화는 조금씩 내려놓거나 다른 방법으로 스트레스를 해소할 수 있는 대책을 만들어야 한다. 아이는 미성숙한 인성을 가지고 있고 실수를 통해 성장한다. 대부분 부모는 "자녀를 어떻게 하면 잘 키울 수 있을까?"라고 생각하지만 "어떻게 하면 잘 자랄 수 있을까?"라고 생각하여야 한다. 삶의 주체는 아이이고 스스로 자신의 행복한 삶을 위해 자신이 결정해야 한다.

부모는 아이 성장의 여러 갈래 길에서 올바른 결정을 할 수 있도록 바른 가치관으로 멘토 역할을 하며 아이 스스로 결정할 때까지 도와주고 이끌어 준다. 행복하게 아이를 키우는 법은 아이의 자존감을 높이는 것과 같다.

📝 행복한 아이를 위한 부모의 역할을 알아보자

1) 사랑과 관심을 보여 준다.

부모는 무조건적인 사랑으로 자녀를 대한다. 자녀가 이런 부모의 사랑을 느낄 수 있도록 자녀에게 신뢰와 믿음을 주는 행동을 평소에 보여야 한다. 부모들이 바쁘더라도 하루 시간 중 아이와 지낼 수 있는 일정 시간을 정해야 한다. 아이와 함께 시간을 보내며 이야기하고, 이들이 가진 문제나 걱정을 들어주고 공감해 주는 것이 중요하다. 특히 부모가 모두 직장생활을 하는 경우 아빠의 역할도 중요하다. 아이는 엄마에게서 감수성을 배우고 아빠에게서는 사회성을 배운다.

2) 부모의 긍정적인 태도는 긍정적인 아이로 자라게 한다.

부모가 긍정적인 태도를 보이고 있으면, 아이도 긍정적으로 자라날 가능성이 높다. 특히 아이가 실수했을 때 아이는 불안감이 증가하는데 이를 해소하는 것은 부모의 격려와 관심이다. 어려운 상황에서도 긍정적인 면을 찾아서 보여 주고 격려하는 것이 중요하다.

3) 가정 환경에서 아이의 주변 환경을 안전하고 안정되도록 해야 한다.

부모는 가장 먼저 안전하고 안정적인 환경을 만들어야 한다. 이를 위해 안전하고 건강한 생활 환경을 제공하고, 안정적인 가정 분위기를 유지하는 것이 중요하다. 아이들이 가장 불안해하고 걱정하는 것이 부모의 불화이다. 부부싸움, 폭행 등 아이들이 불안과 초조함을 느끼고 반복된다면 결국 아이가 성인이 되어 똑같은 반복 학습이 나타난다. 부부싸움 후 자녀에게 부모는 이유를 설명할 의무가 있고 부모 또한 사과할 수 있어야 아이들의 정신 건강에 도움을 준다.

4) 아이와 자유로운 놀이 시간을 자주 갖는다.

아이들이 자유롭게 부모와 놀이 시간을 갖는 것은 아이의 행복과 평온한 심리 상태를 유지해 준다. 놀이 시 창의성을 발휘할 수 있도록 유도해 주고 다양한 놀이 장난감과 예술 활동을 제공하고, 적극적으로 참여하도록 독려하는 것이 좋다. 청소년이라면 같이 게임을 하는 것도 유대 관계에 효과적이다. 무조건 게임을 못하게 하지 말고 아빠도 자녀와 함께 게임에 도전해 보는 것이 게임에 빠진 아이의 완급을 조절하는 방법의 하나이다.

행복한 아이로 키우기 위해서는 사랑, 관심, 가정 환경 등 기본적인 부모의 역할이 중요하다. 적절한 교육과 교육 방법을 선택하고, 일관성 있고 공정한 훈육을 시행하는 것이 중요하다.

22. 남을 배려할 줄 아는 아이로 키우는 법

4차 산업과 급속한 시대 변화에 자녀들이 잘 적응하기 위해서는 남을 위해 배려할 줄 아는 아이로 키우는 것이다. 이를 위해서는 부모의 역할이 가장 중요하고 자녀의 성공 열쇠 중 하나이다. 남을 배려하는 인성은 하루아침에 이루어지는 것이 아니라, 가정에서 부모를 본보기로 인성이 이루어지기에 부모의 행동과 실천 모습이 자녀에게 자연적으로 학습된다.

📝 배려하는 아이로 키우기 위해 부모의 역할과 실천 요소를 알아보자.

1) 부모가 남에게 친절하고 배려하는 모습을 자녀에게 자주 보여 주고 실천하자.

자녀는 부모를 보고 친절을 배운다. 부모가 겸손하고 남에게 인사, 행동, 봉사 등을 통해 실천하는 모습을 자녀와 공유하고 설명한다면 자녀로서는 자연스레 부모의 모습을 보고 자신도 실천하게 된다. 학교 현장에서 학생과 학부모를 상담하다 보면 놀랄 정도로 부모를 닮은 아이를 볼 수 있다. 입학 면접관을 나가 보면 학생들이 면접 시험실에 들어올 때 인사하는 모습만 봐도 그 아이의 인성을 조금은 알 수 있다.

배려와 친절은 행동으로 알 수 있는 중요한 아이의 첫 이미지를 나타내고, 이는 모든 사회생활에서 아이에게 큰 영향을 미친다.

2) 배려함을 실천할 수 있는 기회를 부모가 계획해야 한다.

유아 때부터 이런 기부나 남을 위한 일을 부모가 만들어 준다면 아이는 기부와 배려가 삶의 한 부분이 되고, 성인이 되면 이런 일이 자연스럽게 학습되어 남에게 인정받는 아이가 된다. TV에서 저금통을 모아 부모와 함께 가난한 사람을 위해 고사리 같은 손으로 기부하는 장면을 보는데, 이는 어린아이에게 부모가 아이의 착한 인성을 선물하는 것과 같은 효과를 만들어 주는 가장 큰 배려의 교육이다.

또한, 부모는 이런 배려에 대한 설명과 기부금을 힐 수 있는 책임감도 설명해 자녀가 나의 기부금으로 어떤 일이 생기는지에 대한 설명을 부모는 자녀에게 반드시 해 주어야 한다. 이렇게 기부를 체험하고 기부의 목적과 기쁨을 자녀가 스스로 느낀다면 이는 자녀의 인성에 긍정적으로 큰 영향을 미친다.

3) 배려는 남을 위한 행동이지만 결국 본인의 정신적, 신체적 건강을 증진할 수 있다.

요즘 아이들은 부모가 모든 것을 다 해주며, 모든 것을 다 가지고 있어 다른 사람들의 부족함에 대해 이해하지 못하고 남에 대한 배려를 생각하지 않는다. 인성의 여러 가지 중 가장 미흡한 점이 바로 배려이고, 이러한 배려를 유아기 때부터 경험을 못 한다면 성인이 되어서도 차가운 사람, 매몰찬 사람, 인정이 없는 사람, 인사성이 없는 사람, 상종해서는 안 될 사람 등으로 표현되며 사회생활의 성공에 큰 부정적인 요소가 될 수 있다.

필자 또한 12년 동안 학생들을 위해 자기소개서 무료 첨삭 봉사를 해오면서 힘들지만 학생들의 좋은 결과에 기쁨과 행복을 느끼고 있다. 봉사와 배려는 남을 위한 일이지만, 결국 본인도 행복과 기쁨을 느낀다. 이는 실천해 본 사람만이 느끼는 행동의 기쁨인 것이기에 자녀가 경험할 기회를 제공하는 것은 부모의 역할이다.

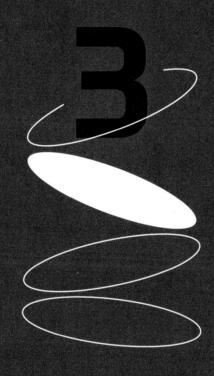

사춘기 학교 부적응에 대한
부모의 역할

제3장

사춘기 학교 부적응에 대한 부모의 역할

1. 핸드폰 게임에 빠진 아이 부모 대처법

가정마다 부모와 핸드폰 싸움은 계속되는데 근본적인 생각을 한 번쯤은 해야 한다. 우리의 뇌에서는 자신의 충동과 욕구를 상황에 맞게 적절히 조절하는 영역이 있다. 이 영역을 안와전전두엽이라고 하는데, 만약 이 안와전전두엽의 기능이 저하되면 경우에는 충동과 욕구를 조절하지 못하기 때문에 게임 중독에 빠질 가능성이 아주 높다. 그리고 대부분 이러한 문제는 선천적인 문제와 환경적인 요소가 결합하여 형성된다.

부모는 유아기 때 자연스럽게 핸드폰을 보모처럼 아이를 달래거나 부모의 할 일을 위해 아이를 핸드폰에 맡기는 경우가 많았는지 생각해 봐야 한다. 유아기 때는 사랑받는 아이가 행복하고 부모의 체온, 부모의 관심이 아이의 정서적인 측면에서 긍정적인 성장에 큰 부분을 차지한다. 아이가 혼자 있는 시간이 많다면 다른 면에서 아이를 방치하는 것이다. 아이는 불안도 있을 수 있고 장난감이나 책이 주위에 있어도 아이는 게임에 빠지게 된다.

📝 게임에 빠진 아이들의 회복을 위해 부모는 어떤 도움을 주어야 하나?

1) 가장 빠른 대처는 부모가 같이 게임에 동참하는 모습을 보이고, 실제로 같이 하는 것이 가장 좋은 방법이다.

아이와 말싸움이나 핸드폰 제어 앱 사용 등 강압적인 방법으론 해결이 안 된다. 게임에 병적으로 잠도 안 자고 몰두한다면 자녀의 상태를 의학적으로 한 번 체크해 보는 것이 우선되어야 한다. 공부 시에는 핸드폰 잠금 가방을 만들어 자물쇠를 직접 아이가 잠그고 절제할 수 있는 자기 주도적 제어 방법도 좋은 방법인데, 이는 자녀와 서로 토론을 통해 합의적인 이해를 바탕으로 해야 한다.

가족이 모두 할 수 있는 역사 게임 등 좋은 게임을 찾아보고 가족의 놀이 문화를 게임으로 같이 할 수 있는 가정 환경을 만드는 것이 중요하다. 무조건 게임은 잘못된 것으로 생각하는 것이 부모의 문제이다. 강제적으로 못 하게 하면 친구의 핸드폰을 사용한다. 학교에서 핸드폰 잠금 앱으로 부모의 제어를 받는 학생들도 얼마든지 핸드폰 사용이 가능하다. 강제적인 수단으로 제어해서는 반감만 느낀다.

2) 게임에 빠지는 자녀들은 부모의 관심과 사랑이 부족해 행동한다.

자녀가 게임에 빠진다는 것은 아이의 문제보다 부모의 자녀 관심 부족에서 나온다. 자녀가 혼자 있다는 것은 유아기뿐만 아니라 청소년기에도 두려움과 불안감을 느낀다. 아기는 잠에서 깨어날 때 불안의 느낌을 울면서 엄마를 찾는다. 그때 바로 안아 주면 아기는 바로 울음을 그치고 안정된다. 유아기나 청소년기에도 혼자 있는 시간이 많다는 것은 그리 좋은 것이 아니다. 되도록 자녀와 같이 있는 시간을 많이 갖고 놀이 문화, 게임 등을 같이 하며 행복한 시간을 보내는 것이 아이의 중독의 늪에서 빠져나올 기회가 된다. 자녀를 방임하거나 바쁘다는 핑계로 자녀와의 대화 부족이 게임에 빠지는 원인이 된다.

게임은 자녀에게 어떤 지시나 지적하지 않는다. 부모의 반감으로 게임을 하며 위로를 얻고 해소하기 위해 자녀들이 중독으로 이어지는데, 이를 해결하기 위해서는 부모의 행동 수정이 먼저 실행되어야 한다. 자녀에 관한 관심 표명이나 게임을 같이 하며 공감대 형성 등 자녀에게 가까이 다가가서 자녀를 이해하고, 격려하며 칭찬해야 한다. 학교나 학원에서 자녀들은 힘든 스트레스를 받고 이를 해결하기 위해 게임에 몰두하는데, 부모의 이해가 필요하고 관심사를 다른 곳으로 돌릴 수 있게 가족 여행이나 스포츠 등 많은 프로그램을 개발하고 제공해야 한다.

2. 우리 자녀의 핸드폰 논쟁 해결 방법

1988년 처음으로 한국에 핸드폰이 보급되었고, 이후 2009년에는 컴퓨터 기능을 갖춘 스마트폰이 등장했다. 오늘날 스마트폰은 없어서는 안 될 필수품으로 자리 잡았다. 아이들의 스마트폰 이용 시간이 증가하여 각종 부작용도 발생하고 있고 부모와 자녀 간에 핸드폰 논쟁은 매일 부모의 가장 큰 골치 아픈 문제이다.

부모와 자녀 간의 큰 차이는 부모와 다르게 요즘 아이들은 핸드폰 세대란 것이다. 부모들은 스마트폰 세대가 아니고 아이들은 태어나며 핸드폰을 손에 쥐고 가까이했다는 것이다.

핸드폰을 사 주는 시기도 낮아지고 있고 아이들은 핸드폰으로 모든 일을 한다. 부정적으로 게임으로 빠지거나 중독으로 많은 부모의 걱정거리가 되고 있다. 때론 소수의 부모는 데이터를 제한하거나 앱을 통해 시간을 제어하는 부모도 있다.

과연 이런 제약으로 아이의 핸드폰 습관을 바꿀 수 있을까?

학교 현장에서 시간 제약으로 핸드폰을 못 쓰는 아이들은 바로 친구의 핸드폰으로 모든 걸 해결하는 모습을 자주 본다. 아이들은 그런 부모에게 강한 부정적인 모습을 갖고 있고, 이는 부모와 자녀의 관계 형성에 신뢰 형성이 안 되어 다른 곳에서 부작용이 나타난다. 강제적인 행동으로 아이를 제어할 수 있다는 부모의 생각은 잘못된 것이다. 부모들은 4차 산업에 기존 서비스를 이용하고 살아가면 되지만, 아이들은 4차 산업을 살아가야 하고 그 안에 신기술의 개발에 직접적으로 참어하고 일자리를 또한 구해야 한다.

아이들에게 좋은 앱이나 긍정적인 핸드폰 사용을 권장하고 코로나 19 시대 수업 또한 핸드폰으로 해야 하는 아이들에겐 핸드폰을 최신으로 바꾸어 주어야 하며, 데이터도 최상으로 해 주어야 한다. 핸드폰으로 아이를 제어해야 한다는 생각을 하면 안 되고 학업, 정보 수집, 인터넷 강의 등 긍정적으로 시간을 아끼며 학습할 수 있는 핸드폰 일정을 부모가 지도해 주고 아이와 같이 프로그램을 세워야 한다.

핸드폰 세대인 아이들이 빠르게 핸드폰으로 많은 정보를 습득하고 학습 정보의 프로그램을 세워 올바르게 사용한다면 핸드폰의 유용한 활용은 아이에게 큰 도움이 될 것이다. 부모님이 걱정하는 게임 또한 역사 게임이나 학습에 도움 되는 게임을 제공하고 부모의 도움이 더욱 요구되는 상황이다.

📝 **자녀의 핸드폰 중독을 극복하기 위한 부모의 역할을 살펴보자.**

1) 핸드폰 의존도를 위해 자녀와 상의해 하루 중 멈춤의 시간을 가진다.

대부분 아이는 통제력이 부족해서 자녀와 사용 규칙을 만들어야 한다. 가정에서 핸드폰을 사용하지 않는 시간을 정하거나 자녀뿐만 아니라 가족 모두 참여하는 것도 좋은 방법이다. 자녀의 반감을 줄이는 방법이기도 하다. 처음에는 힘들지만, 이런 규칙에 익숙하게 된다면 오히려 자녀의 통제력을 키울 수 있고, 중독을 극복하는 데 효과적이다.

2) 자녀의 핸드폰 사용의 유형을 부모가 파악하고 있어야 한다.

자녀의 핸드폰에는 설치한 많은 앱(App)이 깔려 있는데 자녀와 상의해서 같은 성격의 앱은 삭제한다. 자녀는 무의식적으로 앱(App)을 사용하며 많은 시간을 보내는데 이렇게 하면 사용 시간을 줄일 수 있다.

3) 핸드폰 알람 설정을 오프하고 정해진 시간에 활용하도록 한다.

부모들도 마찬가지이지만 핸드폰의 알림은 자녀의 학업에 집중할 수 없도록 만드는 중요한 방해 원인이 된다. 특별한 경우를 제외하고는 학습 시 자녀의 핸드폰의 알람 설정은 끄는 것이 효과적이다.

4) 모든 스마트 기기와 멈춤의 시간을 갖는다.

핸드폰, 노트북 등 모든 스마트 기기와 동떨어진 생활은 할 수 없다. 단지 하루의 일과 중 로그오프(Log-Off)하는 시간을 자녀와 합의 후 정한다. 이 시간은 자녀의 취미 활동이나 부모와 대화의 시간, 산책, 운동 등의 시간으로 자녀와 친밀한 관계를 위해 부모도 같이 동참하는 것이 효과적이고, 핸드폰에 중독된 아이에게 도움이 된다.

핸드폰이나 여러 아이와의 문제가 생길 때 강압보다는 함께 해결해 나간다면 충분히 해결할 수 있다. 이러한 부모의 노력에도 자녀가 아무런 변화가 없고 더욱 심해진다면 전문가의 도움을 하루속히 받아야 한다.

3. 학교 부적응 자녀를 위한 부모 대처법

부적응이란 개인과 환경 간의 상호 작용에 불균형이 이루어져 개인이 환경에 잘 적응하지 못하게 된 상황이 발생한 것을 뜻하며 환경에 적응하는 데 필요한 가치, 사고, 행동을 유발하거나 유지할 수 없는 무능력을 뜻한다.

학교 현장에서 부적응 학생은 여러 가지 형태로 나타나고 있으며, 코로나19가 장기화하면서 특히 초등학생들의 정신 건강에 비상이 걸렸고 등교 중지, 원격수업 병행 등으로 학교 부적응이 심각하게 나타나고 있다.

2022년도 교육부가 최근 발표한 〈학생 정신 건강 실태조사〉에 따르면 초등학교 저학년의 경우 "코로나19 이전보다 더 우울한가?"에 응답한 비율이 25.4%, "코로나19 이전보다 불안한가?"에 응답한 비율은 23.8%였다. 10명 중 4명이 코로나19로 인한 우울과 불안을 경험한 셈이다. 이런 불안감은 학교 부적응으로 이어져 많은 이상 행동이 나타난다.

중·고등학교 또한 마찬가지다.

이러한 부적응이나 불안감이 위와 같이 폭력으로 이어져 폭력 경험률이 증가하였고, 가해 응답률도 보면 초등학교의 가해가 가장 크다. 각 학교에서는 폭력대책위원회가 코로나19 시기 가장 많은 회의가 열렸다. 가해 학생들은 생활기록부에 기록으로 남아 진학에 방해가 되기도 한다.

📝 부적응 학생들의 원인을 보면 가정적인 요인과 학교 환경적인 요인으로 볼 수 있다

1) 부적응에 대한 가정적인 요인

가정적인 요인으로 결손 가정, 빈곤에 의한 방임과 폭력의 파생, 가족 간의 갈등으로 부모의 지도 방법이 가장 중요한 요소가 된다. 또한, 핵가족화에 따른 고립화, 폐쇄적인 주거 환경, 부모와 자녀가 함께하는 시간의 감소 등으로 가정의 보호·훈육 기능이 약화함으로써 이러한 원인이 잠재돼 있다가 위기나 위협의 상황 또는 경제적인 어려움과 적응의 상황에 왔을 때 부적응 행동이 돌출되는 것 등이 있다.

2) 학교 환경적 요인

첫째, 코로나19로 인한 온라인 수업 및 등교 정지, 부적응 학생에 대한 전학과 자퇴 처리 등 처벌 위주의 학교 행정, 교사의 과중한 업무로 인해 대화 부족에서 학생들은 소외감을 느낀다. 둘째, 학교의 대규모화로 개개인의 학생 성장을 돌보기가 힘들어지고, 학생들의 학력차가 심하지만, 교사가 개별 교육의 한계로 인해 흥미를 잃게 되어 결국 학습 부진, 부적응 학생들이 늘어나게 된다. 셋째, 입시 위주의 교육으로 낮은 성적 때문에 상급 학교 진학이 어려운 학생은 심한 좌절감을 겪게 되고 빗나가기도 한다. 결국 이러한 요소들이 복합적으로 영향을 미쳐 학교 부적응을 일으키게 된다.

청소년기는 질풍 노도의 시기라고 말하듯 정서 인성적으로 형성이 안 된 상태이므로 위와 같이 가정 환경에서 부모의 역할은 자녀와 시

간을 많이 가지고 대화로 자녀의 어려움을 논할 수 있는 시간을 자녀와 정해야 한다. 부적응 학생일수록 가정의 역할은 중요하다. 대부분 학교 현장에서 가해자 학생들의 가정을 보면 문제점을 자주 볼 수 있다. 부모와 대화가 안 되고 자녀에 대해 많은 것을 모르고 있는 부모를 본다.

부적응은 수업, 담임 관계, 친구 관계, 학원 등 여러 유형에서 나타나고 있다. 이런 부적응의 가장 큰 것은 자녀의 불안에서 나온다. 학교에 적응하지 못하는 학생들에게 차별된 교육 프로그램을 제공하는 위 (Wee) 센터나 모든 학교에 설치한 학생위기관리위원회의 도움을 받는 것이 효과적이다.

학생위기관리위원회에서는 학생이 재학 중인 학교의 출석 인정을 유지하면서 심리 치료를 받거나 당분간 등교를 안 하고 주기적으로 상담을 받을 수 있고 학교 예산에 따라 치료비 보조도 할 수 있다. 이 기간에는 출석 인정을 받을 수 있다. 필자가 학생위기관리위원회 위원으로 활동하며 자살, 폭력, 부적응 학생들을 지도한 경험으론 부모님의 자녀의 문제 행동 발견 시 솔직하게 학교 도움을 받는 것이 우선이다.

4. 청소년기 자녀와 소통하는 방법

한국의 청소년 자살률이 OECD 국가 중 1위라는 사실은 모두 알고 있다. 이런 사실이 얼마나 위험한지 모르고 내 자녀와는 상관없다고 생각하는 부모가 많다.

하지만 학교 현장에서 간혹 자살 미수나 모의 자살은 자주 발생하고 있고, 자살을 실행하는 경우가 갈수록 빈번해지고 있다. 중2병이라고 할 정도로 부모와 자녀의 소통이 안 되는 것도 1위일 것이다. 자녀와의 소통에서 부모들은 어려움을 느끼고 소통 방법을 몰라 더욱 자녀와의 관계가 악화한다. 자녀가 겪고 있는 일상의 문제는 학업, 친구 관계, 학교생활 등에서 힘든 문제점을 가지고 있다. 학교 상담 현장에서 학생들의 고민 대부분이 부모와 학업과의 문제이다. 이런 모든 부분의 문제는 자녀와 소통의 문제로 귀결된다.

📑 소통을 잘하려면 어떻게 해야 할까?

1) 자녀들도 성인 못지않게 스트레스와 우울함을 느낀다. 이때 함께 공감하는 것이 우선이다.

성인들만큼 자녀들도 학업, 친구, 학교 등 여러 가지 문제점을 해결하지 못해 힘들어하고 있다. 부모들도 스트레스가 쌓이면서 심리적으로 힘들고 마음이 불편하다. 자녀들도 마찬가지이다. 부모로서 이런 자녀의 심리 상태를 공감해 주어야 한다. 바로 해결하는 것이 아닌 힘든 상황을 공감해 주고 같이 고민해 주는 모습과 행동이 우선되어야 한다.

2) 청소년기는 큰 변화를 경험하며, 변화의 멘토는 부모가 우선적이다.

신체적, 호르몬 변화, 성적 발견, 미래 사회에 대한 변화, 불안 등 자녀들의 변화는 질풍 노도의 시기라고 표현하듯이 혼자서는 도저히 감당할 수 없다. 따라서 부모의 지원은 불가피하고 때론 전문가의 도움도 받아야 한다. 자녀를 키우는 부모는 어쩌면 초보 부모이다. 처음 자녀를 훈육하며 많은 실수를 본인도 느낀다. "왜 우리 애가 이렇게 행동

할까?"라고 질문하지 말고 그냥 지금의 모습을 이해해 주고 부모의 잣대로 판단해 행동하면 안 될 것이다. 부모의 10대 시절을 기억해 보면 자녀를 조금 이해할 수 있다. 청소년기 자녀는 문제가 있는 것이 아니고 아프다고 생각하면 조금 더 이해할 수 있을 것이다.

3) 자녀와 의사소통의 팁을 알아보자.

자녀들은 들을 준비도 하지 않은 상태인데 우리 부모들은 혼자서 메아리처럼 말하곤 한다. 때론 설거지하며 자녀를 보지도 않은 상황에서 큰소리로 외친다. 이는 의사소통에서 나쁜 방법으로 자녀에게 말할 때는 1m 이내에서 눈을 마주치며 대화해야 내용이 전달된다.

또한, 자녀에게 말을 할 때는 자녀가 잔소리로 느껴지지 않도록 "네가 무척 힘들었구나.", "그래 그 친구가 너를 오해했구나." 등 앵무새가 되어 자녀의 말을 이해하듯 고개만 끄덕여도 자녀는 부모와 대화의 신뢰가 쌓이고, 신뢰의 바탕으로 추후 부모의 부탁이나 훈계에도 자녀는 공감하게 된다.

자녀들이 가장 싫어하는 것이 폭풍 잔소리이다. 부모가 화가 나면 언성을 높이고 자주 하는 실수이다. 이는 대화라고 볼 수 없고 일반적인 부모의 외침으로 끝난다. 부모는 '참을 인(忍)' 자를 자녀를 위해 항상 마음에 새겨야 한다.

4) 부모와 자녀가 하루 중 얼마나 대면하는지 통계를 보면 갈수록 적어진다.

필자가 학부모 특강 중 "오늘 자녀와 눈 맞춤을 3분 이상 하신 분 계시는가요?"라고 질문하면 손을 드는 부모가 거의 없다. 대화는 많이 한 것 같은데 눈을 맞추고 대화한 시간은 기억이 안 나는 것이다. 이는 대화가 아닌 외침으로 자녀와 대화하고 있다는 것이다. 자녀들은 부모가 하던 대로 밖에서 그대로 행동, 말투, 제스처 등 모든 것을 부모로 통해 학습된 모습이 나타난다. 부모가 자녀의 말을 잘 듣고 잘 말한다면 자녀들은 자연스럽게 부모의 모습을 따라 성장하게 된다.

원활한 의사소통은 행복한 가족을 만드는 최우선적인 조치로 가족 모두가 노력해야 한다. 그중에서도 가장 노력할 구성원은 자녀가 아닌 부모인 것을 잊지 말자.

5. 학교 왕따에 대처하는 학교 폭력 해결 방법

코로나19로 인해 왕따가 더욱 심해지고, 새로운 온라인 방법으로 괴롭히는 경우가 심각해지는 수준에 도달했다. 소위 왕따란 최고로 심하게 따돌리거나 여러 명이 누군가를 따돌린다는 폭력 중 하나이다.

학교 현장에서 은따(은근한 따돌림)라고 선생님들 모르게 진행되며 학교에서 늦게 발견할 때는 피해자는 심각한 폭력을 호소한다. '은따'가 지속되어 나타나는 것이 '왕따'이다. 외부에 왕따가 알려지면 벌써 피해자는 큰 상처를 받고, 이러한 피해는 성인이 되어서도 나타난다. 요즘 드라마의 줄거리로 더욱 왕따에 대한 관심이 많아졌고 성인이 되어서도 피해자들이 고발하고, 가해자가 벌을 받기도 한다. 연예인이나 유명인들도 가해자로 인해 본인의 일에서 하차하기도 한다.

자녀가 귀가 시 부모는 자녀를 잘 살펴보아야 한다. 외모, 소지품, 평소와 다른 말투나 혼자 있는 시간이 많아진다거나 달라진 모습이 있으면 세심히 관찰하고 가방 속 물품, 핸드폰 등 문제가 없는지를 잘 살펴보아야 한다.

친구들과 가끔 다툼은 있을 수 있지만, 사사건건 괴롭힘이 시작된다면 부모는 즉각적으로 개입해야 한다. 이런 경우는 부모가 가해 학생을 직접적으로 만나서 왜 우리 아이에게 그런 행동을 했는지에 대해 답변을 들어야 한다. 또한, 다음에 이런 행동이 또 나타난다면 경찰 고발이나 학교 폭력 등 할 수 있는 모든 방법을 할 거란 사실을 명확히 인식하도록 해서 다시는 이런 일이 없도록 주지시켜야 한다. 이 정도만 해도 아직 학생이기에 해결되는 경우가 많다.

왕따 문제는 부모가 늦게 인식하거나 대수롭지 않게 생각하는 데서 문제가 커진다. 피해 자녀들은 미성년자이고 이런 폭력을 견디기는 정신적으로 너무 힘들고 혼자서는 해결할 수 없다. 또한, 이런 피해는 성인이 되도 사라지지 않고 정신적인 트라우마(Trauma)로 남아 일상생활에 큰 장애가 될 수 있기에 청소년기에 꼭 어떤 방법이든 해결해야 할 사항이다.

학생들도 왕따가 일상화되면서 가벼운 갈등으로 인지해 소위 피해자만 큰 피해를 느끼고 괴롭다. 따라서 학교 폭력, 왕따 대처법 중 가장 좋은 방법은 물론 학교 안에서 해결하면 가장 좋은 방법이지만 폭력대책위원회로 상정되면 생활기록부에 기록되기에 가해자 부모도 사과는커녕 전문가를 동원해 법적으로 대처하는 것을 현장에서 자주 본다. 요즘은 SNS에서 괴롭힘이 증가하고 있고 이런 증거를 확보하는 것도 부모 혼자로는 대처하기가 힘들다. 따라서 전문가의 도움을 처음부터 받는 것이 중요하다.

부모로서 왕따 자녀에게 가장 조심해야 할 사항은 자녀에게 "왜 너는 때리질 못하니?" 등 자녀를 나무라는 말은 절대 해서는 안 된다. 이런 상황을 불안해하고 걱정하는 자녀를 사랑으로 감싸 주고 "걱정하지마! 네가 생각하는 모든 것을 우리가 도와줄게.", "지금은 힘들지만, 시간이 지나면 다 해결될 거야."라고 안심시키고 자녀와 대화의 시간을 연장하는 것이 중요하다.

평소 자녀에게 왕따가 발생하면 즉각 대응하라고 교육한다. 폭력이 가해지면 학교와 경찰에게 동시에 핸드폰을 통해 즉각 신고하라고 교육해야 한다. 학교의 신고 순서는 담임-학생부장-교장-교육청 순으로 진행되며 폭력 피해가 발생하면 바로 112로 신고하라고 자녀에게 수시로 교육해야 한다.

요즘은 초등학교에서 더욱 왕따가 심하고 조직적이고 악랄하게 나타나고 있어 부모의 걱정이 많다. 또한, 자녀가 왕따당했다면 성인이 되기 전에 전문의를 통해 치료를 병행해야 한다. 피해자의 왕따 경험은 정신적 충격으로 성인이 되어도 없어지지 않기에 부모는 신중히 전문가의 도움을 받아 꼭 해결해야 한다.

6. 사춘기 자녀를 대하는 부모 대처법

사춘기는 질풍 노도의 시기이며 부모들이 감당하기에 힘든 시기이고 큰 스트레스를 받는다. 자녀에게도 사춘기는 신체·정신적으로 큰 변화로 두려워하기도 하고 평소 다르게 행동하는 본인의 기분 변화에 당황하기도 한다.

부모 또한 사춘기를 경험했고 쉽게 자녀를 이해할 것이라고 생각하지만 실상은 그렇지 않은 경우가 더 많다. 사춘기는 시대에 따라 다르고 자녀의 특징에 따라 전혀 다른 모습과 행동으로 나타나기 때문이다. 따라서 부모는 자신의 사춘기 경험을 자녀에게 적용해 훈육하면 안 된다.

사춘기의 가장 큰 변화는 신체적인 변화이다. 여자의 경우 가슴이 커지고 월경이 시작되고 체모와 변성기를 경험하고, 남자의 경우 고환의 성장으로 성적 흥분과 몽정 및 자위행위를 경험하게 된다.

사춘기 정신적인 변화는 성인들의 조울증 증상처럼 감정의 변화가 급격하게 이루어지고 불안, 행복, 슬픔 등의 감정의 기복이 큰 것을 알 수 있다. 사춘기 우울 증상은 아동기라면 우울한 기분들이 두통이나 여러 신체적 증상으로 나타나기도 하고 청소년기라면 신체적인 현상은 차츰 감소한다.

🖋️ 사춘기 자녀를 대하는 부모의 대처법을 알아보자.

1) 현명한 부모라면 이런 사춘기를 슬기롭게 도움을 주기 위해 우선 자녀와 많은 대화의 시간을 가져야 한다.

바쁜 생활 속에서 부모와의 대화가 갈수록 시간이 적어지고 이에 따라 자녀와의 불소통으로 사춘기에 대해 부모가 충고를 못 하므로 아이들은 충분한 교육을 받지 못해 유튜버나 친구들과 야동을 공유하고 스스로 성을 해결하는 과정에서 큰 실수도 하게 된다. 이는 학습에 불균형을 이룬다. 아무리 바빠도 식사 시간을 같이 갖는 것도 대화의 한 방법이다.

2) 사춘기로 인해 나타나는 행동에 절대 화를 내서는 안 된다.

화는 자녀에게 절대로 도움이 되지 않는다. 잘못한 것을 얼마든지 다른 방법으로 해결할 수 있다. 가장 쉽게 부모가 자녀에게 할 수 있는 일이 화를 내는 것이다. 자녀에게 화를 내는 것은 자녀에게 위험한 일이 처했을 때 화를 내는 것이다. 그 외에는 되도록 화는 부모의 빠른 해결 방법으로 잘못을 저지르는 것이고 이는 아이와의 거리만 더 두게 된다. 화를 내기 전에 부모는 "자녀의 행동이 왜 그럴까?" 생각하는 것이 우선이다.

3) 자녀의 친구를 초대하는 시간을 갖는 것도 자녀를 이해하는 방법 중 하나이다.

친구들의 대화를 들으면서 부모도 요즘 아이들의 목소리를 알 수 있고, 같이 온 아이들에게 칭찬해 줌으로써 자녀의 친구 관계를 도와주고 부모 또한 자녀를 파악할 수 있는 시간을 가져 본다.

부모는 아이의 거울이다. 사춘기를 겪고 있는 자녀들의 어려움을 인격체로 대우하고 자녀의 자존감을 존중하여 준다면 아이는 자기 존재의 귀함을 느끼고 사춘기 해결에 큰 도움이 된다. 누구보다 힘든 건 자녀이기에 먼저 사랑과 관심을 보여 주고 부모가 항상 곁에 있고 든든한 지원을 한다면 누구나 겪을 사춘기는 슬기롭게 지날 것이다.

7. 친구 사귀기 힘들어하는 아이 해결 방법

친구 사귀기 힘든 아이들을 부모는 많은 걱정을 한다. 친구를 못 사귀는 아이들을 보면 공통점은 가족 간의 관계 형성이 안 된다는 것이다. 가정 환경이 억압적이고 부모와의 만남이 적다면 아이는 더욱 관계 형성에 어려움을 겪는다. 가정은 사회성을 배우는 첫 번째 조직이고, 그 안에서 화목한 가족의 모습을 보고 타인을 신뢰하고 친밀성을 형성한다.

아이의 자존감은 부모의 사랑스러운 언어적 접촉과 좋은 신체적 접촉을 통해 형성된다. 친구 형성에서 가장 중요한 요소는 가족 안에서 일률적인 행동을 할 수 있도록 규칙을 정하고 안 될 일은 과감히 제어해 주어야 한다. 특히 폭력적이나 큰소리로 외치는 행동은 친구 관계에서 나쁜 영향을 줄 수 있기에 훈육을 통해 규칙을 정해 행동 수정을 해야 한다.

친구 형성의 가장 첫 번째 경험은 가족이기에 행복한 가정 환경이 무엇보다 중요하다. 가족에서 놀이 과정의 경험도 중요하다. 이런 가족 놀이의 경험은 친구 사귀기에 큰 도움이 된다. 놀이 과정에서도 자녀 스스로 할 수 있도록 부모가 잔소리하거나 놀이의 규정(Rule)을 일방적으로 정해 주면 안 된다. 긍정적인 도움을 주고 아이가 실수해도 스스로 해결할 수 있도록 지켜보는 시간을 가져야 한다.

부모님들도 자녀가 친구를 사귀는 것에 대해 많은 고민을 한다. 다음은 부모님이 자녀가 친구를 사귀는 것을 도와주는 방법을 살펴보자.

1) 자녀의 관심사와 취미를 이해하고 존중하기

자녀의 관심사와 취미를 이해하고 존중해 주는 것이 중요하고, 이를 통해 자녀가 친구를 사귀는 데 도움이 될 수 있다.

2) 친구와 함께하는 활동에 참여하기

친구와 함께하는 활동에 참여해 본다. 이를 통해 자녀와 친구의 상호작용을 관찰하고, 친구들과 함께하는 활동을 이해할 수 있다.

3) 자녀의 친구들을 이해하고 존중하기

자녀의 친구들을 이해하고 존중하고 친구들이 자신과는 다른 경험과 배경을 가지고 있을 수 있으며, 이를 이해하고 존중하는 것이 중요하다.

4) 개인정보 보호에 대한 교육과 안내

자녀가 인터넷이나 다른 매체를 통해 친구를 사귀는 경우, 개인정보 보호에 대한 교육과 안내가 필요하다. 자녀에게 안전하게 인터넷을 사용하고 개인정보를 보호하는 방법을 알려 준다.

청소년은 다른 연령대와는 조금 다른 친구 사귀는 방법을 볼 수 있다. 청소년이 스스로 친구를 사귀는 데 도움이 될 수 있는 몇 가지 팁을 살펴보자.

1) 학교나 동아리 활동에 참여하기

학교나 동아리 활동에 참여하면 같은 연령대의 사람들과 자연스럽게 만날 수 있다. 이를 통해 친구를 사귀는 것이 좀 더 쉬워질 것이다.

2) 공통 관심사를 가진 사람과 연락하기

공통된 관심사를 가진 사람과 연락을 취해 본다. 이를 통해 쉽게 대화를 나눌 수 있고, 서로를 이해하고 존중할 수 있다.

3) 다양한 사람들과 대화하기

서로 다른 배경이나 관심사를 가진 사람들과 대화해 본다. 이를 통해 다른 사람들의 시선을 배울 수 있고, 다양한 관점을 가진 친구를 사귀는 것이 가능해진다.

4) 존중과 배려를 기본으로 하기

친구를 사귀는 과정에서 서로를 존중하고 배려하는 것이 중요하다. 다른 사람들의 의견이나 감정을 존중하고 이해하는 것이 친구를 사귀는 데 큰 도움이 된다.

5) 인터넷을 활용하기

SNS나 온라인 커뮤니티를 통해 다른 청소년들과 소통해 본다. 이를 통해 친구를 사귀는 것이 가능하고, 서로의 이야기를 공유하면서 자신의 관점을 넓힐 수 있다. 그러나 인터넷 사용 시 안전에 유의해야 하며 개인정보 보호에도 주의해야 한다.

친구 사귀는 법을 부모와 아이 자신의 방법을 살펴보았지만, 가장 우선되어야 할 일이 부모의 가정 환경이다. 가정의 긍정적 정서와 역할 연습을 통해 규칙과 예절, 배려, 친밀감을 습득한 아이는 자연스럽게 친구 사귀기가 수월하다.

8. 친구와 자주 싸우는 아이를 위한 부모 대처법

친구와 자주 싸우는 아이의 가장 큰 이유는 자신의 욕심을 참지 못하는 것이다. 유아기에 유치원에서 장난감 때문에 많은 다툼이 일어난다. 소유의 욕심은 가정에서 배운다. 평소 감정 조절과 거친 언행을 집에서 점검해야 한다. 다툼이 많은 아이의 이유를 보면 다음과 같다.

1) 가정에서 거친 언행과 부모의 행동을 점검해야 한다.

가정에서 거친 언행과 부모의 싸움으로 자녀는 자연스럽게 친구 관계에서도 이러한 행동이 나타난다. 특히 집안에서 부모에게 자주 혼나고 제어가 많은 경우 외부에서 반대 행동으로 다툼이 일어날 수 있다.

2) 부부싸움은 최대한 줄여야 한다.

물론 안 할 수는 없지만 최대한 다툼의 모습을 보여 주지 않는 것이 중요하다. 이는 자녀의 인격 형성에도 큰 영향을 미치고 아이의 화를 불러일으키는 원인이 되기도 한다. 어쩔 수 없이 부부싸움을 했다면 자녀에게 자초지종(自初至終)을 설명하고 정확한 사과를 해야 한다. 이는 자녀가 남과 다투었을 경우 자기 잘못을 인지한 후 사과할 수 있는 용기를 키워 준다.

3) 부모는 주위 사람들에게 모범을 보여야 한다.

부모는 이웃들과 사이좋게 지내고 이웃과 불화가 생길 때 대화로 해결하는 모습을 자녀에게 보여 준다면 자녀는 스스로 친구와 대화를 통한 해결을 보인다. 부모의 행동은 아이의 본보기이며 자신을 투영시키는 좋은 모델이다.

4) 스트레스가 다툼의 원인이다.

활동적인 아이를 억압하고 예의범절 등을 강요한다면 아이는 스트레스를 다툼으로 해결한다. 최소한 집안에서 평온함을 줄 수 있도록 부모가 환경을 만들어 주는 것이 중요하다. 특히 새 학기 초에 아이들은 스트레스를 많이 받는다. 새로운 환경에 대한 적응이 아이에게는 힘든 일이기에 부모는 자녀를 잘 관찰하고 힘든 부분을 같이 해결해 주는 것이 중요하다.

5) 아이는 말보단 행동으로 보여 준다.

성인들은 문제가 생기면 대화로 우선 풀어가지만, 아이들은 대화보단 행동으로 상대방을 제어하기 위해 욕설과 주먹으로 해결한다. 이는 청소년 시기 학교 현장에서 자주 볼 수 있는 행동이다. 급기야 별일도 아닌 것이 폭력으로 이어져 폭력대책위원회까지 벌어진다. 가정에서 할 일은 아이에게 화에 대한 상대방 입장을 설명해 주고 평소 자녀를 관심 있게 살펴보는 것이 중요하다.

위와 같이 싸움의 원인은 소유욕, 스트레스, 공감 능력 부족 등 여러 가지가 원인이지만, 친구들과의 싸움을 걱정하는 부모는 원인이 가정에 있다고 생각하여야 한다. 자녀의 싸움을 무조건 혼낸다거나 싸움에 개입하여 부모가 해결해 주는 것은 해결책이 될 수 없다. 성장하며 자연스럽게 규칙을 지키고 배려를 익히면서 싸움은 줄어드는데 그 시기를 줄이는 것이 부모의 역할이다.

만약 아이가 너무 많은 갈등이나 문제를 겪고 있다면 전문가의 도움이 필요할 수 있다. 정서적 문제나 학습 문제 등 다양한 원인이 있을 수 있기에 전문가와 함께 아이의 문제를 찾고, 해결책을 제공하는 것도 좋다.

9. 친구 관계를 어려워하는 자녀를 도와주는 법

대부분 부모는 자녀의 친구 관계를 자연스럽게 형성될 것이라고 생각한다. 그러나 많은 아이는 친구 관계로 힘들어하고 해결점을 찾지 못하고 학습에도 나쁜 영향을 미친다. 자녀가 학교에 가기 싫은 이유 중 하나도 바로 이런 친구 형성에 문제가 있기 때문이다.

📝 부모는 친구 관계에 어떻게 도움을 주어야 하는지를 살펴보자.

1) 자녀가 친구를 이해하지 못하는 언행이 있는지 관찰해 본다.

민감한 성격이나 남을 이해하지 못하고 자기주장이 강한 아이는 친구를 사귀기 힘들다. 부모는 상대방의 반응을 아이에게 설명해 주고 자녀가 이해할 수 있도록 도와주어야 한다.

2) 자녀의 언어 능력을 체크해야 한다.

유아기에 말을 더듬거나 단어 선택에 어려움이 있다면 친구 관계에서 말이 적어 자신을 표현할 수가 없으므로 친구 관계를 형성하기 어렵다. 언어 능력에 문제가 있다면 전문가의 도움을 받아야 한다. 가정에서 모르는 경우가 많아 학교나 외부 기관에서 아이의 언어 능력 평가를 객관적으로 받아 보는 것이 중요하다.

3) 스포츠나 외부 활동을 부모가 적극적으로 찾아보고 자녀에게 참여하도록 한다.

움직임을 통한 자녀의 친구 관계는 좋은 경험으로 효과적이다. 아이들은 자연스럽게 운동을 통해 하나가 된다. 반면 부모는 그 안에서 자녀의 행동을 유심히 살펴보아야 한다. 자녀가 타인에 대해 공격적이거나 배려에 대해 소홀한 점이 없는지 아이에게 설명해 주고, 이해시켜야 한다.

4) 자녀가 학교에서 왕따나 따돌림을 받는지 담임 선생님을 통해 알아본다.

자녀가 청소년이 되면서 친구 관계는 더욱 힘들어진다. 전학해 온 학생은 학교 적응이 힘들고 친구 관계의 힘든 점을 토로하는 경우가 많다. 중학교에서 실제로 친구 관계로 전학을 생각하는 아이들이 많다. 자녀가 언제부턴가 학교에 가기 싫다고 말한다면 가장 먼저 친구 관계에 대해 담임 선생님과 의논해야 한다. 부모가 도와줄 방법 중에는 집에 친구들을 초대하는 것도 좋다. 또는 여러 학원, 운동 모임 등에서 같이 할 기회를 만들어 준다. 청소년기는 자신과 관심 분야가 같은 아이들이 쉽게 친구 형성을 한다.

5) 자녀에게 무조건적인 공감을 표현하고 최선을 다해 들어 주어야 한다.

자녀가 친구 관계의 어려움을 호소할 때는 무조건 공감을 표현해야 한다. 그나마 부모에게 말해 준다는 것은 부모로서 고마운 일이다. 아이가 힘들다고 말한다면 모든 일을 멈추고 자녀에게 귀를 기울여야 한다. "우리 아들 힘들었구나!", "엄마가 최선을 다해 도와줄게 걱정하지마!" 이런 말은 아이에게 큰 위안과 격려를 해준다.

친구 관계는 즐거운 학교생활과 학업 성취도에 영향을 미치고 성인이 되어도 사회생활에 긍정적인 영향을 미친다. 부모는 자녀의 학습에 관심은 많지만, 친구 관계에 대해 무관심인 경우가 많은데 친구 관계는 중요한 학습 기본 요소임을 명심해야 한다. 친구 관계로 힘들어하는 아이들과 친구가 없다는 아이들이 갈수록 늘어나고 있다.

10. 학교 가기 싫은 아이 부모 대처법

학교에 가기 싫은 아이들이 있는데, 여러 원인이 있겠지만 유아기 때는 분리불안이 가장 큰 원인이다. 이는 청소년이 되어도 나타나는데 부모의 양육 방법에 문제가 있다. 무조건적인 부모 슬하에 자란 자녀들은 학교라는 규칙과 인간관계에 적응하지 못한다. 부모에게 학습되어야 할 관계 형성이나 남에 대한 배려, 규칙 준수 등을 경험하지 못해 이런 결과가 나타난다. 무조건 자녀를 받아 준다는 것은 어쩌면 방임으로도 볼 수 있다. 학교에 가기 전 부모는 사회성을 위해 구체적인 경험을 자녀가 경험하게 해야 한다.

📝 학교 가기 싫은 원인이 무엇인지, 부모의 역할은 어떻게 해야 하는지 살펴보자.

1) 학교 가기 싫은 아이를 혼내거나 야단치지 말아야 한다.

부모는 자녀가 학교 가기 싫다고 하면 무슨 난리가 난 것처럼 자녀를 혼내거나 다그치는데 이는 해결책이 아니다. 자녀는 자기 조절 능력이 떨어지고 새로운 환경 적응에 어떤 문제가 있는 것이기에 부모는 그 문제를 해결하려고 노력해야 한다. 학교를 안 간다는 것은 자녀가 회피하려는 큰 스트레스가 있는 것이다. 부모는 차분히 자녀와 대화하고 담임 선생님과 협조를 통해 문제 해결에 빠른 조치를 해야 한다.

2) 학교에 문제를 돌리거나 자녀에게 학교를 쉬라고 말하지 마세요.

아무런 대책 없이 자녀의 말만 듣고 학교를 쉬라고 한다면 학교 가기가 더욱 힘들어질 것이다. 가끔 몰상식한 부모는 자녀의 말만 듣고 자녀의 편을 들어 학교에 문제가 있다며 담임 선생님을 욕하는 경우가 있는데, 자녀들은 부모의 반응을 보고 자기 합리화를 위해 거짓말도 서슴지 않는다. 등교하지 않는 시간이 길면 길수록 아이의 자기 조절 능력은 떨어지고 포기하게 된다. 부모는 문제의 원인이 부모나 자녀에게 있다고 생각하고 학교 관계자나 전문가의 충고를 빨리 받아들여야 한다.

3) 학교 가기 싫은 원인을 파악하고 원인별로 해결책을 제시해야 한다.

먼저 자녀와 학교 가기 싫은 원인을 대화로 파악해야 한다. 자녀가 자신을 숨기려고 자세히 말하지 않는다면 주위 친구나 담임의 협조를 받아야 한다. 만일 수업과 과제로 인해 자녀가 힘들거나 회피한다면 부모가 알림장, 가정통신문이나 학교 교육과정에 관해 이해하고 자녀를 도와주어야 한다. 학교에서 새로운 환경에 적응 못 하는 대부분의 원인이 학업에 관한 문제로 나타낸다. 부모는 원인을 파악하고 빠르게 해결책을 자녀와 의논하고 도움을 주어야 한다.

자녀가 학교를 안 가겠다는 것은 자신의 불안에 대한 부모에게 도움을 요청하는 신호라 볼 수 있다. 자기 조절 능력을 키워 주기 위해 부모는 노력하고 학교 상황을 정확히 판단하고 있어야 한다. 원인이 무엇인지 찾아보는 것이 우선이고 친구 관계, 학업 불안, 선생님과의 문제 등 자녀와의 대화를 통하거나 담임과의 소통으로 원인을 파악해 신속한 조치를 해야 한다. 등교는 신속함이 우선이다. 시간이 지날수록 자녀는 학업 과제나 학교 상황의 변화에 대처하기가 더욱 힘들어진다. 원인을 자녀에게만 두지 말고 부모 자기 양육 방법에 문제는 없었는지 다시 되돌아봐야 한다.

부모의 원인 중 하나가 과잉보호인 경우가 많은데 자녀들은 부모의 무조건적인 돌봄과 과잉보호를 학교 현장에서는 받을 수 없기에 분리 불안과 자기 조절을 할 수 없어 이런 학교 기피 증세를 보인다. 사회성, 규범, 타인 배려, 자기 존중감은 가정에서 부모를 보고 학습되는데 이에 대한 훈련이 안 되어 있는 경우 학교 부적응으로 나타난다. 부모들은 자신의 양육법에 대한 피드백을 다시 한번 점검해 보고 문제가 있다면 빠른 조치를 해야 한다.

11. 자녀의 자위행위 부모 대처법

부모들은 자녀의 자위를 어떤 경로를 통해 알게 되는데 성에 민감한 부분이라 어찌해야 할지 난처한 경우가 많다. 성교육은 지금도 학교 현장에서 나아졌다고는 하지만, 실질적인 교육이 안 되어 자녀들은 유튜브(YouTube)와 음란 동영상을 통해 성을 알고 있다는 비율이 높다. 코로나19로 집 안에 있는 시간이 많고 즐거움을 찾으려 자위에 대한 비율이 높아지고 부모들의 대처는 교육적으로 어떻게 자녀에게 교육할지 구체적인 방법을 모르는 부모가 더 많다.

부모들이 자위는 해서는 안 될 잘못된 행동으로 간주하고 자녀를 꾸중한다면 자녀의 성적 불만은 다른 나쁜 행동으로 이어진다. 부모를 속이고 자녀 스스로 죄책감을 느껴 자위에 대하여 스트레스를 받게 된다. 자위는 청소년기에 매우 정상적인 성행위의 성장 과정이고 자기 몸을 탐험하는 과정의 일부분이다.

📜 부모가 자위를 시작한 자녀에게 어떤 말을 해야 할까?

1) 자위는 자연스런 성장 발달 과정의 일원이다.

자녀의 자위행위를 알았을 때 자연스러운 반응을 해야 한다. 혼내거나 무슨 잘못을 한 것처럼 여긴다면 아이는 죄책감으로 괴롭고 자신을 비난하게 된다.

청소년기에 자위가 시작된다고 하지만, 지금은 시작 나이가 어려지는 경향이 있어 자녀를 잘 관찰하고 도움을 줄 방안을 고안해야 한다. 자위는 이상한 행동이 아니고 정상적인 성장 발달의 한 과정으로 성교육의 시작을 알리는 단계이기도 하다.

2) 부모들은 자위에 대해 자연스럽게 평온한 분위기에서 대화를 해야 한다.

자위하는 현장을 보게 되더라도 바로 지적하는 것은 자녀에게 수치감과 죄책감으로 이어져 부모에게 창피함으로 대화를 거부하고 자위 행위의 횟수가 늘어나게 된다. 현장에서 말하지 말고 한참 후에 시간을 가지고 자위에 대한 당연한 성장 과정임을 자녀에게 설명해야 한다. 요즘같이 코로나19 시기에 집에 많은 시간을 보내야 하는 자녀들은 자위 또한 하나의 즐거운 시간이 될 수 있다. 어린아이의 자위는 바로 설명해 주는 것이 좋다. 이런 행동이 부적절하다는 걸 모를 수도 있기 때문이다.

3) 섹스, 자위 등 부모들은 오히려 성교육을 자녀에게 제공해 간접적으로 교육해야 한다.

자위를 모른 척해서는 안 된다. 부모들은 자위에 대해 부모들이 청소년 시기의 느낌을 공유하고 여러 가지 자료와 책을 통해 자녀의 성교육을 해야 한다. 지나가는 말만으로는 안 되고 가족회의 등 시간을 정해 자료, 글, 그림, 영상 등을 통해 같이 시청하고 토론하는 시간을 갖는 것이 좋다. 자위의 시간은 개인별로 차이는 있지만 갈수록 횟수가 적어진다.

물론 자위를 권장하라는 말은 아니다. 성욕을 제어할 수 있는 능력이 있다는 것을 설명해야 하고, 자위할 때 음란물이나 불법 영상을 보는데 심한 경우 중독이 될 수도 있기에 부모들의 관심이 필요하다. 또한, 습관적으로 자위를 많이 하는 경우 음경에 상처가 생겨 제2의 감염으로 나타날 수도 있다. 이런 문제가 아니라면 자위에 대한 포용적인 부모 모습이 자녀에게 오히려 효과적이다. 자위는 성장 발달의 자연스러운 행위이고 성적 욕구 해소라는 긍정적인 면도 있다. 부모는 사랑과 관심으로 자녀의 성에 지나치게 관여하지 말고 자위보다 더 좋은 방안을 위한 놀이를 제안하는 것이 부모의 역할이다.

12. 자녀의 이성 교제에 대한 대처법

학업에 집중해야 할 나이에 이성 교제에 빠진 자녀를 보는 부모의 마음은 걱정이 앞선다. 예전과 다르게 이성 교제 나이가 어려지면서 이에 대한 부모의 대처는 난감하다. 통계청의 통계에 남학생은 평균 13.9세에 첫 경험을 하고, 여학생은 14.3세에 첫 경험을 한다. 중·고등학생 4.6%, 만 12~18세 학교 밖 청소년 20%가 성 경험이 있다는 통계를 보면 이성 교제가 점점 어려지는 현상을 볼 수 있다. 부모들은 이성 교제 하는 자녀의 학업을 가장 걱정한다. 물론 이성 교제하는 자녀들의 성적이 떨어진다는 것은 통계에서 잘 나타나고 있다. 부모들의 걱정은 외모 가꾸기나 이성에 많은 시간을 낭비해 성적이 떨어지거나 성에 관한 그릇된 사고로 이어질까 걱정이 크다.

📝 부모는 자녀의 이성 교제에 어떤 멘토가 되어야 할까?

1) 청소년기에 이성 교제가 절대적으로 나쁘다는 인식은 잘못된 사고이다.

이성 교제를 통해 자녀들은 오히려 성에 관한 바람직한 생각을 한다. 이성에 대한 사랑의 감정은 상대방을 배려하고 삶의 원동력이 된다. 물론 부모가 걱정하는 최악의 상황이 올 수도 있지만, 대부분 청소년의 생각은 건전하고 남을 위해 자신이 노력하는 긍정적인 타인에 대한 배려심을 갖게 된다. 자신이 좋아하는 새로운 인간관계가 형성되고 이런 배려심은 타인에 의해 습득하게 된다. 자녀를 이해하고 이성 친구에 대해 좀 더 가깝게 부모가 자리 잡는 것도 자녀를 이해하는 방법의 하나이다. 이성 교제를 절대적으로 해서는 안 되는 행위로 봐서는 안 된다.

2) 이성 교제는 자녀의 자아 발달이나 성숙도, 융통성에 긍정적인 면을 나타낸다.

오히려 이성 친구의 도움으로 성적 향상을 보는 예도 있다. 또한, 다른 사람의 고민을 같이 나누면서 타인에 대한 존재를 존중하고 미래의 배우자 선택에도 도움이 될 수 있다. 이성에겐 가족에서 느낄 수 없는 사랑의 감정을 느낀다. 또한, 이성 친구를 위해 노력하는 자신을 보고 삶의 활력을 느끼게 된다.

청소년기는 고민과 학업 억압으로 많은 스트레스를 겪게 되는데 이성 친구를 통해 해소가 되며 강한 긍정적인 도움을 받을 수 있다.

3) 이성 교제에 대한 부모의 역할이 중요하다.

이성 교제를 강압적으로 막을 수는 없다. 극성인 부모는 이성 친구 집을 방문하거나 부모를 만나 헤어질 것을 강요하는 경우가 있는데, 이런 사실을 알게 된 자녀는 탈선하기도 하고 부모와의 냉전으로 더 악화한 부모 관계가 될 수 있다. 부모와의 애착 관계가 실패한 자녀 관계에서 더욱 이성을 찾게 되는 경우가 많다. 부모와 해소되지 않아 밖으로만 돌고 있는 자녀들이 이런 이성 관계를 통해 스트레스를 해소한다. 자녀가 부모와의 문제로 이성을 찾는다면 이성 교제의 나쁜 사례로 탈

선하기도 한다. 이성 교제 또한 부모의 가정 환경이 안정되고 의사소통이 잘 이루어지는 부모여야 건전한 이성 교제를 할 수 있다. 부모는 자녀의 이성 교제에 대해 많은 것을 알고 있어야 한다. 자녀가 스스로 이성 친구에 대한 정보를 수시로 말할 수 있게 자녀를 관심과 사랑으로 평소 많은 대화를 해야 한다. 또한, 비판보단 이해의 마음으로 자녀를 대하고 부모의 생각을 자녀에게 충분히 설명해야 한다.

성에 대한 일반적인 교육도 중요하고 학업에 대한 시간 할애에 대한 문제가 있다면 자녀와 충분한 대화로 문제를 해결해야 한다. 이성과 친밀감을 경험해 본 학생은 정서적으로 안정되어 있고 오히려 성에 대해 더 긍정적이며 성장 발달 중 인간관계에 있어 이성 교제는 긍정적인 영향을 미친다. 부모도 이성 친구를 알고 부모와 소통하는 관계라면 긍정적으로 만남을 이어갈 수 있게 도와주는 것이 부모의 역할이다.

13. 방에서 나오지 않는 아이 해결 방법

코로나19와 온라인 수업으로 인해 자녀들이 집 안에 있는 시간이 많아지면서 방에서 거의 나오지 않는 자녀 때문에 힘들어하는 부모가 많아지고 있다. 방문을 잠그고 부모와의 단절을 선포하는 자녀들의 공통점은 자신을 방해하지 말라는 신호를 부모에게 보이는 것이다. 특히 사춘기에 접어드는 중학생의 비율이 높은데, 방에서 게임과 영상을 보며 하루를 다 보내는 아이도 있다. 지나치게 되면 은둔형 외톨이로 발전되어 정신적인 치료까지 받게 된다. 부모들이 이런 자녀에 대하여 어찌 해야할지 난감한 처지에 이른다. 방에서 나오게 하려면 절대 강요나 간섭으론 해결할 수 없다. 원인을 파악해 보고 부모의 문제는 없는지를 돌이켜보아야 한다.

📋 자녀가 방에서 나오게 할 수 있도록 원인을 알아보고 부모가 어떤 행동을 해야 하는지 생각해 본다.

1) 방안에만 있는 이유가 부모의 강압이나 강요를 회피하기 위해 있는지 부모의 양육 태도를 점검한다.

여러 이유가 있겠지만 부모의 기대와 욕망이 자녀에게 부담을 주지 않았는지 돌아보고 부모가 스스로 새롭게 자녀를 위해 변해야 한다. 바쁜 엄마로 살아가면서 자녀와의 대화의 시간이 모자라서 지적만 한다면 자녀는 문제가 생길 때 부모와 의논하지 않고 거짓말이 늘기도 한다. 부모와의 진실한 대화가 안 되면 자녀는 스스로 질문에 대한 답을 컴퓨터로 얻게 되고 부모를 무시하는 행동으로 나타난다. 부모의 욕심과 부모가 못한 학창 시절을 보완하기 위해 자녀에게 강요한다면 자녀는 부모와 어떠한 의견도 공유하지 않는다. 지켜보고 기다려 주는 여유 있는 부모의 태도가 더 효과적이다.

2) 방에서 게임과 핸드폰을 하기 위해 방문은 잠근다면 부모는 현명한 방법을 고안해 빠른 조치를 해야 한다.

컴퓨터 게임을 잘 안 하던 아이들도 코로나19로 집안의 시간이 많아지며 흥미로운 일을 찾게 되고, 가장 쉽게 접할 수 있는 것이 게임이다. 게임에 빠져 있다면 게임 시간에 대해 제약해야 한다. 게임 자체가 끝내기 힘든 오락성을 띠고 있어 성인들도 끝내기 힘들다. 이런 부모와의 약속을 지키지 못한다면 자녀는 게임 중독의 길을 가고 있다. 부모 몰래 게임을 하고 하루 모든 시간을 게임에 빠져 있다면 극단적으로 인터넷 차단도 고려해야 한다. 물론 자녀와 갈등이 있겠지만 중독에 빠지는 자녀를 구하기 위해서는 어쩔 수 없는 행동이다. 약속을 안 지킨다면 극단적인 방법도 하나의 방안이 될 수 있다.

3) 자녀가 방에서 나오도록 주말에는 집을 떠나 함께 여행할 수 있는 시간을 정기적으로 만들어 보자.

가족 모두가 집을 비우고 여행을 간다면 자녀와의 대화 시간을 자연스럽게 가질 수 있고, 자녀의 힘든 점이나 요구 사항을 공개적으로 가족이 의논할 수 있다. 자연 속에서 자녀들은 자유로울 수 있고 컴퓨터와 핸드폰에서 조금 여유로울 수도 있기 때문이다. 여행은 자녀들에게 평온함을 주고 부모와 친밀감을 표현할 좋은 기회가 된다. 특히 부모가 조심해야 할 사항은 여행 중 자녀에겐 어떠한 제재나 강요해서는 안 된다는 것이다. 되도록 주말이나 휴일에 가족 외부 행사를 자주 만들어 자연스러운 자녀와의 신체 접촉(Skinship)이나 자녀의 고민을 듣는 시간을 많이 가지는 것이 도움이 된다. 집을 떠나 가족이 여행한다는 것 자체는 동질감의 회복과 가족 구성원 간의 협동과 일치감을 공유할 수 있는 가장 좋은 방법이다.

부모들은 방에만 있는 자녀를 보고 있으면 화도 나고 방법을 몰라 다툼만 일어나고 집안 분위기 자체가 험악해진다. 우선 화를 내거나 소리를 치는 것은 전혀 도움이 되지 않는다. 자녀가 왜 방 안에서 안 나오는지 원인을 먼저 파악해 보고 천천히 서두르지 말고 대화를 통해 자녀와 공감대를 형성하는 것이 먼저 해야 할 일이다. 부모는 집의 공간을 최대한 오픈하고 아이가 혼자 있는 시간을 줄이기 위해 같이 독서하거나 자녀가 좋아하는 놀이를 같이 해도 좋다. 컴퓨터는 자녀 방보다는 거실에 두어 오픈하는 것도 좋은 방법이다. 방에서 안 나오는 아이의 관점에서 바라보고 서두르지 말고 지켜봐 준다면 자녀 또한 자연스럽게 방에서 나오게 된다.

14. 반항적이고 우기는 아이 해결 방법

반항의 뜻은 다른 사람이나 대상에 맞서 대들거나 반대함을 의미한다. 반항이란 부모, 교사 등 자신을 제어하는 대상에게 이유 없이 우기는 행동이다. 반면 부모의 틀에 맞추어 행동하기를 바라는 것은 부모의 욕구이고 자녀는 정당성으로 생각할 수 있다. 하지만 아이들의 반항 이유가 분명히 있고 반항의 다른 면을 보면 아이의 자기주도적 행동의 일환이라고 생각할 수도 있다.

📝 **반항적인 태도가 형성되는 이유를 살펴보자.**

1) 가정의 스트레스가 아이를 반항적으로 만든다.

성격이 까다로운 아이들은 가정에서 부모와 적대적인 관계가 더욱 형성되고 유아기를 거쳐 사춘기에 더욱더 자기주장이 커지며 부모에게 반항적인 행동이 증가하게 된다. 이런 반항적인 행동은 가정에서 부모로부터 학습되고 심하면 대화가 사라지는 가정을 본다. 자녀의 반항에 즉각적으로 "어른에게 버르장머리가 없어!" 등과 같은 강압적인 체벌이나 제어는 아이에게 반발심을 더욱더 유발하고 부모와의 신뢰가 깨지는 극단적인 상태로 이어진다. 학교나 외부 활동에서 자녀의 화를 제어하기 위해서는 가정에서부터 자녀를 감싸 주고 이해와 노력으로 아이를 이해하기 위해 부모는 시간을 갖고 노력해야 한다.

2) 학교 현장에서 학업, 친구 관계, 교사와의 관계 형성에 문제로 반항하게 된다.

반항의 대상에는 부모, 교사가 해당하는데 문제 행동을 일으키는 학생들은 이를 방어하기 위해 대항하고 화를 내고 우기는 현상을 빈번히 나타낸다. 학업 문제가 있을 때 자존감이 떨어지는데, 이런 마음의 반대급부로 반항과 우기기로 표현한다. 불안에 의한 자신을 방어하기 위한 행동이다. 교사에게 대항하거나 친구들에게 자신을 부각하기 위한 수단으로 감정을 폭발시킨다. 이런 학생일수록 관심을 끌기 위해 문제 행동을 하는 경우가 많은데, 이는 자신의 불안과 욕구를 가리기 위한 이상 행동의 결과이다.

3) 유아기 때부터 일관성 있는 제지를 해야 한다.

떼를 쓰거나 우기는 행위 등에는 어떤 일관적인 제지가 중요하다. 안되는 일은 결코 안 된다는 것이 훈육의 한 방법이다. 음식점에 가면 남에게 피해를 주는 아이들이 있는데 부모가 아무 신경을 쓰지 않는 경우를 보게 된다. 부모보다 그 아이가 더 걱정이다. 이런 아이가 성장하면 남에 대한 배려나 예의범절을 습득하지 못해 사회생활에서 남에게 인정받지 못하는 아이가 된다는 것이다.

집에서 단호하고 강하게 훈육이 필요할 때는 부모가 냉정하게 일관적으로 행동해야 한다. 부모의 일관적이고 단호한 행동이 자녀의 행동 수정에 큰 영향을 주며 긍정적인 행동으로 나타난다.

이렇듯 아이들의 반항과 우기기는 자신의 불안과 관심을 위한 이상 행동으로 볼 수도 있지만, 반항의 이유를 부모는 냉정히 파악해 보고 그 이유 중에 자기주장이나 창의적인 면을 나타낸다면 제지만 할 수는 없는 것이다. 유아기나 청소년기에 자연스럽게 표출되는 감정인 것이다.

여기에서 부모들의 실수는 간섭과 사랑을 구분하지 못하는 것이다. 아이들은 간섭과 잔소리는 확실히 구분한다. 반면 부모의 사랑과 관심 또한 빠른 반응을 보인다. 부정적인 면보다 긍정적인 자녀의 행동을 찾는 것이 더 중요하다. 부모들은 자녀를 볼 때 잘못된 행동을 먼저 보는데 시각의 변화가 있어야 한다. 칭찬할 일을 찾고, 먼저 칭찬해 주는 일이 부모가 할 일이다. 자녀들은 부모에 대한 기대와 신뢰가 크며 누구보다 기대고 싶은 사람이 부모다. 힘든 우리 자녀를 감싸주는 부모의 모습을 보여 주자. 반항한다는 것은 "엄마, 저에게 관심을 주세요."라고 하는 아이들의 외침이다.

15. 부모와 대화를 거부하는 아이 부모 대처법

십대가 되면서 자녀와 부모의 대화는 갈수록 없어지고 자녀 또한 말수가 사라지고 방문을 닫거나 참견을 싫어해 부모와 어떤 대화도 안 하는 자녀를 볼 수 있다. 사춘기에 접어들면서 가장 먼저 나타나는 행동은 혼자 있기를 원하고 부모의 말은 무조건 잔소리로 여겨 듣지를 않는 행동이다. 아이들의 변화에 부모는 당황하고 자신에게 잘못이 있지는 않은지 스스로 자책하게 된다. 하지만 이런 변화의 원인은 아이에게 있으므로 부모로서 어떤 도움을 줄 수 있는지를 먼저 생각하여야 한다.

📝 **자녀의 사춘기 변화에 부모님들은 어떻게 도움이 되어줄 수 있을까?**

1) 자녀의 특징을 파악하고 자녀를 이해하는 신뢰 관계를 형성해야 한다.

자녀와의 대화가 없는 문제가 언어적인 문제라고 생각한다면 전문가를 찾기를 권한다. 아이의 어휘력의 문제일 수도 있기 때문이다. 그것이 아니라면 자녀의 이해에 있어 평소 사춘기 전에 부모와 신뢰의 관계가 형성되어 있는지를 점검해야 한다. 부모와 신뢰 형성이 안 되고 사춘기를 맞이하였다면 더더욱 부모가 자녀를 이해하기 위해 큰 노력을 마련해야 한다. 대화의 시작은 서로 간의 신뢰가 바탕이 되어야 한다.

2) 자신의 자녀 양육 방식을 점검해 보는 것이다.

부모님들은 자신만의 신념과 경험으로부터 만들어진 각기 다른 양육 방식으로 아이들을 훈육하는데, 이 시기엔 훈육이 먹히지 않고 자녀들의 반항심만 유발하게 되어 점점 아이와 멀어지게 된다. 사춘기에 대화를 닫는 가장 큰 이유가 참견하지 말라는 것이다. 자녀는 부모의 모든 말을 잔소리로 여겨 듣는 시늉만 하게 된다. 따라서 자녀의 감정과 행동을 인정해 주고 아이를 존중해야 한다. 자녀들이 부모들의 이런 자신에 대한 존중을 느낀다면 마음을 열기는 쉬워진다.

3) 조급한 마음을 버리고 자녀의 행동 변화를 기다릴 줄 알아야 한다.

대화가 없는 아이들을 둔 부모들은 답답하고 자녀의 빠른 변화를 바란다. 부모들은 지금까지 자녀와 어떻게 대화했는지를 점검해 봐야 한다. 강요적이거나 일방적인 대화를 했는지도 반성해 보고 자기 행동을 수정해야 한다. 자신의 욕심을 강조하지는 않았는지 자녀에게 진지하게 지난 실수를 인정하고 아이에게 사과히 여야 한다.

사춘기는 지나가는 과정이다. 물론 부모의 역할이 전혀 없는 성장 과정은 아니다. 현명한 부모라면 힘든 자녀를 위해 공부하고 자녀와 같이 슬기롭게 해결하는 방법을 찾아야 한다. 그 첫 번째 행동이 자녀에게 시간을 주고 지켜보는 작업부터 해야 한다. 부모가 답답해 빠른 방법으로 아이를 변화시키려 한다면 결코 자녀와의 닫힌 대화는 열 수 없을 것이다.

4) 부모는 현명한 의사소통 방법을 학습해야 한다.

자녀의 말을 경청해야 자기 말을 강요해서는 안 된다. 자녀가 큰소리로 덤벼도 평정을 유지하는 것이 중요하고 자녀 앞에서 남을 험담하는 것은 잘못된 의사소통이다. 자녀는 부모의 행동과 언어를 배우며 자란다. 가정 환경의 실험에서 부부싸움이 잦은 가정의 자녀일수록 언성을 높이고 큰소리치는 행동이 자주 나온다는 결과가 나왔다. 사춘기에는 일상적인 대화 또한 되지 않고 아이에게도 힘든 과정이기에 부모는 더욱 아이와의 의사소통을 위해 참고 기다려 줄 수 있어야 한다.

청소년기는 질풍 노도와도 같다고 한다. 자녀 자신도 이해 못 하는 행동과 언어들을 구사하고 후회하고 우울함을 느낀다. 반면 갈등을 해결하는 방법을 배우고 대인관계를 형성할 수 있는 기술을 배울 수 있는 가장 적합한 시기가 사춘기 시기이다. 그 때문에 부모는 자녀와 많은 대화를 나누고 그들의 말을 판단하는 게 아니고 주의 깊게 경청하는 것이 중요하다. 대화의 시작은 경청이고 특히 이 시기엔 더욱 중요한 의사소통 방법이다. 부모는 현재 아이의 감정을 이해해 주고 지켜보며 기다려 주며 자녀 특징에 관해 공부해야 한다. 자녀의 사춘기에 부모는 멘토로서 적극적인 도움을 주어야 하며 슬기롭게 이 시기를 잘 보낸다면 성인이 되어도 신뢰 관계를 형성할 수 있다.

16. 집에 들어가기 싫은 아이 해결 방법

집에 들어가기 싫은 아이의 공통점은 밖의 활동을 좋아하거나 집에서 대부분 부모가 가정일로 아이에게 소홀하여 집에 대한 흥미도 없고 지루하기 때문이다.

📋 **아이가 집에 들어가기 싫어하는 이유 중 일부는 다음과 같다.**

1) 스트레스받았을 때

아이가 학교나 유치원에서 스트레스를 받을 수 있다. 과제를 다 하지 못했거나, 친구와 갈등을 겪었거나, 괴롭힘을 당했거나 이러한 상황에서는 부모님이 이를 이해하고 아이와 대화하며 해결책을 찾아 줘야 한다. 스트레스를 부모님과 해결하지 못할 것이라고 미리 결론을 낸 아이는 방황하고 여기저기 헤맨다.

2) 휴식을 원하거나 불안할 때

아이가 온종일 활동하고 지친 경우에는 집에 들어가기 싫어할 수 있다. 이러면 아이에게 충분한 휴식을 취하도록 도와주는 것이 좋다. 집에 가면 부모의 간섭이 시작된다고 생각해, 집이 휴식의 공간이 아니고 오히려 PC방이 피로를 해결해 준다고 생각한다.

아이가 집에 들어가기 싫어하는 이유 중 하나는 불안일 수 있다. 아이가 어딘가 불안하거나 두려움을 느끼고 있다면 부모님이 아이와 함께 집안에서 안전하게 보호되는 느낌을 주어야 한다. 자녀를 관찰하고 자녀의 불안 요소를 제거하는 데 노력해야 한다. 아이가 집에 들어가기 싫어하는 이유 중 하나는 집안 환경이 좋지 않아서일 수 있다. 이 경우에는 집안의 청결과 정돈을 유지하고, 아이가 좋아하는 물건이나 장난감을 배치하는 등의 조치를 할 수 있다.

3) 가정에서 엄격한 규제를 느낄 때

아이가 집에 들어가기 싫어하는 이유 중 하나는 부모님의 엄격한 규제 때문일 수 있다. 이 경우에는 부모님이 아이와 대화하여 규제의 이유와 목적을 설명하고, 아이가 이해하고 따를 수 있는 규제를 제시하는 것이 좋다. 일방적이 아닌 자녀와 충분한 대화로 규칙에 대하여 서로 의견을 나누어야 한다.

아이가 집에 들어가기 싫어하는 이유는 다양할 수 있다. 그러나 대부분 아이들은 놀이를 계속하고 싶어서 집에 들어가기 싫어한다. 이러한 경우, 부모님은 아이들이 집에서도 즐길 수 있는 활동을 제공해 주는 것이 좋다.

집에서 부모와 즐길 수 있는 여러 가지 놀이를 찾아보고 아이의 흥미와 관심도를 생각해 놀이 문화를 연구해야 한다. 보드게임이나 카드게임을 함께 즐길 수 있고 가족들과 함께 게임을 하면 아이들이 집에서 즐겁게 시간을 보낼 수 있다. 이를 위해 먼저 되어야 할 것이 부모가 자녀를 위한 시간 할애이다. 아이들이 밖의 시간을 좋아하는 이유는 집안에 있으면 부모님의 공부에 대한 잔소리로 자신이 억압당한다고 생각하기 때문이다.

독서 또한 아이들이 좋아하는 책을 위주로 선택하여 부모님과 함께 대화를 나누고 이야기를 나누면서 더욱 풍부한 경험을 할 수 있다. 집에서 새로운 요리를 만들어 보는 것도 좋은 방법이다. 아이들과 함께 요리하면서 다양한 식재료와 요리 방법을 배울 수 있고 자녀의 만족감을 높일 수 있다. 집 안에서 스포츠를 즐길 수도 있다. 예를 들어 미니 탁구나 농구 등의 게임을 집 안에서 즐길 수 있다. 아이들은 움직임에 흥미가 많고 적극적으로 활동한다.

요즘 아이들 인터넷에서 동영상을 보면서 새로운 것을 배우거나, 인터넷을 이용하여 학습할 수 있는 프로그램을 찾아보는 것도 좋다. 이런 작업에 부모가 같이 참여하는 것이 중요하다.

집에 들어가기 싫어하는 아이들은 다양한 활동을 시도하면서 즐길만한 것을 찾아보는 것이 좋다. 부모님은 아이들이 즐겁게 집에서 시간을 보낼 수 있도록 도와주면서, 아이들과 함께 더욱 풍요로운 가정생활을 즐길 수 있도록 부모는 계속 연구하고 노력해야 한다.

17. 말대꾸하고 대드는 아이 훈육하는 법

태어나 기쁨을 주던 아이가 7세가 되면 부모에게 말대꾸하고 대들기 시작하며, 초등학교에 들어가서는 더 심해지고, 중학생이 되면 부모는 감당을 못하고 서로 전투적으로 되어 많은 갈등으로 집안 분위기는 험악하게 된다.

보통 중2병이라고 해서 학교 현장에서도 중2 담임을 맡지 않으려는 경향이 있다. 부모들은 중2가 되면 당연하게 나타나는 현상으로 생각하는 부모가 많은데, 이는 부모가 아이를 훈육하는 효과적인 방법을 몰라서 나타나는 결과이다.

자녀가 태어나면서 부부는 갈수록 행복지수가 점점 감소하는 통계를 볼 수 있고, 자녀가 장년이 되면 행복지수가 올라간다고 한다.

✏️📋 **자녀 양육을 위해 부모가 고려해야 할 중요한 요점을 알아보자.**

1) 자녀에 대한 기대 수준이 너무 높다는 것이다.

명문대 출신의 부모는 자녀에게 "왜, 너는 이 정도야?"라고 자주 훈계하며 자녀에게 학습에 대한 큰 압박을 준다. 학교 현장에서 아이들을 상담하다 보면 우리 엄마가 서울대를 나왔다는 자체가 스트레스라고 말하는 아이들을 자주 본다.

자녀의 성향과 잘하는 것, 좋아하는 것을 먼저 파악하는 것이 중요하다. 아이들은 각자의 달란트를 가지고 태어난다. 색깔이 모두 다르다는 것이다. 빨간색을 가진 아이에게 "넌 왜 노란색이 없어?"라고 말하는 것과 같다.

부모의 기대 수준과 욕심을 버리고 아이의 흥미와 잘하는 점을 칭찬하며 기대 수준을 낮추어 보자.

2) 자녀가 위험한 상황이라면 확실한 경고를 주어야 한다.

유아기는 아직 성장이 안 되어 있고 호르몬이 불안하고 심리적 안정이 안 되어 있어 대들거나 할 때 윽박질러서는 안 된다. 하지만 경고 문구는 때로 필요하다.

아이에겐 부모가 가장 소중한 존재이고 이런 존재가 아이에게 경고하는 것은 큰 힘을 발휘한다. 하지만 이런 경고 문구를 자주 남발하면 효과도 없고 위력도 약해진다. 특히 위험한 상황이라면 확실한 경고를 주어야 한다.

3) 부모는 자녀가 상대방의 감정을 이해하도록 노력해야 한다.

자녀는 아직 상대방에 대한 공감 능력이 떨어져 화를 내거나 소리를 지른다거나 할 때 자녀에게 화를 내어서는 안 된다. 상대방의 감정을 이해하기 힘들고 자신의 욕구로 화를 내는 것이기에 차분히 "네 친구의 기분이 어떨까?", "네 말을 들은 사람의 감정은 어떨까?"라고 반문하는 등 상대의 감정을 이해하려는 노력이 필요하다.

자녀의 감정을 통제하는 것은 부정적인 면이 많다. 그 감정을 풀어주는 것이 중요하다. 자녀의 감정은 그대로 놔두고 상대방이 느꼈을 감정에 대한 설명과 이해를 돕는 것이 부모의 할 일이다.

4) 체벌이나 강제적인 훈육은 아이의 자존감을 낮추고 반항의 씨앗이 된다.

대부분 부모는 참고 참다가 체벌한다. 손이나 종아리를 회초리로 체벌하는 것은 역효과를 불러온다. 자녀는 "이제 맞았으니 나는 죄를 면한 것이야."라고 생각하게 되며, 반성할 시간도 없이 체벌 후 부모와 자녀의 관계 형성은 없어진다.

대들거나 욕하거나 잘못하면 일단 자기 방으로 들어가는 Go Room 방법을 권한다. 혼자 방에서 나의 잘못을 생각하는 시간을 주고 부모 또한 화를 식히는 시간을 가지면서 자연스레 자녀와의 거리를 두어 서로 생각할 시간을 갖는 게 중요하다. 자녀 스스로 반성하고 부모에게 미안하다고 말할 수 있도록 멈춤의 시간을 갖는 것이 중요하다. 자녀는 화를 내는 게 정상이고 감정 기복이 심한 상태임을 부모는 참고 이해해야 한다.

가장 중요한 방법은 자녀를 사랑하고 있다는 사실을 여러 가지 표현으로 느끼게 해 주어야 한다. 자녀는 정서적으로 육체적으로 미성장의 상태이기에 부모의 속을 썩이거나 대들 때 성장 과정 일부분이라 생각하고 사랑으로 감싸 주어야 한다. 성장 과정에 자연스러운 현상이라고 생각하고 바로 훈육을 할 것이 아니라 멈춤과 다른 사람의 감정을 익히도록 설명한다. 신체 접촉(skinship)이나 다정한 대화로 부모의 사랑을 느낄수 있도록 관심과 사랑을 준다면 힘든 성장 시기를 잘 이겨낼 수 있다.

부모가 핸드폰 이모티콘으로 사랑을 표현하는 것도 요즘 아이들에겐 빨리 어필할 수 있는 중요한 사랑 표현 방법이다.

18. 우리 아이가 혹시 ADHD일까?

학교 현장에서 수업할 때 한 반에 2~3명은 지나칠 정도로 주의가 산만하고 주의를 주어도 막무가내인 학생들이 있다. ADHD(주의력결핍 과잉행동장애) 학생의 발견은 대부분 학교에서 부모에게 전달하면서 부모가 알게 되는 경우가 많다. 집에서는 모르고 있던 아이의 산만성과 주의력 결핍이 수업에서 나타나 알게 되는 경우이다. 이때 부모의 반응은 그저 우리 아이가 성격이 급하고 활발하기에 별 신경을 안 쓰는 경우가 태반이다.

학교에서 담임이나 상담 선생님이 ADHD가 의심스럽다고 한다면 부모는 부정적으로 생각하지 말고 아이와 같이 진단받아 보는 것이 아이를 위한 것이다. ADHD를 진단받았다고 해도 그리 걱정할 일은 아니다. 그러나 치료받는 아이와 안 받는 아이는 서로 큰 차이를 보인다.

📖 약물 치료의 효과에 대한 설명은 다음과 같다.

ADHD(주의력결핍 과잉행동장애)에는 약물 치료가 효과적이다. 80% 정도가 분명한 호전을 보이는데 집중력, 기억력, 학습 능력이 전반적으로 좋아진다. 또한, 과제에 대한 흥미와 동기가 강화되어 수행 능력이 좋아진다. 더불어 주의 산만함, 과잉 활동과 충동성은 감소하고, 부모님과 선생님에게도 잘 따르고 긍정적인 태도를 보이게 된다. 그러나 약물 치료로만 모든 것이 해결되는 것은 아니다.

병에 대한 정확한 정보를 얻고 아이를 도와줄 수 있게 하는 부모 교육, 아동의 충동성을 감소시키고 자기 조절 능력을 향상하는 인지 행동 치료, 기초적인 학습 능력 향상을 위한 학습 치료, 놀이 치료, 사회성 그룹 치료 등 다양한 치료가 아이의 필요에 맞게 병행되는 것이 좋다.

출처: 서울대학교병원 의학정보

무엇보다 치료에 있어 부모의 역할이 중요하며 아이에게 정서 환경을 만들어 주고 자녀의 행동을 질병으로 보는 시각이 중요하다. 아이가 감기에 걸려도 치료를 하고 약을 복용한다. "내 아이가 설마 ADHD는 아니겠지?"라며 반문하며 부정한다고 해결될 문제가 아니다. 속히 진단 검사를 받는 것이 아이를 도와주는 가장 중요한 행동이다.

아이와 신경정신과에 가는 것 자체를 싫어하는 부모 또한 많고, 성장하면 달라질 거라고 하며 자녀의 힘든 과정을 그냥 넘기기 쉬운데, 이는 아이의 학습 면이나 친구 관계 등 여러 가지 면에서 본인의 의지와 다르게 행동해 큰 손해를 보게 된다.

수능 때가 되면 ADHD 약이 소위 공부 잘하게 하는 약으로 일부 부모들에게 알려져서 정상인 아이에게도 약을 먹이는 해프닝도 있는데, 이 또한 전문의의 처방으로 이루어져야 하고, 아이들에겐 그 약이 오히려 부작용으로 인해 큰 손실을 줄 수 있다.

청소년기에 ADHD 치료를 하는 것이 매우 중요하다. 이 시기에 치료가 안 된다면 성인 ADHD로 이어져 치료가 더욱 힘들고 사회생활에서 적응을 못해 자녀의 인격에 큰 손실로 다가온다. 무엇보다 우리 아이는 내가 잘 안다고 생각하지 말고 주위 학교 선생님, 학원 선생님, 친구들, 전문가의 충고를 신중하게 받아들이고 바로 진단 검사를 통해 정확한 자녀의 증상을 파악하는 것이 중요하다. 자녀의 소중한 시간을 낭비하지 않도록 부모들이 긍정적이고 적극적으로 대처해야 한다.

19. 학교 부적응아 대처법

상담학 사전에서 위기 학생의 정의를 보면 "학교생활에 적응하지 못해 정책적, 교육적, 심리적으로 적절한 개입 없이는 학교가 제공하는 긍정적인 교육 경험을 하지 못하거나 교육 목표를 달성하기 어려운 학생"을 말한다.

학교위기학생위원회에 참여하다 보면 여러 가지 유형을 볼 수 있다. 폭력, 친구 괴롭힘, 도벽, 정신 건강, 장애 등으로 주위 학생들에게 피해를 주거나 교사들에게 반항하는 교권 침해를 자주 볼 수 있다. 폭력은 폭력자치위원회에서 절차대로 처리하면 되고, 괴롭힘이나 도벽 또한 대선도위원회에서 처리하며 교내외 봉사나 상담으로 선도하고 있다. 그런데 교사가 가장 힘든 것은 정신 건강과 장애로 그 학생이 본인의 의사로 주위를 괴롭히는 것이 아닌, 자신의 질병으로 본의 아니게 이런 일이 발생한다는 것이다. 한편으론 안타깝지만, 교사가 전문가가 아니어서 도움을 줄 수 없다. 부적응 학생들은 치료가 우선이라 치료의 시간을 더 주는 것으로 심의위원회에서 결정한다. 그러므로 부모님이 가장 중요하게 생각하는 것이 공부가 되어서는 안 된다.

📖 무엇보다 중요한 게 아이의 건강이다.

아이들의 하루 일과는 극한 직업과도 같이 많은 과제를 수행한다. 학교에선 공부만 하는 것이 아니다. 담임 관계, 교과목 선생님들과 관계, 친구 관계 형성, 수행평가, 경쟁에서 뒤처짐에 대한 본인 자존감 하락 등 학교생활은 그야말로 모든 게 경쟁과 긴장의 연속이다. 혼자 밥 먹는 아이들이 많아지고 점심시간에 혼자 벤치에 앉아 있는 아이, 힘들어하는 아이들이 갈수록 많아지는 것을 본다.

학교를 마치고 아이들은 학원으로 간다. 학원은 학교와 다르게 위험성에 많은 노출이 발생한다. 그곳에선 나쁜 정보나 아이의 일탈이 나타나곤 한다. 이렇게 힘든 하루를 살고 있는 아이들의 부모님들은 아이들의 건강을 최우선으로 해야 한다.

항상 아이의 심신 건강을 생각하고 자녀에게 문제 행동이니 일탈이 발생한다면 학교나 전문가의 도움을 주기적으로 도움을 받는 것이 좋다. 자녀의 학교생활을 가장 많이 알고 있는 사람은 담임 선생님이다. 담임과의 상담을 자주 갖고 문제 행동이 없는지 수시로 확인해야 한다. 자녀가 학교에서 부적응으로 문제를 발생한다면 적극적인 사고로 전문적인 상담을 해야 한다. 가정에서 보는 자녀와 학교 공동체에서 나타나는 자녀의 행동은 많은 차이를 보이기 때문에 학교의 도움이 중요하다.

미국 학생들이 자존감이 높은 것은 심리치료사가 학생의 곁에 있기 때문이다. 부모뿐 아니라 전문가가 아이들의 성장에 큰 도움이 된다.

아이들은 매일 해야 할 일들이 가중되어 항상 힘들고 지친다. 부모가 할 수 있는 건 바로 공부보다 아이의 건강이 첫째임을 기억해야 한다. 또한, 건강을 위한 전문가와 자녀의 관계를 친밀한 관계로 만들어 주어야 한다. 마음과 몸이 힘들 때 달려갈 수 있는 자녀의 멘토(Mentor)를 만들어 주어야 한다.

자녀들은 학업, 친구 관계, 학교, 학원 등 힘든 과정에서 자신이 힘들 때 스스로 찾아갈 수 있는 멘토(Mentor)가 있다면 자녀에겐 큰 효과적인 영향을 미치기 때문이다. 자녀는 성장 과정이 계속되고 있고 여러 가지 미숙하고 새로운 환경에 적응한다는 것이 힘들다. 부모는 자녀의 관점에서 바라보고 자녀가 정신적, 신체적으로 부족한 면을 파악하고 정신적인 문제라면 하루빨리 치료해 주어야 한다. 빠르면 빠를수록 자녀에겐 유리하고 여러 위기를 넘길 수 있다. 자녀의 위기가 해결되어야 학업, 관계 형성에서 긍정적인 효과를 거둘 것이다.

20. 학원에 가기 싫은 아이 해결 방법

부모들은 한 번쯤은 학원에 가기 싫다는 자녀의 말을 듣는다. 학원이라는 곳이 자녀의 학습에 도움을 주기 위해 주위 아이들도 다니고 있어당연히 학원에 보내고 있다고 부모들은 말한다.

📝 **아이들이 학원에 가기 싫은 이유는 다음과 같다.**

1) 학원이 재미가 없다고 생각한다.

특히 창의적인 아이들은 학원의 일률적인 학습 형태에 적응할 수 없다. 이는 부모가 자녀를 파악하지 못해 학습 성향에 반하여 강제적인학원에 맡겨 지루하고 흥미를 느낄 수 없기 때문이다. 또한, 학습 내용이 지루하거나 어렵고 친구와 다른 학원에 가고 싶어서, 학원에서의 교육 방식이 아이에게 맞지 않는 등 다양한 이유가 있을 수 있다.

2) 아이가 학원에 가기를 싫어하는 이유를 파악해 보자.

그 아이가 무슨 문제가 있어서 학원에 가기를 싫어하는 것인지, 학습에 대한 부담감이 있는 것인지, 아니면 그냥 싫어서인지 등 다양한 이유가 있을 수 있고, 그 이유를 파악하고 이해해 보는 것이 먼저 해야 할일이다.

3) 아이와 대화를 시도해 본다.

학원에 가기를 싫어하는 이유가 무엇인지 직접 듣는 것이 중요하다. 그리고 그 이유를 들으면서 그 아이가 어떤 도움이 필요한지, 어떤 점을 개선해야 하는지 등을 파악하여 그 아이와 대화를 통해 서로 이해하고 상호적으로 문제를 해결하는 것이 좋다.

4) 학습 방법을 바꿔 본다.

그 아이가 학원에 가기를 싫어하는 이유가 학습 방법에 있을 수도 있다. 그 아이가 학습에 적합한 방식을 찾아보고 그 아이가 학원에서 배우는 방식이나 내용이 지루하거나 어려워서 학습에 대한 부담감을 느낀다면, 학습 방법을 바꿔 보는 것이 좋다. 그 아이의 관심사나 흥미를 반영한 학습 방법이나 직접 체험을 통해 배우는 방식 등을 시도해 보는 것이 좋다.

5) 학습에 대한 부담감에 대해 동기 부여를 시도해 보자.

학원에 가기를 싫어하는 이유가 학습에 대한 부담감이라면, 그 아이가 좋아하는 것을 활용해서 학습에 대한 흥미를 끌어 보거나 그 아이가 원하는 목표를 설정하고 그것을 달성하는 것을 도와주는 동기 부여를 생각해 보자.

전문가의 도움을 받는 것도 좋은 방법이다. 전문가는 그 아이의 문제를 전문적으로 분석하고, 그에 맞는 해결책을 제시해 줄 수 있어 자녀를 파악하는 데 도움이 된다.

위와 같이 학원에 가기 싫어하는 이유는 다양하다. 학습 내용이 지루하거나 어렵기 때문에, 친구와 다른 학원에 가고 싶어서, 학원에서의 교육 방식이 아이에게 맞지 않는 등 다양한 이유가 있을 수 있다. 따라서 부모는 이유를 파악하고 그에 맞는 대처 방법을 찾아야 한다.

21. 자녀의 문제 행동에 대한 원인 대처법

유아기를 지나 청소년 시기에 부모들은 자녀의 문제 행동으로 난처하고 해결점을 못 찾아 헤매는 경우가 많다. 해결 방법을 모르고 자녀에게 윽박지르거나 잔소리로 반발심은 더욱 커지고 대화가 안 되어 아이들은 밖으로 뛰쳐나간다. 문제 행동은 여러 가지가 있겠지만 사춘기에 나타나는 자연스러운 행동일 가능성이 높다. 부모가 이런 행동을 억압하고 반대만 한다면 아이의 문제 행동을 해결할 수 없다.

📝 아이의 문제 행동에 부모가 역할을 한 것이 없는지 생각해 보자.

1) 과보호 양육이 아이의 문제 행동의 원인이다.

요즘 아이들은 스스로 해결하는 일들이 적다. 이는 어려서부터 부모가 모든 일을 대신해 주면서 과보호로 인한 자립심의 결여로 본인이 최고라는 잘못된 인식을 키워줄 수 있다. 특히 젊은 부부들은 학습에만 몰두해 자녀의 자립과 자존감에 비중을 두지 않는다. 이러한 결과는 남에 대한 배려가 없는 아이로 성장하게 되면서 여러 문제 행동으로 나타난다.

2) 자녀에게 감정적으로 화를 내서는 안 된다.

자녀의 잘못된 행동을 보고 바로 화를 내서는 안 된다. 자녀 스스로 문제 행동을 느끼고 있고 잘못된 걸 알지만 자신의 마음을 추스르지 못할 뿐이므로 자녀의 감정을 공감해 주는 것이 우선이다. 부모의 감정 조절이 먼저 되어야 하고 자녀에게도 전달되어 부모의 말을 들을 준비를 하는 것이다. 화는 자녀가 위험한 상황에서 빠른 조치로 취할 수 있는 방법이다.

3) 아이의 인격을 존중하고 남과 비교하는 말은 하지 말자.

자녀는 그 자체가 인격체로 부모의 소유물이 아니다. "내가 자녀를 사랑하니까"가 아니고 존중하고 있는지 생각해 보고 아이 자체를 인식하고 받아들여야 한다. 또한, 아이의 문제 행동의 원인이 바로 남과 비교한다는 것이다. 아이들이 가장 싫어하는 말이 남과의 비교이다. 비교는 반항의 씨앗이 된다.

4) 문제 행동이 지나치다면 빨리 의사의 도움을 받아야 한다.

학교 현장에서 필자 또한 자주 볼 수 있는데, 각 반에 지나치게 활동적이고 그런 행동으로 폭력이 벌어지고 교사에게 대드는 예도 있다. 학교는 다른 아이와의 비교가 수월하고 대부분 부모는 가정에서 확인할 수 없는 자녀의 문제 행동을 학교 담임 선생님을 통해 듣는다. 자녀의 문제 행동에 전문가의 도움이 필요할 것 같다는 충고를 듣는다면 바로 전문가의 의견을 들어야 한다. 이런 경우 ADHD(주의력결핍 과잉행동장애)일 가능성이 높고 병명이 진단되면 빠른 치료가 아이에게 도움을 준다. 자녀 상황을 학교에 공유해 문제 행동에 대한 이해를 넓히고 서로 협조하여 자녀의 행동을 수정해 나아간다.

이렇게 부모의 과보호에 대한 행동 수정은 어릴 때부터 해야 하며 훈육에 있어서는 감정적으로 화난 모습을 보이면 안 된다. 아이의 문제 행동의 멈춤은 자녀에게 있는 것이 아니고 부모의 인격적인 대우와 자녀의 자존감을 키워 주는 독립심에 있다. 자녀가 병적으로 힘든 과정을 겪고 있다면 빠른 대처로 아이를 도와주고 사랑으로 감싸 주어야 한다. 아이의 본인 의지로 되지 않기에 더욱 그러하다.

22. 반항적인 아이 부모 대처법

자녀가 자아 성장의 발달로 부모 의도와는 반대로 행동하고 부모에게 말과 행동으로 반항하는데, 이러한 반항의 모습은 성장 과정에 정상적인 발달 단계로 볼 수 있다. 부모의 관점에서 반항으로 생각하지만, 자녀로서는 부모의 관심과 사랑을 요구하는 행동일 수도 있다. 반항의 형태는 여러 가지로 나타난다. 아이가 부모를 무시하고 자신의 원하는 바를 이루기 위해 부모를 테스트해 보는 예도 있다. 이 경우 자녀는 부모의 지시 사항에 대해 반대 행동을 하며 부모의 반응을 본다. 부모가 제시하는 규범이 싫어 자기 영향력을 부모에게 표출하는 것이 부모에게는 반항으로 비추어지는 것이다. 반항은 여러 요인에 의해 나타나는데 부모 갈등, 이혼, 과잉행동장애, 학업 부족, 사회성, 정신적 문제, 억압적 가정 환경, 부모의 권위적인 지시 등이 있다. 자녀의 반항 원인이 무엇인지를 파악하는 것이 해결의 실마리이다. 자녀의 반항은 학업과 외부 활동에도 큰 장애로 나타나며 반항적인 아이는 거짓말을 자주 하는 특징을 나타내고 있다.

📑 부모는 반항적인 아이를 지도하기 위해 어떤 역할을 하여야 할까?

1) 자녀에게 운동이나 예술 활동을 할 수 있는 시간을 만들자.

반항을 하는 자녀는 자신의 화를 절제하지 못해 마음속에 스트레스가 계속 쌓인다. 운동은 이러한 스트레스 해소에 가장 빠르게 반응해 자녀의 감정 조정에 큰 도움을 준다. 운동의 규칙과 타인에 대한 배려를 체험할 수 있고 자연스럽게 상대방의 입장을 헤아리게 되어 반항의 문제점을 자신이 스스로 알게 된다. 청소년이 좋아하는 춤, 악기를 배우거나 그림을 그리는 행위는 자녀에게 마음의 평온을 주고 자신이 잘할 수 있다는 자신감을 키워 준다. 반항적인 아이뿐만 아니라 운동과 예술 활동은 성장 과정에 있는 자녀의 창의력과 자신감에 긍정적인 효과를 보일 수 있다.

2) 반항적인 아이는 행동에 제어를 해야 한다.

유아기 때는 아이가 반항하면 자녀가 좋아하는 것을 못 하게 하여 아이의 반항을 제어할 수 있다. 청소년기는 이러한 대책으론 해결할 수 없고, 자녀의 반항만 더 커진다. 자녀의 행동에 책임을 지게 하는 제어가 필요하다. 자신의 잘못된 행동이나 실수에 대해 무관용으로 대하면 안 된다. 약속을 어긴다면 자녀와 의사소통을 통해 문제 인식을 정확히 하고, 다음에 실수하지 않도록 행동 수정을 해야 한다. 자녀와 게임 시간을 정했는데 지키지 않을 때 사용 시간을 줄여 규칙을 안 지키면 자신에게 손해가 온다는 사실을 자녀가 인식해야 한다.

3) 거짓말을 하며 반항하는 자녀는 다시는 못하게 엄격한 제어가 필요하다.

자녀들은 부모에게 반항하기 위해 가끔 거짓말을 하는데, 이런 경우에는 바로 지적하기보다는 시간을 두고 대화하여 자녀의 거짓말에 대응해야 한다. 자녀에 대한 파악이 먼저 되어야 자녀 지도를 할 수 있다. 평소 대화가 없는 부모들은 자녀와 소통을 위해 노력하는 모습을 가져야 한다. 반항을 자녀의 처지에서 생각해 보면 부모와 대화를 원하고 소통을 원하고 있다는 것이다. 훈육 전에 자녀의 말에 귀를 기울이는 것이 바탕이 되어야 한다. 세 살 버릇이 여든까지 간다는 말도 있듯이 거짓말은 또 다른 거짓말을 낳기에 사실에 따라서 자녀에게 충분한 설명을 곁들여 타일러야 한다.

4) 언제든지 자녀와 대화할 수 있도록 가정 환경 분위기를 조성해야 한다.

일주일에 한 번은 자녀와 대화하는 시간을 규칙적으로 정해 자연스럽게 자녀의 생각과 요구를 표출할 수 있게 자유로운 시간을 만들어야 한다. 이런 시간은 자녀에게 자신을 배려한다는 생각으로 감사의 마음을 갖게 할 수 있다. 반항이란 부모에 대한 요구를 거칠게 표현하는 하나의 언어이다. 결국 자녀는 부모를 신뢰한다. 단지 소통이 안 되고 중간 매개체가 없어 자녀가 불만을 표출하는데 무조건 강압적인 대응으로는 해결할 수 없다. 소통 있는 가정 환경의 분위기는 여러 가지 상황에서 긍정적인 영향을 미친다. 부모들이 먼저 자녀와 소통을 위해 노력한다면, 자녀의 반항은 자연스럽게 사라질 것이다.

위와 같이 반항은 어쩌면 성장 과정에 자연스러운 표현의 한 방법인데 부모의 너무 강압적인 대처는 해결 방법이 아니다. 따라서 자녀에게 반항하는 예의에 관해 설명하고 자신의 의견을 전달하는 방법을 알려주는 것도 훈육의 중요한 방법이다. 요즘은 친구 같은 부모에 대해서 말하는데, 물론 부모의 관계에서 친근감과 소통에 도움은 되지만 규범이나 예의 등 자녀가 살아가며 소중한 가르침에 있어서는 교육이 이루어져야 한다. 학교 현장에서 갈수록 예의 있는 학생을 볼 수 없는 것은 부모의 교육에 문제가 있다. 부모가 무조건 자녀를 위해 모든 일은 해결해 주는 것은 자녀에게 결코 어떤 도움도 안 된다. 어쩌면 부모를 우습게 생각하고 이런 반항이 나타날 수도 있다. 부모의 위치는 중도의 길이다. 자녀에게 부모는 친근하지만, 때론 엄격한 훈육을 할 수 있는 사람이라고 생각하는 것이 자녀의 성장에 긍정적인 영향을 미친다.

부모의 양육 태도가
자녀에 미치는 영향

제4장

부모의 양육 태도가 자녀에 미치는 영향

1. 좋은 엄마가 되기 위한 방법

세상의 모든 부모는 자녀에게 좋은 부모, 친밀감 있는 부모가 되기를 원한다. 자녀가 유아기를 지나 성장하며 부모의 역할이 많아지고 새로운 환경에 적응하는 자녀를 위해 어떤 도움을 주어야 하는지 난감해진다. 자녀의 발달 속도는 생각보다 빠르고 자녀들은 부모 세대와는 다르게 할 일이 넘친다. 인공지능(artificial intelligence) 시대를 살아가는 자녀들은 막대한 데이터양을 선별해야 하고 학업 부담이 높아 스트레스를 많이 경험하게 된다.

좋은 엄마는 자녀의 상황을 파악하고 자녀를 편안하게 해 주는 것이 우선이다. 유아기는 자녀에게 충분한 놀이와 기쁨을 주어야 한다. 요즘 한국어도 잘 못하는 아이에게 조기 영어를 가르치는 젊은 부모들이 있는데 영어 전문가 또한 이런 조기 영어 학습에 반대하고 있다. 자녀는 남과 다른 인격체이고 각자의 달란트(Talent)를 가지고 있다. 육아에 관한 책을 많이 읽는다 해서 자녀의 성향을 알 수는 없는 것이다. 자녀는 하나의 유일한 인격체라는 사실을 항상 명심해야 한다.

📝 **좋은 엄마가 되기 위해 가정에서 어떤 도움을 주어야 하는지 알아보자.**

1) 자녀의 실수에 대해 관대하게 대처해야 한다.

자녀의 실수를 보면 우선 부모는 자신이 대신해 주는 경향이 있는데, 이는 자녀의 창의성과 자신감을 무너뜨린다. 실수에 대해 괜찮다고 응원해 주고 다시 해 볼 수 있도록 기회를 주는 것이 중요하다. 자녀는 실수에 대해 미안함이나 자신의 모자람으로 생각하지 않고 도전하는 용기를 준다. 자녀는 부모의 눈치를 많이 본다. 잘하는 것만 보여 주는 습성이 있는데, 이는 권위적인 부모 밑에서 자란 아이의 성향으로 볼 수 있다.

2) 부부 관계의 화목한 모습을 자녀에게 항상 제공해야 한다.

엄마가 아빠를 존중하지 않고 막말과 싸움을 자녀에게 보여 준다면 자녀는 아빠의 관계에 선입감을 가지게 되어 관계 형성에 문제를 보인다. 좋은 엄마의 기본은 부부의 화목한 관계 형성이 가장 중요하고, 서로 존중하는 모습을 보고 자라는 자녀는 성인이 되어도 배우자와 좋은 관계를 형성한다. 사춘기의 문제 행동의 가장 큰 원인은 부모의 불화이다. 자녀는 이런 장면을 목격하면 자신이 아무것도 할 수 없다는 자책으로 밖에서 화를 표출하고 문제 행동을 일으킨다.

자녀들이 가장 좋아하고 위안이 되는 행동이 부모의 신체 접촉(Skinship)
이다. 신체적으로도 신체 접촉(Skinship)을 자주 해 주고 너의 든든한 버
팀목이란 사실을 자주 보여 주어야 한다. 자녀는 태어나면서 이성에
대한 만족감을 엄마와 아빠를 통해 배우고 각인된다. 항상 화난 엄마
는 자녀의 인상 또한 변하게 한다. 부모가 즐겁고 행복해야 자녀도 밝
고 행복한 삶을 살게 된다.

3) 부모의 언행에 문제가 없는지 자신을 체크해 봐야 한다.

부모의 말투와 행동은 자연스럽게 자녀의 언행으로 이어진다. 신기
할 정도로 학교에서 학생을 상담하고 부모를 만나면 놀라울 정도로 부
모의 모습, 말투, 행동이 나오는 것을 볼 수 있다.

가장 중요한 것은 부모의 일관성이다. 아이들 앞에서는 절대로 화를
내거나 부부싸움을 해서는 안 된다. 부모 자신도 모르게 자녀와의 시
간이 적어지면서 매일 똑같은 말을 하는 부모를 볼 수 있다. 자녀와 대
화를 안 하고 지시하는 말투는 자녀에게 어떤 영향도 미치지 못한다.

화가 나면 잠시 시간을 가지거나 속으로 10을 세는 것도 좋은 방법이
다. 자녀에게 상처 주는 말은 본인은 잊어버리지만, 자녀의 가슴엔 비
수처럼 꽂혀 성인이 되어도 가슴에 담아 둔다. 부모가 자녀에게 말할
때는 신중히 부드러운 목소리로 해야 자녀가 마음속으로 수용한다.

위와 같이 좋은 부모의 규정은 없다. 자녀는 유일한 존재이고, 인격
체로서 존경받고 관심과 사랑으로 감싸 주어야 좋은 부모가 될 수 있
다. 육아에는 정답이 없다. 수많은 육아 책을 읽는다 해도 자기 자녀에
게 모두 적용할 수 없다. 자녀를 키우는 초보 부모로서 자녀의 성장 발

달에 최선을 다하고 부모 또한 실수했다면 자녀에게 사과하고 다른 방법을 찾아 노력해야 한다. 자녀들만 노력하는 것이 아니고 부모의 노력과 지식도 자녀에게 큰 영향을 미친다. 좋은 엄마가 되는 방법이 너무 힘들고 지친다면 전문가의 도움도 중요하다. 부모가 먼저 힐링이 되어야 자녀도 행복하기 때문이다.

2. 자녀에게 독이 되는 부모의 말과 행동

부모는 자녀를 위해 무엇이든지 최선을 다한다. 자녀를 사랑한다는 이유로 자녀가 원하는 것은 무엇이든지 들어 주려고 노력한다. 하지만 이러한 말과 행동이 오히려 자녀들에게 독이 되는 예도 있다. 사랑이라는 이유로 자신도 모르게 자녀에게 나쁜 영향을 미치고 성인이 되어도 이런 영향은 지속해 나타난다. 부모들의 문제는 자신이 하는 훈육법의 잘못된 문제를 직시하지 못한다는 사실이다. 무조건 자녀를 돌보는 것이 정답이라고 알고 있는 부모가 대부분이다. 이는 외동이 많아지며 귀하게 키우기 위한 부모의 무조건적인 돌봄에서 원인을 찾을 수 있다.

📝 **부모가 자녀를 망치는 습관들이 무엇인지 살펴보자.**

1) 강압적인 통제는 자녀의 선택권을 잃게 된다.

강압적인 통제는 자녀의 의사를 전혀 듣지 않는다는 것이다. 자녀의 꿈과 학업에 대한 모든 것을 부모가 결정하고 과정과 결과까지도 부모의 의사를 강요한다면 자녀의 독립심과 책임감을 저하할 수 있다. 부모는 최선을 다한다고 생각하지만, 자녀에겐 최악의 행위이고 심해지면 자녀는 반항과 비행으로 이어진다. 대부분 권위적인 유형의 집안에서 나타나는데 부모의 잘못된 사고를 하루속히 수정해야 자녀에게 긍정적인 영향을 미칠 수 있다. 이런 통제를 강압적으로 생각하지 않고 자녀에게 관심과 사랑이라고 생각하는 부모가 많은데 이런 시각은 자녀에게 큰 해악을 준다.

2) 자녀가 원하거나 갖고 싶은 것을 모두 사 준다면 자녀는 이기적으로 성장할 수 있다.

대부분 부모는 형편이 좋지 않아도 자녀가 원한다면 무조건 사 주는 경향이 있고, 이런 경우 자녀는 모든 것을 자기의 것으로 착각하여 감사나 귀함을 모르고 성인이 되어도 낭비와 절제에 대해 큰 문제의식을 보인다. 어릴 때부터 자녀에게 경제 교육과 개념을 심어 주는 것이 중요하다. 이유는 성인이 되어도 경제 습관은 그대로 나타나기 때문이다.

3) 자녀들이 예의범절에 잘못된 행동을 한다면 단호히 가르쳐야 한다.

자녀가 식당에서 소리치거나 공중예절에 문제 행동을 했을 때 대수롭지 않게 생각하고 그대로 방치하는 부모들이 많은데, 이런 행동을 바로잡지 않는다면 성장해서 범죄자가 될 가능성이 크다. 예의범절은 가정에서 역할이 크고, 중요하다. 어릴 때부터 이런 행동 교정이 안 된다면 자녀의 사회성에 큰 문제가 발생할 수 있다. 학교나 외부에서 따돌림을 당할 수 있고, 가정 교육을 받지 못해서 자신이 무슨 잘못을 했는지도 모르게 된다.

4) 자녀 앞에서 부부싸움은 자녀의 정서를 파괴하는 공포 그 자체이다.

자녀에게 독이 되는 언행 중 가장 민감하게 받아들이는 것이 부모의 불화이고 부부싸움이다. 자녀들이 부모의 싸움과 폭행 장면을 본다면 그 자체를 공포와 상처 트라우마로 생각하고 정신적인 충격으로 남을 수 있다. 그동안 자녀에게 아무리 잘해도 한 번의 부부싸움으로 부모의 신뢰가 깨지고 불안과 공포는 오랜 시간에 걸쳐 나타난다. 자녀가 성장해 결혼의 가치관에도 큰 영향을 미치고, 부모의 잘못된 행동이 자녀의 배우자에게도 그대로 나타난다. 자녀의 행복을 바란다면 부모의 화목한 모습을 보여 주는 것은 부모가 해야 할 의무이다.

5) 무조건 자녀 편을 든다면 자녀는 우월주의에 빠지고 잘난 척하게 된다.

학교에서 폭력으로 인해 학교폭력위원회에서 자주 볼 수 있는 모습은 가해자인 자녀에 대해 반성과 뉘우침이 아니고, 오히려 자녀의 말만 듣고 선생님까지도 대립적인 행동을 자녀 앞에서 보이곤 한다. 자기 자녀를 돕기 위한 행동이라고 생각하지만 바람직하지 않고 절대로 해서는 안 된다. 이유는 자녀가 부모의 힘을 믿고 자신을 부정하며 성장하게 되면 범죄 행동을 저지르게 된다. 부모는 자녀의 잘못을 정확히 지도해야 하며 상대방에게 반성과 사과를 진심으로 할 수 있도록 해야 한다.

이처럼 부모들의 자녀 사랑은 끝이 없지만, 부모가 스스로 절제해야 한다. 억압적이고 권위적인 유형의 가정은 부모의 교육을 통해 자신을 돌아보고 행동 수정을 통해 자녀의 관점에서 바라보아야 한다. 자녀들은 결코 강압으로 성장할 수 없다. 자녀에게 독이 되는 말과 행동의 문제는 자녀가 아닌 부모에게 있다는 사실을 명심하고 자신을 돌아보는 시간과 문제 행동의 수정을 위해 부모는 항상 노력해야 한다.

3. 자녀와의 올바른 관계 형성을 위한 부모의 역할

모든 부모는 자녀와 친밀하고 올바른 관계 형성을 위해 노력한다. 부모와 자녀의 관계 형성은 자녀가 태어나면서부터 시작된다. 남과는 다르므로 자녀에 대한 과욕과 부모 자신의 꿈을 투영시켜 자녀와의 관계가 힘들어진다. 유아기에 부모는 자녀에게 절대적인 존재이고 자녀는 부모를 바라보고 만족과 성취를 느낀다. 자녀가 성장하면서 자아가 형성되고 자신의 주장을 펼치며 부모의 절대적인 존재는 허물어진다. 자녀와 부모 간의 대화 부재는 관계 형성에 심각한 문제로 나타나고 특히 맞벌이 부부에서 더욱 소통의 부재가 나타난다.

대화를 위해 부모는 준비를 철저히 해야 한다. 좋은 방법은 주 1회의 가족회의 시간을 마련하는 것이다. 대화는 평소의 말과는 다르다. 시간을 자녀에게 주어 부모에게 할 말을 미리 정리하게 하여 가족회의에 공개적으로 자신을 표현할 기회를 제공해야 한다. 또한, 가족회의가 끝나면 해결 방안도 공개적으로 토론하는 시간을 가져야 하고 부모의 일방적인 전달 회의가 되어서는 안 된다. 또한, 가족회의에서 결정한 사항들은 철저하게 지켜야 하고 규칙을 안 지킬 때는 벌칙을 정해 자녀에게 제동해 주어야 한다.

📝 **올바른 관계 형성을 위해 부모가 할 일은?**

1) 부모 스스로 나의 양육 태도가 올바른지에 대해 성찰해야 한다.

버클리대학 아동 발달 전문가인 다이애나 바움린드(Diana Baumrind)는 부모의 양육 유형을 민주적인 부모, 권위주의적 부모, 허용적인 부모,

방임적인 부모 등 4가지로 구분하고 있다.

민주적인 부모의 자녀는 감성지능과 책임감이 강하고 가장 바람직한 유형으로 부모들에게 본보기가 되는 유형이다. 권위적이고 독재적인 유형은 자존감이 떨어지고 비행 및 사회 부적응의 성향이 있다. 허용적인 부모는 자녀가 의존적이며 충동성이 강하고 반항적인 행동이 나타난다. 방임적인 자녀는 부모와의 관계 형성의 시간이 적어 무기력하고 학교나 외부에서 관계 형성에 많은 문제점이 나타난다. 이처럼 부모의 양육 유형을 스스로 파악하고 나의 방법에 문제가 있는지 장단점을 스스로 점검해 보아야 한다.

2) 하루에 자녀의 기쁨과 슬픈 일에 대해 감정을 공유하자.

자녀는 학교, 학원, 친구 관계, 선생님 관계 등 하루에 극한 직업과 같이 많은 일과를 보낸다. 성인들의 하루보다 더 힘든 과정에 많은 스트레스를 받고 성장 과정에 있기에 어떤 결정을 할 때 미숙한 면을 보인다. 짧은 시간이라도 자녀의 고민을 들어 주고 자녀의 감정에 공감한다고 느끼게 한다면 자녀는 큰 감동을 한다. 하루 중 취침 시간이나 식사 시간을 활용해 같이 공감하는 시간을 가진다면 자녀의 스트레스 해소에 좋은 영향을 미칠 것이다. 자녀와의 대화가 없다면 자녀는 자신의 힘든 상황을 누구에게도 말하지 못해 자녀는 다른 형태로 감정 조절을 표출하고 문제를 일으킨다.

3) 자녀와 만나는 시간이 적다면 메모판을 활용하는 것도 좋은 방법이다.

핸드폰 문자보다 수기를 통한 집안의 소통 공간으로 거실과 자녀 방에 메모판을 만드는 것은 효과적이다. 이 방법을 실행한 부모들은 긍정적인 효과를 거두었고 자녀를 더욱 알 수 있는 시간을 가졌다고 말한다. 자녀에게 수기 편지나 메모는 큰 원동력을 얻을 수 있고 부모에 대한 사랑과 관심에 감동한다. 간접적인 소통이지만, 부모의 편지를 받은 자녀는 감동과 사랑을 느끼고 성장 과정에 긍정적인 영향을 줄 수 있다.

이처럼 올바른 부모와 자녀의 관계 형성은 신뢰와 믿음이 바탕이 되어야 한다. 소통이 안 되는 가정의 문제는 상대방의 감정과 생각을 상상해 상대방의 의사를 추측하고, 잘못된 판단을 하는 것이다. 생각은 언어로 표현되어야 하고, 상상하여서는 안 된다. 관계 형성의 기본인 경청, 강요 안 하기, 비난하지 않기 등을 부모와 자녀도 같이 생각해 보는 시간을 가져야 한다. 관계 형성이 부모의 노력으로도 발전이 없다면 전문가의 도움을 받는 것이 좋다. 관계 형성은 사회성에도 큰 영향을 미치고 자존감과 학업에 나쁜 영향을 미치기에 이른 시일에 자녀와 관계 형성을 재정립해야 한다.

4. 부부싸움이 자녀에게 미치는 영향

부부싸움은 자녀에게 스트레스와 부정적인 영향을 준다. 부부싸움을 하지 않으면 가장 좋은 방법이지만 생활 속에서 경제적인 면, 시댁 갈등, 자녀 교육관, 성격 차이로 다툼이 많이 일어난다. 부부싸움은 부부만 해당하는 것이 아니고 가정의 험악한 분위기와 자녀의 교육에 부정적인 영향을 미친다. 가정의 환경 중에 가장 중요한 것은 부부의 화목한 모습을 자녀에게 보여 주는 것이다. 피치 못해 부부싸움을 하였다면 빠른 시간에 화해와 서로 간의 이해의 시간을 가져야 한다. 그 이유는 자녀의 성장 과정에 심각한 영향을 미치기 때문이다. 부부간의 갈등을 평화적으로 해결하는 모습을 자녀에게 보이지 않는다면 자녀 또한 폭력적이고 공격적으로 학교나 외부에서 자연스럽게 나타난다는 것이다.

📝 **부부싸움이 자녀에게 어떤 영향을 주는지에 관해 살펴보자.**

1) 부부싸움에서 폭력은 절대로 금기해야 할 행동이다.

부부싸움은 거칠고 심한 말이나 폭력으로도 진화되는데 언어폭력 또한 자녀들의 정서에 심각한 부정적인 모습을 보인다. 자녀의 언어에 심각한 각인이 되어 학교나 외부에서 자녀도 똑같은 언어 폭행으로 심하면 학교폭력위원회에 상정되기도 한다. 자녀들은 부모의 싸움이 자기 잘못으로 행해진다고 생각하고 자신이 할 수 없는 한계에 대해 실망하고 불안하게 된다. 폭력은 절대로 해서는 안 되는데 폭력을 보게 된 자녀는 살아가며 장면을 떠올리며 결혼 후 자신도 투영되어 배우자에게 폭력을 행한다. 부부싸움으로 인해 자녀의 불안을 부모는 어떤 방법이라도 해결해 주어야 한다.

2) 부부싸움은 자녀의 신체적 정서적으로 감정 통제를 못 한다.

부부싸움의 가장 큰 문제는 자녀들이 부모의 싸움 앞에서 무력감을 느끼고, 본인들이 아무것도 할 수 없는 상황에 놓인다는 것이다. 이런 불안과 공포심은 타인에 대한 두려움이나 자신을 보호해야 할 부모의 존재가 없어짐으로 허탈하고 부부의 다툼이 자주 발생한다면 자녀들은 밖으로 향하게 되고 비행이나 폭력에 노출될 수 있다. 정서적인 감정이 무너지면 자녀의 자아 발달 및 성숙도의 발달 속도가 늦어진다. 이러한 늦은 발달 속도는 학업, 친구 관계, 진로에 있어 다른 친구보다 뒤처지게 된다. 부모에게 학습되어 온 분노와 감정을 통제 못 하고 타인에게 표출하게 되어 여러 가지 사회 문제로 나타난다.

3) 잦은 부부싸움은 집중력과 학업 능력의 저하로 나타난다.

부부싸움은 자녀에게 큰 트라우마(Trauma)를 준다. 자녀들은 잦은 부모의 싸움으로 학업 성적에 지장을 받을 수도 있고 타인과의 인간관계의 어려움을 호소하고 있다. 또한, 이런 문제로 자신의 스트레스 해소를 위해 일종의 방어기제로 현실과 거리를 두거나 회피하는 정신적인 모습도 보여 주고 있다. 때론 방에서 안 나오고 부모와의 대화를 거부하고 학교도 안 가는 아이도 있다.

집중력과 학습 능력은 부모의 평온한 가정 환경에서만 나올 수 있다. 주의가 산만하고 심한 경우 ADHD(주의력결핍 과잉행동장애)의 진료를 받아야 하는 아이들도 많은데, 기질적인 면도 있겠지만 부부의 불화로 인한 불안에서 나온다는 결과도 있다. 부모는 자신의 감정을 조절하는 연습을 해야 하고, 싸움했다면 빠르게 싸움의 원인을 파악해 해결하고 그 결과를 자녀와 공유하는 것이 무엇보다 중요하다.

부부가 살아가면서 싸움을 안 할 수는 없다. 30년 넘게 다른 환경에서 살면서 부부가 되어 의견과 성격이 다른 것은 당연하다. 약간의 의견 불일치로 다툼은 있을 수 있지만, 막말하고 무시하는 부부싸움은 지양해야 한다. 언어폭력과 폭행은 자녀에게는 치명적인 불신이 되고 폭행을 가한 아버지의 모습을 보고 자란 아이는 아버지에 대한 신뢰성을 상실하고 믿음 또한 가질 수 없다. 부부간의 가장 중요한 것은 서로 간의 예의를 갖추고 서로 사랑으로 포용해야 한다는 것이다. 세상에 하나뿐인 자녀들을 위해 행복하게 자랄 수 있도록 부모는 인내하고 자신의 감정 기복을 점검할 힘을 길러야 한다.

5. 맞벌이 부모의 자녀 교육

맞벌이 부모의 가장 큰 고민은 자녀의 교육이지만 시간적인 면이 모자라 항상 쫓기듯 자녀를 대한다. 항상 자녀에게 미안한 감정을 느끼고 자녀에 문제가 생기면 자책하고, 시간상으로 자녀와의 만남이 적어 걱정과 고민을 많이 하게 된다.

그러나 청소년기가 되면 자녀는 부모의 이해도가 높아지고 부모 노동의 대가에 대해 이해하며 오히려 자기 부모가 직업을 가지고 있는 것에 대해 자부심을 느끼게 된다. 물론 어머님이 집에 있는 가정과는 시간적인 제약이 있지만 현명하게 시간을 할애한다면 맞벌이 부부의 장점을 부각할 수 있다. 맞벌이 부부는 부모의 부재에 대한 시간만큼 현명하게 자녀를 위해 프로그램을 세워 시간의 낭비를 줄여야 한다.

📝 맞벌이 부모들이 갖추어야 할 자녀를 위한 계획을 알아보자.

1) 부모를 대신할 누군가의 도움을 요청해야 한다.

부모의 부재를 대신할 수 있는 아이 돌봄 도우미나 부모님들의 도움을 받는 것이 좋고, 자녀 또한 집에 누군가가 자신을 보호하고 있다는 사실만으로도 편안함을 느낄 수 있다. 어릴수록 부모가 없으면 그 자체가 불안의 요소가 된다. 자녀가 성장하면서 부모의 부재 불안은 줄어든다. 그러나 자녀 혼자 있는 시간은 되도록 줄이는 것이 자녀에게 효과적이다.

2) 맞벌이로 인해 부모는 직장에서 발생하는 갈등이나 불만족을 가정에서 해소해서는 안 된다.

맞벌이 가정에서 대부분의 부모 중 어머니들의 스트레스가 더 심각하고 가사 분담이 안 되는 부부들로 인해 매일 힘거운 나날을 보낸다. 맞벌이 부모들의 가장 중요한 것은 가사의 분담이 정확히 이루어져야 한다. 가사의 역할 분담이 안 된다면 자녀 교육에도 신체적 정신적으로 나쁜 영향을 미친다. 부모가 직장에서 발생하는 갈등과 부부간의 역할 분담이 안 되어 지치고 힘든 상황에서 자녀를 거부하거나 강압적으로 대할 수 있다. 맞벌이 부모의 가장 우선시되어야 할 일이 가정의 가사 노동의 분배이다. 부부가 서로 회의를 통해 주간 계획, 월별 계획 등을 상의하고 이해를 통해 결정하고 서로를 존중하는 집안 분위기 조성이 중요하다.

3) 자녀를 위해 꼭 해야 할 일을 살펴보자.

자녀와 떨어져 있는 시간이 많은 관계로 퇴근하여 자녀를 포옹해 주고 긴장을 풀어 주는 신체 접촉을 최대한 많이 해 주는 것은 자녀 안정에 큰 도움이 된다. 퇴근하면 집안일에 직면해 있지만 자녀의 말을 먼저 들어 주고 자녀와의 거리를 좁히는 것에 초점을 두어야 한다. 맞벌이에 대해 자녀를 이해시켜야 한다. 부모도 일을 함으로써 행복감을 느끼고 노동의 대가로 우리 집의 경제력이 강화된다는 사실을 알면 자녀는 부모에게 감사함을 갖게 된다. 또한, 휴일은 온 가족이 함께 보내는 시간을 자주 가져야 한다. 가능하다면 같은 취미 활동을 주기적으로 한다면 더욱 좋을 것이다.

4) 바쁘지만 자녀의 교육 활동에 적극적으로 참여하자.

자녀의 학교 행사에는 회사에서 조퇴해서라도 한 부모는 꼭 참여해야 한다. 새 학기 학부모 총회나 학교 행사는 부모 중 한 사람은 시간을 내서 자녀의 학교생활에 대한 정보를 담임을 통해 알고 있어야 한다. 전체 부모가 학교에 오는 행사에 자기 부모만 없다면 자녀는 실망하고 자존감 또한 하락한다. 맞벌이 부모들은 꼭 자녀의 행사에 참여하고 학교 담임 선생님에게 집안 상황을 자세히 설명하고 도움을 요청하는 것도 좋은 방법이다. 담임과의 밀접한 관계를 맺고 문제가 생기면 바로 연락할 수 있도록 연락망과 관계 형성이 필요하다.

맞벌이 자녀들의 특징은 유아기에 부모의 부재로 불안이 증가하는 것이 사실이다. 위에서 말했지만, 이런 부재를 대처할 수 있는 주위 사람들을 동원하는 것은 많은 도움이 된다. 청소년기에 부모의 부재는 비행으로 갈 수 있는 요인이 많지만, 부모의 훈육 방법으로 얼마든지 자녀의 시간을 관리할 수 있다. 맞벌이 부부의 가사 노동의 분배가 이루어지지 않으면 자녀 교육은 할 수가 없다. 직장의 힘든 상황을 자녀 교육에 연계해서는 안 된다. 직장에 있어도 자녀에게 문자나 전화로 관심과 사랑을 표현해야 한다. 맞벌이 부모를 이해할 수 있도록 자녀에게 설명하고 자녀가 부모를 존경하고 자랑스럽게 생각할 수 있도록 진정한 대화의 시간을 많이 가져야 한다.

6. 좋은 부모의 역할

모든 부모는 자녀를 위해 좋은 부모가 꿈이고 자녀를 위해서는 무슨 일이든 할 수 있다고 말한다. 부모의 재산, 직업, 지위로 인해 자녀의 성장 과정에 풍요로운 환경을 주거나 궁핍한 생활을 할 수 있다. 갈수록 '개천에서 용 난다'라는 말은 사라지고 부모의 재산이나 직위가 자녀의 성공에 영향을 미친다. 하지만 부유한 가정에서 자랐다는 사실만으로 자녀가 모두 올바르게 자라나는 것은 아니다. 신문 지상에 재벌 자녀의 마약 사건을 자주 볼 수 있는데 부유한 가정이 곧바로 자녀 교육에 있어 좋은 부모의 중요한 요소는 아니다. 자녀는 부모를 보고 배우며 기질과 성향, 유전적 요소, 훈육 방법에 따라 성장 과정에 있는 자녀들은 자연스럽게 부모를 투영해 자신의 길을 찾는다.

📝 좋은 부모가 되기 위해 부모는 자녀에게 어떤 사람이 되어야 하는지 살펴보자.

1) 자녀가 성장하면서 부모와 다툼이 일어나는 시기부터 훈육을 시작해야 한다.

중학교에 입학하면서 자녀는 자아의 발달과 감정 조절이 힘들어 부모에게 소리를 지르거나 반항한다. 이때 부모가 즉각적으로 화가 치밀어 자녀와 같이 반응한다면 자녀와의 대화 소통은 이루어지지 않는다. 부모는 자녀에게 소리를 지르고 화를 낸 모습을 자책하거나 반성한다. 많은 가정에서 '자녀와의 다툼에 어떻게 대처할까'라는 많은 고민과 해법을 찾고 있다. 원인을 자녀에게서 문제를 찾지 말고 부모 자신에게서 문제를 찾아야 한다는 것이다. 변화가 부모부터 시작해야 자녀들도 보고 배워 자신의 변화를 생각한다. 자녀를 가르치기 위해서는 부모의 성격, 감정선, 흥분 가라앉히기 등 부모 자신을 알기 위한 여러 가지 방법을 동원해 자신을 무장해야 한다.

2) 부모는 자녀 양육에 공통적이고 일관성 있는 부모 태도를 갖추어야 한다.

많은 가정에서 실수하고 있는 양육 태도 중 부모의 일관성 없는 훈육 방법은 자녀에게 혼란을 준다. 아빠와 엄마가 다른 시각으로 자녀를 대한다면 자녀는 자신에게 유리한 부모의 말을 따르고 부부간의 양육 전쟁도 벌어진다. 대부분 가정에서 자녀의 일로 부부간의 싸움이 벌어지게 된다. 여러 가지 원인이 있겠지만, 자녀의 학업에 있어 일치하지 않는 개념으로 부부싸움이 벌어지는데, 자녀에게 가르치기 전 부모의 의견 일치를 통해 양육 기준을 통일해야 자녀에게 올바른 양육 훈련이 전달된다.

특히 자녀의 학업 부족으로 자녀를 훈육할 때는 부모가 학업 방법에 대해 올바른 제시를 하고, 말해야 한다. 그렇지 않고 그냥 자녀를 나무란다면 자녀는 자신의 자존감과 자신감이 부족하단 사실만 느낄 것이다. 그러므로 부부의 양육 기준과 태도는 항상 일치시켜야 한다.

3) 자녀에게 애정과 긍정적인 격려는 자녀의 성장 발달에 긍정적인 큰 영향을 미친다.

자녀 사랑보다 더 큰 자녀 교육은 없다. 사랑과 관심이 바탕이 된다면 부모의 조그만 오해나 꾸지람도 자녀가 스스로 받아들이고 이해한다. 이러한 애정은 무조건적인 방임과 같은 자세가 아니다. 규범과 규칙에 대해서는 엄격하게 지도해야 학교나 외부에서 자녀가 주위 사람들에게 칭찬받고 자존감의 상승을 나타낸다. 세상이 바쁘고 자녀와의 시간이 적어지지만, 일주일에 자녀와의 소통을 위해 정해진 시간에 자녀와 대화하는 시간을 만들어야 한다. 부모의 권위는 부모 스스로 만들어진다. 부모가 올바른 가치관과 화목한 집안을 만든다면 자녀는 그 자체로 부모의 사랑을 먹고 산다.

위와 같이 올바른 부모의 기준을 만드는 것은 부모의 노력에 달려 있다. 시대가 급변하고 세상이 달라져 많은 가치관의 혼란과 시대 적응을 위해 부모는 평생교육을 실천해야 한다. 자녀들은 유튜브 세대로 빠른 적응을 하고 있는데 부모가 자녀를 따라가지 못한다면 자녀와의 소통에 문제가 되고 자녀와의 관계는 회복할 수 없다. 올바른 부모가 되기 위한 가장 좋은 방법은 부모도 지속해 공부해야 한다는 것이다. 자녀들이 가장 좋아하는 모습은 부모의 독서하는 모습이다. 부모가 실천하는 모습을 보고 자녀는 부모를 존경하게 되고 든든한 지원자로 느끼게 된다. 그러므로 자녀에게 문제 행동이 나타나면 부모 자신을 돌아보는 시간을 가져야 한다.

7. 자녀에게 올바른 경제관념을 심어 주는 방법

자본주의에서 가장 중요한 것은 경제 개념이다. 자녀에게 제대로 된 경제 교육을 하지 않는다면 자녀에게 무책임한 것과 같다. 부모들은 자녀들이 성장하면서 자연스럽게 경제 개념을 터득하겠다고 생각하지만, 어릴 때부터 부모가 자녀의 올바른 경제 습관을 위해 큰 노력을 해야 한다. 자녀의 경제 습관의 가장 큰 본보기는 부모이기에 자녀는 부모를 보고 경제 개념을 세우고 모방하게 된다. 경제 교육은 자녀에게 무엇보다도 중요한 부분을 차지한다. 세 살 버릇이 여든까지 간다는 말과 같이 어릴 때 경제 개념을 세워 주는 것은 자녀가 성인이 되었을 때 효율적인 수입과 지출을 관리할 수 있다.

📋 부모들은 어떤 방법으로 자녀에게 경제관념을 심어 줄까?

1) 경제 교육은 빠르면 빠를수록 좋고 자녀의 연령대에 맞추어 교육이 이루어져야 한다.

부모가 물건값을 지급하거나 돈을 찾을 때 이 돈에 관해 설명을 해 주어야 하고, 돈은 노력으로 얻어진다는 사실을 어려서부터 설명해야 한다. 어린 자녀는 돈이 현금인출기에서 나오는 것을 보고 돈의 가치를 쉽게 생각할 수도 있다. 돈을 벌기 위해서는 힘든 노동, 땀의 결과라는 사실을 주지시켜야 한다. 청소년기 학원비 문제로 곤란한 상황을 겪는 가정도 있다. 이럴 때 자녀에게 집안의 상황을 자세하게 설명해 줄 필요가 있다. 그러면 부모가 힘들게 노력해서 번 돈에 대해서 자녀가 책임감을 느낄 줄 알아야 하며, 이는 부모를 위해 학업에 최선을 다하는 모습으로 나타나기도 한다.

2) 돈의 가치를 구체적인 수치와 대가로 설명해야 한다.

100만 원이란 돈의 가치를 자녀들은 모른다. 학원비, 용돈 등 부모의 기준으로 자녀에게 아무런 대가 없이 지급한다. 자녀들과 외식해도 이 음식의 비용이 얼마나 되는지를 설명하는 부모는 거의 없는데, 부모는 자녀의 경제 개념을 위해 돈을 지급할 때 자녀가 알 수 있도록 설명해야 한다. 또한, 상품의 비교, 가치, 효율성 등을 보고 선택할 때 자녀와 같이 선택하는 것도 좋은 경제 교육이 될 수 있다. 때론 자녀에게 온라인으로 상품을 찾아보게 하는 것도 좋은 방법이다.

3) 자녀는 부모의 소비 패턴을 보고 자라고 성인이 되면 그대로 모방한다.

가정 교육의 중요성은 무서울 정도로 자녀가 부모를 보고 자연스럽게 학습이 된다. 자녀의 올바른 소비 습관을 키워 주기 위해서는 부모의 소비 패턴을 점검해 봐야 한다. 온라인 쇼핑에 빠진 부모들을 보고 자란 자녀들은 같은 패턴을 보이고, 과소비하는 부모의 성향을 자녀들은 그대로 닮아간다. 자녀가 집에서 필요 없는 전등을 자동으로 끄는 행동은 분명 부모의 행동에서 자연스럽게 습득한 몸에 밴 교육이다. 부모의 절약성은 말보단 행동으로 자녀에게 전달되고 그대로 실천한다는 것이다.

4) 돈 문제로 부부싸움 하는 모습은 자녀에게 부정적인 영향을 미친다.

예를 들어 자녀가 학원에 다니는데도 성적 향상이 없을 때 "학원비가 아깝다."라는 등 부모가 학원비 문제로 서로 책임을 전가하는 모습은 자녀에게 불안과 학업 저하로 이어진다. 돈 문제로 갈등을 보이면 자녀는 스스로 자책하고 돈에 대해 원망도 하게 되며 부모의 갈등에 속수무책으로 자존감이 떨어지는 현상을 보인다.

위와 같이 경제 교육은 어릴 때부터 시작해야 하며, 돈의 가치를 용돈 기입장에 기재하도록 하고 구체적으로 설명하고 확인하는 과정이 필요하다. 자녀를 똑똑하게 키우려면 부모 스스로 솔선수범하는 자세가 매우 중요하다. 부모가 무계획적으로 쇼핑하고 소비 지출을 한다면 그것을 보고 자란 자녀 또한 과소비의 형태를 보인다. 자녀에게 돈을 줄 때는 그에 해당하는 이유와 가치에 대해 충분히 설명하고 돈의 귀중함을 가르쳐주어야 한다.

8. 부부의 불화가 자녀에 미치는 영향

부모의 다툼은 자녀에게 정서와 감정 조절에서 문제를 일으킨다. 부부싸움은 자녀에게 불안과 자신감의 결여로 나타나고 이런 불안은 학교생활에서 친구에게 대리 폭력으로 해소한다. 부부싸움은 심각한 결과를 초래하는데 이를 수용해 자녀들은 나쁜 자아상을 형성하고 이는 언어폭력과 문제 행동으로 학교에서 표출된다. 가정의 부부 불화는 평화를 깨뜨리고 자녀들은 부부의 싸움에 관여할 수 없어서 스스로 자책하고 불안감이나 두려움의 표현을 외부에서 문제 행동으로 나타난다.

📑 **자녀를 위해 부부싸움의 올바른 조치에 대해 살펴보자.**

1) 부부싸움을 최대한 자녀가 보거나 듣지 않도록 노력하자.

부부싸움을 안 하는 것이 가장 좋지만 살다 보면 어느 부부나 다툼하게 되는데 가장 좋은 시간대는 자녀들이 잠든 시간을 이용하는 것이 현명한 방법이다. 어떤 경우든지 부부싸움을 자녀가 보거나 듣는 것은 자녀에게 나쁜 영향을 미친다. 자녀를 위해 부부 각자가 인내하고 감정을 조절해 자녀에게 피해를 주지 않는 시간대를 찾는 것이 중요하다.

2) 부부싸움의 시간은 최대한 짧게 빨리 끝내야 한다.

자녀들은 부부의 거친 언어폭력이나 행동 등으로 시작부터 스트레스를 느끼고 다툼 시간이 오래갈수록 자녀들은 불안하고 자녀 스스로 부모를 말리지 못해 자책감을 느끼고 자존감이 하락한다. 자녀가 보고 있다면 둘 중 한 사람이라도 싸움의 시간을 빨리 끝내도록 인내하고 조언해야 한다.

3) 부부싸움 할 때 집안 집기를 던지는 행위는 절대로 해서는 안 된다.

이런 행동을 자녀들은 보고 배우게 되어 자녀가 성장했을 때 똑같은 행동을 보인다. 폭력적인 행동은 자녀에게 각인되어 절대 없어지지 않고 학습되어 자녀의 폭력적인 행동에 자연스럽게 나타난다. 절대로 해서는 안 되는 행동으로 이런 행위는 반복되는 경향을 띠고 있기에 심하면 정신과 치료를 받아야 한다. 이런 폭력은 자녀에게 치명적으로 각인되고 불안과 공포까지 느껴 학업 및 외부 활동에서 위축되고 폭력적인 행동으로 나타난다.

4) 자녀 앞에서 엄마를 폭행해서는 절대로 안 된다.

자녀가 엄마가 당하는 폭행을 본다면 그 자체로 아빠에 대한 신뢰와 존경을 상실하게 된다. 자녀가 보는 앞에서 폭행이 이루어진다면 자녀는 평생 아빠에 대한 원망을 품고, 그 행위가 자녀에게 학습되어 자녀가 성장해서 부부 생활에서도 똑같은 모습을 나타낸다. 폭행은 어떠한 경우라도 인정받을 수 없으며 절대로 해서는 안 될 금기 행동이다. 평소 자녀에게 최선을 다해 노력한다고 해도 이런 폭행을 한 번이라도 자녀에게 보여 준다면 모든 것은 허망하게 끝난다.

위와 같이 부부싸움은 자녀에게 무력감, 분노, 낮은 자존감을 느끼게 한다. 자녀들은 정서적으로도 우울증, 행동 장애, 인격 장애 등 힘든 정서적 문제를 일으키고 타인과의 관계에서 소극적이거나 반대로 분노를 못 참는 공격적인 성향의 사람이 된다. 부부싸움 후 부모가 가장 먼저 해야 할 일은 자녀에게 부부싸움의 원인과 진심 어린 사과를 해야 하는 것이다. 이런 모습으로 다 해결할 수는 없지만 불안에 떠는 자녀에겐 조금의 위안이 된다. 무엇보다 부모는 자기 내면의 상처를 치유하고 부부의 문제가 무엇인지 서로 진심 어린 대화를 통해 다시는 자녀 앞에서 부부간에 서로 모욕적인 언사를 하지 말아야 한다. 앞으로도 계속 싸움이 벌어진다면 빠른 시간에 부부 클리닉(Clinic)의 도움을 받는 것이 중요하다. 이는 부부를 위해서도 중요하지만, 자녀를 위해 빠른 조치를 해야 한다.

9. 부모의 양육 유형에 따라 자녀에게 미치는 영향

부모가 되면서 자녀 교육에 나름대로 양육 태도가 정해지는데 양육 유형에 따라 자녀의 성장 발달에 영향을 미친다. 또한, 부모의 양육 태도는 자녀의 전반적인 생활에 모델이 되고 정서, 행복감, 자존감 등 세부적인 요인에도 많은 부분을 차지한다. 따라서 부모의 양육 유형은 자녀에게 바로 영향을 주며 부모의 유형에 따라서 자녀의 성품, 학업, 인격 등 성장 발달의 여러 요인에 기본이 된다.

📃 **부모의 양육 유형에 어떤 영향을 미치는지 살펴보자.**

1) 무조건 들어 주는 유형

이 유형은 일반적인 부모의 모습인데 자녀가 요구하는 것은 무엇이든지 들어 주는 유형으로 이런 부모들의 공통점이 자녀에게 끌려다니는 경향이 있다. 시간이 지날수록 자녀에게 방임적으로 될 가능성이 커 자녀 자신도 해결할 수 있는 능력이 떨어지고 자녀는 더욱 부모에게 의존하게 된다. 이 유형의 가장 큰 단점은 자녀 스스로의 자존감이 떨어져 책임감이나 독립심을 키울 수 없다는 것이다. 또한, 자녀의 행동에 엄격한 기준이 없어 외부에서도 자녀들이 규범이나 규칙에 대해 실수를 많이 하게 되어 학교생활, 친구 관계에 대한 어려움이 많다. 이런 유형의 부모들은 자녀에게 적절한 시기에 벌도 주어야 하고 자녀의 잘못에 대해 일관적이고 분명한 기준으로 훈육해야 한다.

2) 권위적인 부모

이 유형의 부모들은 대물림된 훈육법을 자녀에게 자신도 모르게 하고 있다는 것이다. 권위적인 훈육은 자녀를 통제하고 자녀를 신뢰하지 못한다. 권위적인 양육은 자녀의 사회, 인지적 능력에 부정적이고 부모에 대한 불신과 급기야는 반항으로 부모에게 덤비는 경우도 나타난다. 자녀의 자립심이나 자율성 또한 성립하지 못하고 부모의 눈치만 보고 부모에게 맞추려고만 한다. 또한, 창의성, 자기 주도성, 독립심, 자립심 등에 나쁜 영향을 미친다. 하루속히 부모의 양육 태도를 점검하고 자녀를 이해하기 위해 노력해야 한다.

3) 엄격하면서 자상한 부모

이 유형이 가장 바람직한 유형이라고 볼 수 있다. 부모의 올바른 기준으로 자녀 훈육의 절대적인 행동과 태도를 보이고 있고 일관적인 모습을 나타낸다. 부모의 일관적인 모습은 자녀에게 평온감과 자신의 문제 행동에 대해 부모의 올바른 기준을 따른다. 자녀가 문제를 일으켰을 때 자녀를 이해하고 적절히 대처할 수 있어 자녀는 부모에게 신뢰감을 느낀다. 부모는 자녀를 울타리에 두고 자율적이지만 엄격한 훈육으로 자녀의 발달 단계에 큰 역할을 할 수 있다. 이런 부모 밑에서 자란 아이는 성취감, 자존감, 지도력, 학업 등에서 높은 수치를 보여 준다. 부모가 이 유형을 유지하기 위해서는 꾸준한 자기 성찰이 있어야 한다.

위와 같이 부모의 양육 유형은 이 외에도 여러 가지로 볼 수 있는데 무엇보다 자녀들이 부모에게 충분한 관심과 사랑을 받고 있다고 느낀다면 양육의 질은 높아질 것이다. 반면 억압과 지시적인 훈육만 이루어진다면 자녀들은 부모에게 적대감을 느껴 외부에서 문제 행동을 보이며 학교나 사회에서 충동적이고 폭력적으로 행동하고 학교폭력위원회의 대상이 되기도 한다. 이런 문제 행위는 권위적인 부모에게 관심 표현이기도 하다. 자녀와의 훈육에 가장 기본적인 요인은 자녀와 함께 많은 시간을 보내고 사랑, 관심, 격려, 칭찬, 대화가 기본이 되어야 한다.

10. 자녀의 행복지수를 높이기 위한 부모의 역할

한국 어린이와 청소년들은 OECD 가입국 중 그들 또래와 비교하면 행복지수가 최하위이다.

사회 여건은 어쩔 수 없지만, 부모의 슬기로운 훈육은 아이들의 행복감에 큰 영향을 줄 수 있다. 청소년 자살률도 세계 1위라는 불명예를 안고 있다. 청소년들의 삶의 만족도는 갈수록 힘들고 학업 경쟁은 갈수록 더 커지고 있다. 부모의 지나친 기대감은 자녀의 행동에 위축감을 느끼게 하고, 부모의 눈치만 보고 자신의 자기주도적 행동을 할 수 없는 지경까지 빠진다.

부모들은 자녀를 위해 모든 것을 한다고 하지만, 그것은 부모의 입장이고 자녀 스스로의 행복감을 느낄 수 없는 것이 문제이다. 부모가 물질적인 것보다 자녀들에게 물려주는 것이 행복감이어야 한다. 부모들은 자녀 사랑에 있어서 간섭이 아닌 일관적으로 자녀를 믿고 지켜보는 모습이 자녀의 행복지수를 높이는 중요한 요소이다.

자녀의 행복감을 높이기 위해 부모는 어떤 자세를 취해야 할까?

1) 자녀에게 행복을 물려주기 위해서는 부모 자신이 먼저 행복해야 한다.

부모가 자식에게 금전적인 면을 물려준다고 해도 행복은 돈으로 살수 없는 것이다. 부모가 부유한 집안이라고 해도 가정의 불화나 부부 싸움이 잦은 집안이라면 자녀에게 행복의 본보기가 될 수 없어 자녀는 행복의 의미가 뭔지 학습한 적이 없어 자신이 얼마나 소중한 존재인지에 대해 인지하지 못한다. 부모들이 자녀를 위해 좋은 교육 환경, 건강한 음식, 좋은 공부방 꾸미기 등을 위해 열심히 일하고 자녀를 위해 모든 것을 하고 있다고 말한다. 하지만 이런 좋은 환경을 준다고 자녀의 행복감이 충만하다고 말할 수 없다. 이런 부모의 과보호나 강제성이 자녀의 자기 존중감에 나쁜 영향을 미치고 부담으로 생각하게 된다. 부모는 부모 자체의 행복에 반하는 스트레스나 정신적인 문제들을 잘 살펴 스스로 행복을 위해서 노력하고 평온함을 유지한다면 자연스럽게 행복감이 자녀의 삶에 스며들게 된다.

2) 자녀를 신뢰하고 가족의 화목한 기억을 자녀에게 심어 주자.

청소년의 행복 조건 중에 가족, 친구, 돈, 학업, 건강을 말하는데, 그중에 가장 중요한 것은 가족의 환경이다. 사회생활의 대부분은 가족을 통해 간접 경험을 하고, 그것을 바탕으로 모든 행위를 한다고 해도 과언이 아니다. 자녀를 신뢰한다는 것은 쉬운 일이 아니다. 무슨 일이든 자녀를 바라보고 그대로 수용하는 것은 부모로서는 힘든 일이다. 부모의 시각으로 학업에 뒤처지는 자녀를 볼 때 부모로서는 다그치고 간섭할 것이다. 자녀를 있는 그대로 수용한다는 것은 부모가 먼저 이론적이나 행동적으로 성숙한 인격을 가져야 할 수 있는 일이다. 단점보다 장점을 부각해 칭찬하고 신뢰하면 자녀는 부모에게 신뢰를 느끼고 안정감을 느껴 학업적인 면 또한 긍정적인 향상을 보인다. 화목한 가정 자체가 자녀의 행복에 가장 큰 영향을 미치고 자녀 자신도 모든 과업에 안정을 느껴 좋은 결과로 나타난다.

3) 자녀의 자존감을 인정해 주고 긍정적인 피드백을 전달하라.

자녀가 행복하기 위해서는 첫째로 자녀의 자존감 회복이 중요하다. 자존감은 청소년기에 가장 중요한 성품이고 자존감이 높은 아이는 학업 등 여러 가지 과업을 충실히 실행할 수 있다. 반면 자존감이 낮은 아이들은 학업, 친구 관계, 사회 적응 등에 어려움으로 급기야 자살까지 생각하는 극한 상황이 올 수도 있다. 따라서 부모는 자기 자신을 사랑할 수 있는 자녀의 힘이 되어야 한다. 특히 어려움 속에서 자존감의 힘은 나타난다. 부모는 긍정적으로 자녀를 바라보고 그 피드백을 줄 수 있도록 학습을 통해 미리 무장하고 자녀를 대해야 한다.

자녀의 행복을 위해 부모들은 꾸준히 학습하고 자녀에게 부담을 주지 않고 긍정적인 생각으로 수용해 주는 모습이 우선되어야 한다. 자녀들은 가정의 화목으로 자존감이 상승하고 어떤 어려움이 와도 슬기롭게 대처할 힘이 생긴다. 자녀에게 부모의 역할은 갈수록 많은 부분을 차지하고 모범적인 부모의 솔선수범은 자녀의 자존감 성취에 중요한 요인이 된다.

11. 부모의 올바른 칭찬 방법

부모들이 실제로 칭찬에 인색하여 생기는 문제가 더 많지만, 과하거나 잘못된 칭찬은 오히려 자녀에게 독이 되는 예도 있다. 아이들은 부모의 칭찬에 진실과 거짓을 구분하기에 부모의 진실을 금방 알아채고 오히려 부모의 요구 사항이라고 생각하여 반감을 느낀다. 유아기 때와는 다르게 청소년기에는 부모의 칭찬에 대해 평가하고 부모의 의사를 파악해 부모의 칭찬이 거짓이라고 판단하고 오히려 반대급부로 문제 행동을 일으키는 일도 발생한다. 칭찬은 시기, 적절한 칭찬, 상으로 이어져야 자기 일에 대해 자부심을 느끼고 더 많은 과업을 스스로 행한다.

📑 부모들은 자녀의 칭찬을 어떻게 해야 하는지 살펴보자.

1) 칭찬은 구체적이어야 하고 결과보단 과정에 대한 노력을 칭찬해야 한다.

대부분 부모는 어떤 과업을 수행 후 결과를 보고 칭찬하는 경우가 많은데, 아이의 수행 과정에 나름의 노력을 기울이고 있으므로 과정에 대해 진실한 칭찬을 해야 한다. 결과가 부모 욕구와는 다르게 나타나도 "과정이 힘들었을 텐데 그래도 일을 거의 마무리했네." 등 자녀의 노력 과정을 이해하고 인정해 주는 것이 아이에겐 큰 힘이 되고 격려가 된다.

2) 무조건적인 과도한 칭찬은 역효과를 나타내고, 가정을 벗어나면 오히려 자신감을 결여시킨다.

가정에서 부모의 칭찬은 얼마든지 받을 수 있지만 학교나 외부에서는 과도한 칭찬을 받을 수 없어 자신의 과업 수행에 있어 오히려 위축감을 느끼고 당황하는 모습을 볼 수 있다. 따라서 가정에서 구체적이고 결과론이 아닌 과정에 대해서 객관적으로 판단해 칭찬해 주어야 한다. 청소년기의 과도한 칭찬은 오히려 아이의 자존감이 낮아지고 스스로 해결 못 하는 문제 행동도 나타난다.

3) 칭찬에 앞서 자녀의 말에 경청과 피드백을 해 주어야 한다.

청소년기 사춘기에 접어들면서 부모의 비난, 질책, 비교 등으로 자녀는 자연스럽게 대화를 거부하고 잔소리에 민감한 반응을 보인다. 평소에 공감 대화가 안 되는데 갑자기 칭찬한다면 아이는 반감으로 부모와의 대화를 포기한다. 자녀가 느낄 수 있도록 자녀의 말에 공감하고 자녀 스스로 자신의 감정 표현을 자연스럽게 말할 수 있도록 여유 있는 시간을 주어야 한다.

4) 청소년기 학업에 관한 칭찬은 절대적으로 과업 수행의 결과가 아닌 과정에 공감하고 부모의 도움이 필히 중요하다.

청소년들의 우울증은 첫 번째로 학업과 시험에 대한 압박으로 나타난다. 이는 수면 부족, 식욕 과다 등 감정 제어가 안 되어 신체적, 정신적으로 여러 문제가 나타난다. 학업은 그 자체가 자녀의 불안으로 나타나고 "우리 아들이 이번에도 1등 했네." 등 결과에 대한 평가로 칭찬한다면 자녀는 1등에 대한 강한 압박을 느끼고 다음번에 1등을 못하면 어쩌나 하는 자존감 하락을 느낀다. 학업 과정에 부모가 같이 공감하고 수행 과정에 격려와 신뢰를 보이는 것이 결과에 대한 칭찬보다 더욱 중요하다.

위와 같이 칭찬은 고래도 춤추게 한다고 하지만 과도한 칭찬은 오히려 아이의 자존감을 하락시킨다. 부모가 먼저 말이나 행동 등 자신의 자존감을 키우고 올바른 부모의 모습을 보인다면 자녀들은 부모의 모습에 투영되어 자연스럽게 자신을 사랑하는 자존감을 키우고 부모의 칭찬에 더욱더 고무되어 학업에 긍정적인 효과를 나타낼 것이다.

12. 부모의 양육 방법이 성적에 미치는 영향

개천에서 용이 날 수 있을까? 요즘 부모들은 이 말에 동의하지 않고 고학력 부유층의 대물림이 학업 실적에도 좋은 영향을 미친다고 생각한다. 부모의 양육 방법이 자녀의 학습에 미치는 영향을 살펴보면 부모의 경제적 여건과 명문대 출신이라는 집안 분위기가 자녀의 학습에 긍정적인 영향을 미친다는 결과를 볼 수 있다. 반면 이런 조건을 충족시키지 못하는 부모들의 자녀가 학업에 부정적인 면만 있지는 않다. 갑자기 부유한 환경을 만들어 줄 수는 없지만, 부모의 양육 태도로 얼마든지 자녀의 학습 요구와 성적 향상을 꾀할 수 있다.

이민영 박사(기업교육 전문가)가 미국 교육부에서 '부모 요인이 아동 성취도 발달에 미치는 영향에 관한 장기 연구 결과'에 기반하여 던진 질문의 답으로 다음과 같은 결과가 나왔다.

① 부모의 교육 수준이 높다.
② 엄마가 첫 아이를 출산한 나이가 30세 이상이다.
③ 부모가 학부모회 활동을 한다.

④ 집에 책이 많다.

⑤ 아이가 태어나서 유치원에 다니기까지 엄마가 직장에 다니지 않았다.

⑥ 부모가 아이를 도서관이나 박물관에 자주 데리고 간다.

⑦ 부모가 거의 매일 아이에게 책을 읽어 준다.

⑧ 최근에 주변 환경이 더 좋은 곳으로 이사했다.

위의 결과에서 부모의 교육 수준과 환경이 다르고 위와 같은 활동을 할 수 없는 부모들이 더 많다는 것이 밝혀졌다. 부모의 직업과 시간에 따라 할 수 없는 상황이 더욱 많을 것이다. 위 결과를 살펴보면 부모의 관심과 부모 자체의 노력이라고 볼 수 있다. 매일 책을 읽어 줄 수는 없지만 부모 스스로 가정에서 독서한다면 간접적으로 자녀의 독서량이 많아진다. 부모의 학교 참여는 자녀의 관심과 학교 파악의 밀접한 활동을 할 수 있어 자녀의 학업에 도움을 줄 수 있는 것이다. 학부모총회 등 시간이 없어 참석하지 못하지만, 담임과 밀접한 관계를 유지하고 소통할 수 있는 끈을 가지고 있다면 이것 또한 큰 문제가 되지 않는다. 위의 결과의 대부분은 실제로 행할 수 없지만 얼마든지 간접적인 방법으로 자녀의 활동을 도와줄 수 있다.

📝 부모의 양육 태도가 자녀의 학업 성적에 어떠한 영향을 미치는지 구체적으로 살펴보자.

1) 부모의 긍정적 사고가 자녀의 자기주도학습에 영향을 미친다.

대부분 부모는 아이의 장점보다 단점에 먼저 시야가 간다. 그 이유는 부모의 시간적인 제약으로 빠르게 훈육하기 위한 하나의 방법이다. 부모는 자녀를 소유물로 생각한다면 큰 오산이다. 부모는 자녀를 자신의 한 인격체로 존중하고 독립적, 개별적이고 자율성을 바탕으로 훈육해야 한다. 이 중에 가장 중요한 것은 자율성이다. 결국 자녀는 스스로 극복하고 역경을 스스로 깨쳐 사회 속으로 나아가야 한다. 부모의 긍정적인 사고는 자녀의 바탕이 되어 인성과 성격 형성에 큰 영향을 끼치고 있다.

2) 아이의 말에 경청하고 답하기보다는 질문을 많이 해라.

부모는 자녀의 말에 경청하기가 힘들다. 맞벌이 부부가 많아지면서 아이를 학교나 외부에 많은 부분을 맡기고 무관심한 경우가 대부분이다. 경청은 관심이고 사랑이다. 대화가 많은 부모일수록 자녀의 학업 성적이 높아질 수 있다.

인공지능 챗GPT가 나오면서 답보다 중요한 것이 어떤 질문을 하느냐에 공부 기술을 적용해야 한다. 답을 구하기보다는 질문과 이해의 능력이 더욱 강조되고 있다. 부모는 아이에게 답을 요구하지 말고 창의적인 질문 방법의 이해를 위해 노력해야 한다. 이는 부모의 노력에 따라 자녀의 이해력은 높아질 것이다.

3) 아이를 신뢰하고 아빠도 육아에 적극적으로 참여해야 한다.

자녀는 미성숙하다. 부모의 욕심으로 자녀를 바라보지 말고 "엄마 아빠는 항상 너를 지지하고 지켜볼게."라는 생각으로 자녀를 향한 무한 신뢰를 보내야 한다. 아이는 신뢰를 먹고 자란다는 말이 있듯이 아이의 가장 편한 상대이자 믿음의 표본이다. 아빠 역할의 중요성이 갈수록 높아지고 있다. 자녀를 위해 육아 휴직도 아빠들이 많이 신청하고, 청소년이 되면 엄마보다 아빠의 역할은 더욱 필요하다.

위와 같이 부모의 양육 태도는 자녀의 학업 성적에 직접적으로 영향을 미친다. 긍정적 사고, 자녀 말에 경청, 믿음은 자녀들의 학업에 평화로운 가정 환경은 중요한 요인이 된다. 부모의 고학력, 부유한 환경보다는 자녀에 관한 관심과 사랑으로 노력하는 부모를 따라올 수 없다.

13. 자녀가 상처받는 부모의 말

부모가 훈육이라는 핑계로 아이에게 말을 함부로 하는데, 부모가 무심코 던지는 말 한마디로 자녀는 좌절까지 할 수 있다. 대부분 자녀가 잘못한 행동이나 언행을 할 때 양육의 한 부분으로 가장 빨리 인식시키기 위해 험한 말을 한다. 이런 심한 말은 아이의 인지 행동과는 다르게 멍한 아이의 무의식 상태로 이어져 부모의 말은 평생토록 아이에게 정신적인 충격으로 남아 부정적인 영향을 미치게 된다. 부모는 대수로이 생각하지 않고 자신이 무슨 말을 했는지도 모를 정도로 감정 기복이 심해 내뱉은 말에 아이는 혼란을 겪는다.

📝 **자녀에게 상처 주는 말을 살펴보자.**

1) "넌 자식이 아니라 웬수야!", "너를 낳는 게 아니었는데…"

이 말은 아이의 존재 자체에 대한 부정이다. 자녀는 정신적인 상처를 느끼고 자신의 자아 정체성 또한 의심한다. 부모가 자녀를 무시하는 말 중에 가장 조심해야 할 말이다. 부모가 이런 말을 하면 자녀는 스스로 자신을 험담하는 타인의 감정을 부모에게 느끼는 것과 같다.

2) "옆집 아이는 공부를 잘하는데 너는 왜 성적이 그 모양이니?"

"엄마 아빠는 명문대 출신인데 넌 도대체 이런 점수를 받니?"

사춘기 학생들의 가장 듣기 싫은 말 1위는 비교당하는 것이다. 이런 말을 들으면 자녀들은 "엄마 왜 나를 낳았어?" 하며 자책하며 자신감이 떨어지고 학업을 포기하게 된다. 자녀 또한 열심히 하고 싶은 마음은 다 있는데 공부의 기술 등 본인에게 맞지 않는 공부법으로 인해 성적이 안 오르는 것이다. 비교를 당할 때마다 자녀들은 자괴감에 빠지고 학업 의욕을 올릴 수 없다.

3) "네가 그렇지 뭐", "행여나 했어", "그럴 줄 알았다"

자녀의 행동이나 과업 수행에 있어 결론을 내리고 자녀의 능력을 원천적으로 부정하는 말이다. 이런 상처 주는 말은 아이뿐만 아니라 성인들도 가장 듣기 싫은 말이라고 한다. 자녀의 의욕을 깔아뭉개고 자신감을 파괴할 수 있는 무서운 단어이고, 절대 부모는 말해선 안 되는 금기어로 생각해야 한다.

4) "너 같은 애는 엄마 자식도 아냐!", "내 자식이란 게 창피해!"

이런 말은 아이에게 불안한 감정을 느끼게 하고 부모에게 자신의 고민을 말하지 못하는 현상까지 나타난다. 이런 불안감은 학습이나 학교, 사회생활에서 여러 가지 문제 행동으로 나타날 수 있다. 자녀들은 여러 가지 환경의 변화에 불안을 느낀다. 학교에 들어가서는 시험을 잘 볼까, 친구 관계, 담임 관계 등 많은 불안이 있는 것이 정상인데, 이와 같이 부모가 자식에 관하여 부정하는 말은 불안의 해결책을 줄 수가 없다.

이처럼 부모가 상처를 주는 말들의 공통점이 자녀를 신뢰하지 않고 인정하지 않는다는 것이다. 성장하면서 자아 정체성을 확립하는 시기에 부모의 험한 말은 아이를 뒤처지게 하는 가림막이 된다. 부모는 자녀에게 자신들의 기대를 투영시키기 위해 이런 험한 말들이 자주 나온다. 자녀 자체의 모습을 보고 인정하고 신뢰하는 모습의 본보기가 되어야 한다.

"넌 할 수 있어!"

"괜찮아 늦게 해도."

"우리 아들은 어떤 누구보다 훌륭해!"

"잘할 거야."

자녀에겐 항상 긍정적인 말로 아이의 사기를 높여 주자.

14. 부모의 과잉보호가 자녀에게 미치는 영향

과잉보호는 아이를 지나치게 보호하는 것을 말하는데 어려서부터 부모들은 자녀의 모든 것을 대신해 주고 자녀 곁에서 떨어지지 않으려 한다. 자녀의 행동에 많은 부분에 관여한다면 아이 스스로 자립심과 의타심, 욕구 불만이 더욱 심해지고 사춘기로 이어지면서 부모의 간섭과 제지는 반항을 불러 비행 소년으로 나타나게 된다. 어린 자녀는 부모의 요구에 긍정적인 반응을 보이지만, 청소년기에 자기 사고력이 늘고 판단력이 향상하면서 부모의 가치관이나 과잉보호는 반대 작용으로 나타난다. 과잉보호와 사랑을 혼동하는 부모가 많은데, 과잉보호는 부모 자신의 욕구 표현일 뿐 자녀는 억압과 제재의 한 행위로 반항적인 행동으로 나타난다.

📝 부모의 과잉보호의 문제점을 살펴보고 부모의 올바른 훈육을 생각해 보자.

1) 아이의 언어 발달과 신체 발달의 성장 과정에서 과잉보호는 자율성을 해치는 중요한 요소가 된다.

부모들이 사사건건 간섭으로 학업 등 과잉보호로 성장한 자녀들의 특징은 대학을 졸업해도 취업, 결혼, 경제적인 독립 등에 어려움을 느끼고 부모가 정해 주지 않으면 아무것도 결정을 못 하는 결정 장애아로 성장할 수 있다. 언어 발달과 신체 성장 과정에 자녀의 자기주도적 활동은 아이에게 자립심을 키워주는데 부모의 지나친 간섭은 아이의 언어 발달에도 나쁜 영향을 미친다.

2) 부모의 욕심을 내려놓아야 한다.

간섭과 과잉보호의 출발은 부모의 욕구와 자녀를 통한 대리 만족일 경우가 대부분을 차지한다. 과잉보호로 성장한 아이들은 스스로 결정을 못 내린다. 자존감이나 자립심, 자기주도적으로 될 수 없기에 부모 먼저 스스로 자신의 욕구나 대리 만족을 내려놓고 아이 스스로 할 수 있는 일에 대해 격려하고 시간이 걸릴 수 있지만 자녀의 성취감을 위해 기다려 주는 인내심이 필요하다.

3) 부모는 자녀에 관한 지나친 간섭이 부모 자신의 문제임을 자각해 본다.

모든 부모는 자녀를 사랑하고 무조건 관심을 둔다. 단지 이런 관심이 간섭이 되고 사랑이 본인의 대리 만족을 하는 거라면 하루빨리 부모의 마음을 점검해 보아야 한다. 자녀에게 지나친 배려와 간섭은 금물이다. 유아기를 거쳐 자녀가 유치원을 등교할 시기에 부모의 과잉보호로 아이의 분리불안장애로 나타난다. 사춘기는 부모가 자녀 제어를 할 수 없어 계속되는 부모의 과잉보호는 결국 반항과 비행으로 표출된다.

위와 같이 과잉보호의 문제점은 아이가 아닌 부모의 행동에서부터 출발을 해야 한다. 한 가지 희망적인 것은 부모의 변화에 자녀들의 긍정적인 행동 수정의 효과가 빠르다는 것이다.

부모 자신이 과잉 행동을 스스로 자각이 중요하다. 부모의 과잉 행동은 자녀의 자립심과 독립심을 저하하는 중요한 요인이다. 부모들은 아이들을 위해 해결사가 아닌 조언자로 곁에서 거리를 두고 지켜보고 기다려 주는 역할로 바꾸어야 한다. 부모 스스로 나의 사랑과 과잉보호가 아이를 망치고 있는지 아이들의 관점에서 생각해 보는 시간을 가져야 한다. 아이는 실패하고 스스로 원인을 파악하고 할 수 없는 일도 있다는 사실을 스스로 해결하고 느껴야 한다. 부모는 이런 과정에 조언자로서 참여할 뿐이다.

15. 올바른 자녀와의 관계 형성을 위해 부모의 역할

올바른 자녀와의 관계 형성에 가장 큰 부분을 차지하는 것은 가정의 역할이다. 가정은 자녀와의 관계 형성에 있어서 원인이 되고 자녀의 훈육 방법에 따라서 아이의 변화를 볼 수 있다. 부모에게 대드는 아이, 화가 많은 아이 등 아이의 이유를 파악하지 못해 아이는 혼자 고민하고 힘든 인간관계를 해결하지 못한다. 부모는 자녀와 대화가 안 되고 심지어 비행으로 이어지는 결과를 초래한다. 부모의 훈육 방법에 문제가 많이 나타나는 것은 전통적으로 이어져 온 부모의 양육을 자녀에게 똑같이 적용한다는 것이다.

요즘 아이들의 사고 또한 부모 세대와는 달리 빠르게 진행된다. 부모는 TV 세대이지만 아이들은 유튜브(YouTube)를 통해 정보를 습득한다. 더욱 빠르고 많은 정보를 아이들은 매일 습득하고, 이러한 정보로 친구 간에 관계 형성으로 이어진다. 부모는 아이와 관계 형성에 중요한 도구가 바로 이런 유튜브(YouTube)나 SNS에 관심을 두어야 한다.

📝 다음은 자녀와 올바른 관계 형성을 위해 부모가 해야 할 일들에 대해 살펴보자.

1) 부모는 자신의 가치관과 교육관을 자녀에게 강요해서는 안 된다.

부모는 책이나 강연, 교육적인 코칭 등 많은 시대의 변화에 민감하게 반응하고 더 노력해야 한다. 자녀의 입시 변화에 긍정적인 부모가 자녀의 대학 진학에 영향을 미친다는 결과를 보면 부모는 끊임없이 공부하고 여러 매체를 통해 최신 자료를 업그레이드를 해야 한다.

2) 자녀와 대화의 시간을 정한다.

바쁜 부모 일과 중 10분이라도 꼭 시간을 지켜 아이와 대화한다면 자녀와의 관계 형성에 큰 효과를 볼 수 있다. 바쁜 부모들을 위해 다른 팁을 준다면 자녀의 공부방에 메모판을 만들어 수시로 자녀의 어려움을 해결해 주고 주말이나 시간이 날 때 메모판에 있는 글들을 자세히 의논하는 시간을 갖는 것도 좋은 방법이다.

3) 부부의 관계는 항상 평온하고 행복함을 유지하라.

대부분의 자녀 중 부모와의 대화가 없는 경우는 부모들에 대한 신뢰가 없고 부부싸움이 잦은 아이인 경우가 많다. 급기야 폭력을 보고 그대로 따라 하는 경우도 많은데 이는 부모 관계가 자녀에게 얼마나 중요한지 알 수 있다. 자녀와 대화 전에 부부의 협동적이고 안정된 모습을 자녀에게 보이는 것이 무엇보다 중요하다.

4) 가족이 대화할 수 있는 분위기를 만들어 주자.

자녀는 힘들 때 가장 먼저 부모의 도움을 원한다. 가족 모임을 주기적으로 만들어 자유롭게 말할 수 있는 환경을 만들어 주는 것도 중요하다. 아이가 지금 힘들어하는 것이 무엇인지, 고민하고 있는지 등을 세심히 살펴보고 처방해 주어야 한다. 아이는 계속 성장하고 가정과 사회의 환경에 적응해 나아가고 있기에 적절한 충고나 제어는 아이 성장과 관계 형성에 큰 영향을 미친다.

"가정 환경은 아이의 첫 번째 인격 형성의 모델이다."라는 말은 많은 부분에서 아이의 변화를 차지한다는 것이다. 자녀와의 관계 형성에 자녀보단 부모의 역할이 중요하고, 부모가 스스로 변화를 위해 노력해야 한다는 것이다. 부모의 친화력은 자녀에게 영향을 주는데 청소년 시기라도 애정 표현을 아끼지 말고 자녀를 자주 안아 주는 것은 자녀의 마음에 큰 위안과 평온함을 준다.

16. 부모의 잔소리를 긍정적으로 바꾸는 방법

부모라면 "공부해라", "책 읽어라", "일찍 일어나라"를 하루에 몇 번씩이나 반복적으로 하는 말일 것이다. 잔소리는 부모의 불안에서 나오는 상투적인 단어이고 아이 또한 부모의 반복된 언어에 부반응이 된다. 잔소리의 국어사전의 뜻을 찾아보면 "쓸데없이 자질구레한 말을 늘어놓거나 꾸짖거나 참견함"으로 되어 있다.

아이에게 부정적인 말은 아이의 자존감 하락에 큰 영향을 미친다. 부모의 잔소리도 상황에 따라 긍정적인 영향을 줄 수도 있고, 부정적인 영향을 줄 수도 있다. 하지만 부모의 잘못된 잔소리는 자녀의 자존감을 낮출 뿐 아니라 대인관계에서도 큰 문제를 일으킬 수 있다.

📜 아래는 부모의 잘못된 잔소리 예시이다.

"너 하는 게 다 그렇지.", "커서 뭐가 될 거니?" 등 아이를 무시하는 말은 아이 스스로 의존적인 아이가 될 수 있다. 아이와 떨어져 공허한 말로 부모는 실수한다.

"책 보고 있지?", "숙제 다 한 거 맞아?" 등 아이를 의심하는 말은 부모와의 신뢰 관계 형성이 되지 않는다.

"또 그러면 앞으로 절대로 안 해준다.", "끝장이야." 등 부모의 위협적인 말은 아이에게 공포심을 주고 자신감이 위축된다.

"넌 항상 왜 혼자 할 수 있는 일이 없니?"

"어디서부터 이렇게 멍청해졌어? 이제부터 더 열심히 해야 해!"

"너한테 주는 학원비가 아깝다."

"왜 이런 쉬운 일을 못 하는지 이해가 안 돼. 정말 한심해."

"너는 다른 사람보다 재능이 부족해."

"동생의 반만이라도 따라 해라."

"이거야말로 기본 중의 기본인데 왜 이것도 못 하는 거니?"

이렇게 남과 비교하거나 부모의 욕심을 투영시켜서 초조함을 자녀에게 내뱉는 말은 특히 조심해야 한다. 자녀들은 이런 말을 들을수록 자존감과 마음의 상처를 받고 이는 성인이 돼도 쉽사리 없어지지 않는다는 것이다.

좋은 잔소리는 상대방을 격려하고 성장할 수 있도록 도와주는 말이다.

아래는 몇 가지 좋은 잔소리의 예시이다.

"너의 노력과 열정은 정말 대단해. 계속해서 이어 나가면 반드시 성공할 거야."

"실패는 성공의 어머니야. 너의 실패는 그저 새로운 시작일 뿐이야. 다시 일어나서 더 열심히 노력해 봐."

"어떤 일을 하든 항상 최선을 다해라. 그러면 늘 성공할 수 있을 거야."

"절대 포기하지 마! 모든 것은 시간문제일 뿐이야."

"오늘은 어려운 일이 있었지만, 내일은 더 나은 일이 기다리고 있어. 계속해서 노력해 봐."

이러한 말은 긍정적인 격려의 말들이고, 아이들에게 이런 잔소리는 부모와의 신뢰가 쌓이고 평온함을 느껴 한 발 더 도약할 기회를 제공한다.

잔소리는 상대방의 실수나 부족한 점을 지적하는 말로 긍정적인 영향을 끼치지 않을 수 있다. 그러므로 상황에 따라서 상대방의 감정을 존중하며 상황을 적절히 판단하는 것이 중요하다.

하지만 잔소리를 안 할 수는 없다. 긍정적인 잔소리 중 과학적으로 증명된 해로운 음식에 대한 긍정적인 음식 습관은 어릴 때부터 만들어 주어야 한다. 상습적인 잔소리를 줄이고 아이에게 긍정적인 말로 타이르고 격려해 준다면 아이의 자존감과 자신감에 좋은 영향을 줄 수 있다.

17. 부모는 아이의 본보기

아이가 태어나면서 가장 먼저 부모를 보게 된다. 부모의 행동과 말투까지도 아이는 따라 한다. 어쩌면 두려운 일이기도 하지만 닮아가는 아이를 보면 행복하고 사랑스럽다. 아이는 부모를 선택할 수 없어 갈수록 부모 교육이 절실히 필요하며 부모의 모든 행동거지가 아이에게 영향을 미친다.

📝 아이에게 긍정적인 모습을 위해서 부모의 역할을 알아보자.

1) 부모는 언행이 일치해야 한다. 자녀는 이런 모습을 보고 인성과 성격에 영향을 준다.

부모는 독서를 안 하면서 자녀에게 독서를 강요한다면 이는 해결할 수 없다. 필자가 학부모 상담에서 가장 강조하는 것은 바로 독서이다. 자녀와 같이 서점을 방문하는 것을 권한다. 자녀의 독서 지도에 가장 좋은 방법이 부모의 독서 습관이다. 책 토론도 좋고 서점에서 많은 시간을 보내는 것이 중요하고 부모와의 더욱 밀접한 관계도 성립된다.

2) 부모는 가정 환경을 안정되게 유지하고 자녀가 느끼는 집안의 불안 요소를 최대한 없애야 한다.

자녀의 불안 중 가장 큰 사항은 부모의 잦은 부부싸움이다. 부부싸움을 안 할 수는 없지만, 그 후의 조치가 중요하다. 집 안에서 고성이 오고 가면 자녀들은 불안감을 느끼고 이러한 불안은 성장해서도 나타난다고 한다. 부부싸움에 대한 설명과 부모지만 사과하는 모습이 중요하고 다시 언성을 높이는 일을 반복 안 하는 것이 중요하다. 부모가 행복한 모습을 보여 주는 것은 아이에게 가장 중요한 요소이다.

3) 부모는 가정에서는 되도록 핸드폰 사용을 자제해야 한다.

아이와 핸드폰 전쟁을 안 해 본 부모는 없을 것이다. 가정에서 자녀뿐만 아니라 부모 또한 핸드폰 자제 시간을 약속하는 것이 좋은 방법이다. 자녀에겐 제어하면서 부모는 자유롭게 사용한다면 언행일치가 맞지 않는 것이다. 학교 현장에서 핸드폰 앱을 통해 제어하는 학부모들이 있는데, 이는 반감만 생기고 아이들은 다른 방법으로 얼마든지 사용할 수 있다.

이런 강제 제어 방법으론 학생의 핸드폰 제어를 할 수 없다. 자녀와 게임 등 핸드폰 사용 시간을 자율적으로 결정하게 해야 하며 부모 또한 솔선수범으로 자녀와 대화를 통해 설득해야 한다.

자녀는 부모의 모든 행동과 말투를 따라 한다. 부모는 자녀의 처지에서 생각해야 한다. 부모가 된다는 것은 부모 역시 초보의 길을 걷는 것이다. 더욱 노력하고 자녀와 공감한다면 자녀는 스스로 부모의 올바른 길을 닮아 간다. 인격체로 자녀를 바라보는 것이 무엇보다 중요하다.

18. 부모가 변해야 아이가 변한다.

부모와 아이의 인성 변화는 성장 과정에 따라 매우 복잡한 과정을 거치며 아이는 태어나자마자 매우 민감하게 주변 환경에 영향을 받으며, 부모의 부정적인 교육 방법이나 긍정적인 교육 방법 차이에 따라 자녀의 인성 변화에 영향을 미친다.

부모의 역할이 아이의 인성 발전에 큰 영향을 미치고 부모는 아이에게 긍정적인 사례와 가치를 전달하며, 아이에게 자신감을 느끼도록 도와야 한다.

부모의 행복한 모습은 아이의 인성 발전에 큰 도움이 된다. 그러나 아이와 부모 간의 관계는 성장함에 따라 변화할 수 있다. 아이는 자신의 인성을 더욱 검증하며, 자기 생각과 감정을 표현하는데 이런 변화에 부모들은 아이를 파악하여 단계적으로 맞는 해결책을 제시해야 한다.

부모는 자녀에게 훈육한다는 핑계로 자신의 욕심과 집착으로 나의 자녀는 다른 아이보다 공부도 잘해야 하고, 반듯해야 하고 "내가 의사인데 나의 자녀는 이 정도 상위권은 해야지."라는 부모의 잣대로 아이를 평가하고 맞춤 교육을 자녀의 의사와는 반하여 독자적으로 결정한다.

아이는 사춘기를 거치며 그동안 순종했던 모습이 사라지고 부모에게 반항하고 대들기까지 한다. 대부분 부모는 자녀의 이런 태도에 강력하게 대항한다. 자녀의 변화를 참지 못하고 소리를 지르고 무시하고 때론 폭력으로 아이에게 대항하지만, 결국 이런 모든 일이 해결책이 아니라는 것을 많은 시행착오를 거치며 한참 후에야 방법적인 면이 잘못되었다는 것을 안다.

부모의 잘못된 훈육의 기본 개념이 "모두 다 너의 잘못이야.", "네가 변해야 우리 집이 평온할 거야."라는 문제의 중심을 아이에게 두고 훈육한다는 것이다. 자녀를 모범적인 모습으로 되돌리려고 훈계하기 전에 우리 부모가 먼저 변해야 한다. 나의 관점에서 부모의 집착과 욕심을 버리고 자녀의 관점에서 아이를 바라보자.

대부분의 부모는 부모 교육에 있어서 경험이 없다. 첫아이를 낳고 정말 초보 부모로서 주변의 모습을 따라 자녀의 특징보다 보편화 교육에 스스로 따라간다. 대학을 졸업해도 부모 교육을 경험해 보지 못해 특히 첫아이의 실수는 여러 가지 행동으로 나타난다. 젊은 부모들은 핵가족으로 더욱 부모 교육을 받아야 하고, 자녀의 교육 이전에 부모 교육이 먼저 행해져야 한다.

부모의 교육관과 자녀관 확립이 먼저 할 일이다. 모든 부모는 아이의 양육에 있어서 실수하지만, 실수의 기간을 줄이는 것은 현명한 부모의 교육으로 이루어진다.

아이의 대화법 중 I Message법을 권한다. 이는 아이의 관점을 두고 화를 내는 것이 아니라 예를 들면 "엄마는 이렇게 했으면 바란다."처럼 네가 아닌 부모의 인칭을 두고 자녀와 대화하는 효과적인 대화법이다.

또한, 아이에게 생각할 시간을 주는 쉼 시간을 두어야 한다. 아이의 감정이 정리되지 않고 혼란한 상황에 아이에게 자신을 돌아볼 수 있는 시간을 주는 것이 효과적이다. 이는 학습에도 적용되는데 학교, 학원 등 날마다 학습에 온통 시간을 보내는 아이들은 이런 쉴 수 있는 시간을 마련해 주고 학습량에 있어서 여유의 시간을 따로 정해 주는 것이 아이의 창의적인 두뇌 활동에 큰 영향을 미친다.

부모의 인내심과 긍정적인 감정 표현은 아이에게 긍정적이고 스스로 실패할 수 있지만 자신의 발전을 위해 스스로 더 노력하는 모습을 볼 수 있다. 부모는 자녀의 실수에도 관대하고 신뢰해야 한다. 자녀를 믿고 신뢰한다면 자녀는 스스로 자신의 자존감을 향상하고 부모와 자녀의 관계는 긍정적인 모습을 보인다. 자녀가 먼저 변하기를 바라지 말고 부모 스스로 부모 교육을 통해 변한다면 자녀의 문제는 자연스럽게 해결될 것이다.

19. 부모는 아이의 거울

학교 현장에서 요즘 아이들은 예전과는 많이 다르다. 이기적이고 독불장군형이 많아 다른 사람과 타협을 못 하고 인내심이 부족해 친구들과 다툼을 자주 볼 수 있다. 또한, 우발적인 폭력 사건이 자주 발생하고 본의 아니게 폭력대책위원회에 부쳐지는 경우도 종종 있다. 유아 때 조금도 참지 못하고 떼를 쓰거나 울음보를 터뜨려 그때마다 달래 주고 안아 주어 아이는 더욱더 많은 것을 부모에게 요구하는 것을 본다.

🖎📋 어릴 때 부모의 양육 태도는 아이의 성격에 커다란 영향을 미친다. 부모의 영향이 어떠할 때 미치는지 알아보자.

1) 부모의 양육 태도는 일관적이어야 한다.

예를 들어 공공장소에서 어떤 부모들은 공중도덕을 안 지키는데도 그대로 방관한다면 아이는 커서 다른 사람에게 무례하고 손가락질당한다. 아이 때부터 명확하게 해야 한다. 아이가 원하는 것을 무작정 다 들어 주는 것이 아닌 일관적으로 훈육할 건 하고 칭찬할 것은 명확하게 하는 것이 중요하다.

2) 인성이 결국 인생에서 성공하는 아이를 만든다.

자기 존재감이나 자기 조절 능력을 갖춘 아이는 어떤 난관도 잘 극복하고 적극적으로 대처해 간다. 자신을 사랑하고 자기애가 강해지려면 부모의 관계가 중요하다. 부모가 서로 사랑하고 가족애가 큰 가정일수록 아이의 인성은 스스로 자기 존재감이나 조절 능력을 갖추어 간다. 부모를 보고 닮으려는 기본적으로 따라 하기 행동을 어릴 때 보이고 청소년기까지 이런 모습은 계속된다.

3) 부모들이 자랄 때는 "착하게 자라라"라는 말을 가장 많이 들었을 것이다.

자녀들 세대에 물론 "착하게 자라라"라는 말이 나쁜 말은 아니지만 너무 자녀에게 강조할 필요는 없는 듯하다. 착함은 자신의 감정과 욕구를 억누르며 만들어진 감정일 것이다. 자녀가 자기표현이나 감정을 억제하고 착하게만 자란다면 자신감이 떨어지고 순종적이고 발표가 부족한 아이가 된다. 부모는 자신들의 내면 아이를 찾아야 한다. 부모가 먼저 내면이 치료되지 않고는 아이에게 자존적인 아이로 키우기는 힘들다.

4) 아이의 변화는 공감과 신뢰로 변화된다.

보통의 부모는 자녀를 통제하고 지시하고 일방적으로 명령을 내려 자녀의 자존감이 떨어진다. 아이에게 이러한 강제적인 도구로는 절대 아이를 변하게 할 수 없다. 자녀에게 진정으로 관심과 사랑이 먼저이고 말투 또한 중요하다. "오늘 학원도 늦게 끝나 힘들었지?", "엄마는 너 보고만 있어도 고맙고 사랑스러워." 등 항상 아이의 눈높이에 있는지를 자주 체크해 보자.

아이의 관심은 오로지 "부모님이 오늘은 무슨 말을 할까?" 궁금해한다. 부모는 아이의 거울이며 움직이는 인성의 거울이다. 자녀가 문제가 있으면 우선 부모 자신부터 생각해 보자.

내가 오늘 아이에게 잘못한 말이나 행동, 제스처가 있었는지를 곰곰이 생각해 보고 실수를 했다면 바로 자녀에게 사과해야 한다. 부모의 잘못을 말하는 것이 자녀의 성장에 실수에 대한 보상과 사과에 대해 생각해 보는 시간을 주어 성인이 되면 부모와 같은 행동을 하게 된다.

20. 자녀에게 화를 내지 않고 참는 법

부모와 닮은 자녀를 보면서 부모들은 자신을 투영시켜 자녀의 부족함을 보고 참지 못해 화를 내는데, 이는 자녀의 잘못을 떠나 부모가 화를 스스로 제어하지 못해서 발생한다. 상담실에 오신 한 학부모님은 "우리 집안에 이런 애는 처음입니다."라는 말들을 자주 한다. 아이는 소유의 소속된 일원이 아니다. 자기 자신의 자존감이 있고 가족 구성일 뿐 다른 성격, 다른 달란트를 가진다. 부모는 어릴 때부터 희생적으로 돌보아왔고 성장하면서 자아 발달로 자기주장이 커지면서 부모와 논쟁하며 다툼이 시작된다.

부모는 이때부터 아이에게 화를 내고 때론 감정이 최고점에 올라 이성을 찾기가 쉽지 않다. 화를 내는 이유를 알면 그만큼 화를 내는 숫자가 적어질 것이다.

📜 **부모가 화를 내는 이유를 알아보자.**

1) 부모들은 자녀에게 강요하는 습관이 있다. 자녀의 잘못을 바로 시정하지 말고 지켜보는 시간을 갖도록 하자.

부모들은 본인이 무슨 일이든지 지침을 정해 자녀에게 그렇게 하라고 강요하는 경향이 있다. 이런 강요는 바로 자녀에게 자존감이 떨어지고 스스로 할 수 있는 자립심이 부족해져 아이는 부모가 없으면 무슨 일이든 하지 못하게 된다. 요즘 성인들 사이에 '불멍'이 유행인 것이 스스로 자신을 돌아보고 평온을 되찾으려는 한 방법이다. 자녀에게 시간을 주고 강요하지 말고 지켜본다면 부모도 아이도 모두 평온을 찾을 것이다.

2) 화를 내는 가장 많은 요인은 자녀의 단점을 보기 때문이다.

부모가 보는 자녀의 단점은 바로 부모의 잣대이다. 자녀의 장단점 중에서 부모들은 단점에 비중을 더 둔다. 화를 줄이기 위해서는 자녀의 장점을 찾아보고 그 장점을 칭찬하는 시간을 만든다면 부모의 화는 그만큼 줄어들 것이다.

코로나19로 인해 가정에서 자녀와 오랜 시간 같이 있으면서 행동, 말투, 게임, 핸드폰 등 여러 가지 문제로 인해 화를 표출한다. 이는 대화가 부족에서 나타난다. 대화를 통해 자녀와 신뢰를 쌓는다면 여러 문제를 해결할 수 있을 것이다. 일단 부모의 기대심리를 버리는 일부터 시작해야 한다.

3) 자녀를 일단 존중하세요.

자녀는 부모의 부속물이 아니다. 부모의 모습과 행동 특성을 닮았지만, 각자의 가치관과 행동 특성이 있고 부모와는 전혀 다른 또 다른 인격체이다. 나의 자녀라 생각하지 말고 하나의 다른 인격체로 존중하고 바라본다면 부모는 그만큼 화는 줄어들고 자녀를 이해하는 폭은 넓어질 것이다.

부모가 변해야 자녀가 변한다. 저자가 공부 잘하는 집안 환경이란 특강을 하며 많은 부모를 만나 보는데, 기대 심리와 욕구로 인해 자녀에게 강요를 많이 해서 후회한다는 부모를 자주 본다. 이는 자녀의 사랑 표현의 기술을 몰라 나타나는 현상이다. 부모는 끊임없이 공부하고 좋은 정보를 제공해야 한다. 부모는 자녀의 등불이 되어야 한다.

21. 부모의 긍정적인 말이 학습에 미치는 영향

📝 학생이 듣고 싶은 말 TOP10

	학생이 친구에게 듣고 싶은 말	학생이 부모님에게 듣고 싶은 말	학생이 선생님에게 듣고 싶은 말
1위	내 친구가 되어줘서 고마워	우리 딸/아들, 정말 잘했어	참 잘 했어요
2위	우리 같이 놀자	항상 사랑한다	괜찮아, 잘 하고 있어
3위	너 정말 잘한다	넌 지금도 잘하고 있어	우리 함께 열심히 해 보자
4위	넌 지금도 충분히 잘하고 있어	오늘도 수고 많았어.	정말 수고 많았어.
5위	너는 나의 좋은 친구야	괜찮아 다 잘될 거야	포기하지 마, 넌 할 수 있어
6위	넌 정말 대단해	태어나줘서 고마워	앞으로 힘내자 파이팅
7위	괜찮아, 잘했어	넌 잘 할 수 있을 거야	항상 잘 따라와 줘서 고마워
8위	포기하지 마, 넌 할 수 있어	우리 같이 놀러 가자	넌 정말 성실한 학생이야.
9위	우리같이 하자	넌 최고의 선물이야.	너는 참 착하구나
10위	나랑 친하게 지내자	네가 하고 싶은 대로 해도 돼	시험 100점!

자료: 서울시 교육청

서울교육청이 조사한 친구, 부모, 선생님에게 듣고 싶은 말을 보면 자녀의 요구 사항을 알 수 있다.

학생이 부모님에게 가장 듣고 싶은 말 1위는 "우리 딸, 아들, 정말 잘

했어!", "항상 사랑한다.", "넌 지금도 잘하고 있어!"라는 말의 공통점은 긍정의 단어이다. 자녀는 누구보다 부모에게 인정받고 싶어 하고 부모의 인정에 가장 큰 신뢰를 느낀다.

하지만 대부분 부모는 지적하고 자녀의 행동 수정에 부정적인 단어를 많이 사용하고 있다. 부모에게 듣고 싶은 말 중에 "넌 잘하고 있어!"라는 말은 자녀에게 큰 위안과 용기를 북돋아 주는 가장 효과적인 말이다. 힘든 하루를 보내는 자녀들을 생각해 수시로 위와 같은 말들을 자녀에게 해 준다면 자녀는 자기 만족감으로 과업을 수행하는 데 큰 힘을 얻고 잘 수행할 수 있을 것이다. 학업 또한 긍정의 말로 성적 상승을 보이며 학교나 외부에서 자신감이 충족되어 모든 일에 긍정적인 영향을 미친다.

선생님들의 말 또한 학생에게 미치는 영향이 실로 중요하다. "참 잘했어요.", "괜찮아, 잘하고 있어.", "정말 수고 많았어."라는 말을 듣고 싶어 하는 것으로 나타났다. 특히 부모님과 선생님에게서 가장 듣고 싶은 말 1위로 "참 잘했어요."라는 말이 공통으로 나온 것이 인상적이다. 참 잘했다는 의미는 자녀에게 인정의 욕구를 해결해 주고 자신감과 자존감의 상승을 보여 자녀의 학업에 긍정적인 효과를 볼 수 있다. 자녀들은 항상 누구에겐가 인정받고 싶어 한다. 대부분 자녀는 자신이 잘한 일을 부모에게 말하고 싶어 하고 칭찬받기를 원한다. 학교에서는 상벌점 제도를 운영하는데 교사들이 벌점보다는 상점을 많이 주어 동기 유발을 유도해야 한다.

아이는 엄마의 긍정적인 면을 보고 자란다. 10위까지 듣고 싶은 말의 공통점은 긍정적으로 자신을 인정하는 말이다. 부모들이 위의 말들을 잘 듣고 자녀에게 말한다면 자녀의 태도는 달라지고 학업, 친구 관계, 선생님 관계에서 놀라운 성숙을 보게 될 것이다. 아이에게 가장 중요한 것은 먼저 경청하고 공감해 주는 것이다. 자녀의 장점과 칭찬할 것을 찾아서 해주는 칭찬과 격려가 무엇보다 우선되어야 한다.

📝 **반면 자녀에게 해서는 안 될 7가지 말을 알아보면 다음과 같다.**

① 자신감을 없애는 말: "제대로 하는 게 뭐니?"

② 자존심에 상처를 입히는 말: "심부름 하나도 제대로 못 하니?"

③ 의욕을 잃게 하는 말: "커서 뭐가 되려고 그러니?"

④ 부담 주는 말: "넌 우리 집안을 일으켜야 해!"

⑤ 창의성을 없애는 말: "쓸데없는 짓 하지 말고 공부나 해!"

⑥ 자율성을 없애는 말: "엄마가 하라는 대로만 해!"

⑦ 불안에 빠지게 하는 말: "너 같은 애는 엄마 자식이 아냐!"

위 말들의 공통점은 부정적인 단어라는 것이다. 이러한 단어는 자존감이 떨어지고 불안과 창의성이 저하되는 말들이다. 부모의 말 중에 아이들이 제일 싫어하는 말은 "학원비가 아깝다.", "옆집 애는 선행하는데 넌 도대체 뭐 하고 있니?"라는 비교의 말이다. 이런 말을 들을 때 아이들의 생각은 '도대체 엄마는 공부를 잘했는지… 학원비가 아까우면 보내지 말든지' 이렇게 생각한다.

부모님들은 때로 아무 생각 없이 아이들에게 비수를 꽂고 있다. 요즘 아이들은 학교, 학원 등 정말 극한 직업이라 할 수 있는 생활을 하고 있다. 부모들은 지금부터라도 먼저 공감해 주고 경청하며 힘든 아이의 어깨를 감싸 주어야 한다.

"오늘 수고했어.", "잘했어.", "넌 지금 잘하고 있어.", "넌 잘할 거야."라고 말하며 자녀를 맞이하자.

22. 부모의 자녀 존중이 창의성에 미치는 영향

구글(Google)의 어머니 에스더 워치츠키(Esther Wojcicki)는 창의적인 인재들을 양성하는 더욱 구체적인 방법론으로 5가지 원칙을 제시했다. 신뢰, 존중, 독립, 협력 그리고 친절이 그것이다.

📝 **창의적인 인재들을 양성하는 5가지 원칙은 다음과 같다.**

첫째, 아이들을 무조건 믿어 주는 것이다.

워치츠키는 "어른들이 아이들을 믿는다면, 아이들은 어른들을 믿는다."라고 했다. 부모와의 신뢰는 믿음으로 시작된다. 자녀의 일거수일투족에 관여하고, 남과 비교해 자녀를 판단하고, 자녀를 신뢰하지 않는다면 자녀의 자존감과 자신감은 떨어질 것이다. 자녀들은 부모의 신뢰를 가장 먼저 받아들이고 부모에 대한 믿음을 바탕으로 성장한다고 한다. 무조건 믿어 준다는 것의 의미는 자녀의 실수나 실패에도 같은 잣대로 행해져야 한다. 실패의 과정을 중요시하고 같이 의견을 나누어 실수할 수 있는 상황을 줄이는 것이 부모의 할 일이다.

둘째, 아무리 괴상한 아이디어라 하더라도 들어 주고 존중하는 것이다.

자녀의 엉뚱한 행동을 바로 지적하거나 다른 방향으로 유도한다면 자녀의 창의성은 낮아지고 자녀 스스로 자신을 비하하는 행동으로 나타날 것이다. 이는 자신감과 자기 존재감의 하락으로 나타나고, 무슨 일을 하든지 부모의 눈치를 보게 되고 창의적인 생각과 사고에 한계를 느끼게 된다. 부모 관점에서 바라보지 말고 자녀의 아이디어에 관해 관심을 보이고, 이를 생각하게 된 의미와 논리에 대해 자녀와 토론하는 시간을 가져야 한다. 부모는 자녀의 아이디어에 칭찬으로 다가가야 한다. 현실적이지 못하다고 바로 비난하거나 지적한다면 자녀의 생각 폭이나 상상력은 위축되고 자기주도학습에도 나쁜 영향을 미칠 것이다.

셋째, 아이들에게 독립성을 인정하는 것이다.

독립적인 사고를 하는 아이만이 창의적일 수 있다. 창의적인 사고를 남과 비교하거나 현실성이 부족하다고 해서 제어한다면 자녀의 독립성은 떨어지고 자기 만족감에 나쁜 영향을 미칠 수 있다. 부모는 자녀를 객관적으로 관찰하고 지켜보는 것이 올바른 양육 방법이다.

넷째, 혼자 하는 것보다 협력해서 하는 것이 더 좋다는 것을 깨닫게 해야 한다.

타인과 함께 무언가를 한다는 소속감은 엄청난 변화를 불러올 수 있다. 협력과 모둠 활동은 서로 배려하고 자신을 낮추는 겸손을 학습하게 된다. 사회생활의 가장 중요한 것은 타인과의 협력이다. 협력은 자녀들에게 자신을 인정하고 남을 존중하는 규칙을 배우고 준수하여 자신의 창의성이 더욱 발전할 수 있다. 부모는 공동 작업을 할 수 있는 프로그램에 참여할 수 있도록 많은 기회를 주어야 한다.

다섯째, 아이가 실패하더라도 친절하게 받아 주는 것이다.

실패는 자녀의 성장 과정에 자연스러운 행동이고 자주 발생한다. 실패하더라도 자녀의 독립적 아이디어를 끝까지 실현해 낼 수 있도록 격려와 칭찬이 필요하다. 실패의 원인을 자녀와 같이 파악해 보고 다시 안 하도록 도움을 주고, 실패로 낙담하지 않도록 자녀를 인정하고 보살펴야 한다. 실패한 자녀에게 바로 지적하거나 부정적인 언행을 한다면, 자녀들의 자기 만족감은 하락하고 다시 도전하지 않고 포기하게 된다. 실패는 성공의 어머니란 말과 같이 실패 후에 피드백을 통해 지도하는 것이 중요하다.

믿어 준다는 건 부모로서 힘든 일이다. 왜냐하면 부모는 아이에 대한 자신만의 성공의 틀이 있기 때문이다. 이런 틀에서 벗어나면 부모는 불안하고 우리 아이가 뒤처져 있다고 생각한다. 부모의 고정관념은 아이의 창의력이나 아이디어, 자기주도학습을 방해하고 수동적인 아이로 변하게 한다. 부모들은 자녀를 유일한 인격체로 인정해야 한다. 아이가 다른 걸 추구한다고 두려워하지 말고 아이의 관심과 흥미에 집중하고 믿어 주고 응원하자.

아이의 잠재력 능력을 부모로서 최소한 방해하는 행동은 하지 말아야 한다.

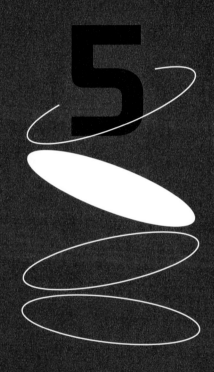

자녀의 미래 진로 설계를 위한
부모의 역할

제5장

자녀의 미래 진로 설계를 위한 부모의 역할

1. 인공지능(AI) 시대의 자녀 교육

오픈 에이아이(Open AI)가 2022년 11월 30일에 공개한 대화 전문 인공지능 챗GPT로 인해 사회적으로 큰 변화를 요구하고 있다. 교육 현장에서는 평가에 대한 새로운 커리큘럼을 개발하고 있고, 각 대학에서는 과제를 낼 수 없는 상황에 난처한 처지이다. 챗GPT는 5일 만에 100만 명의 하루 이용자 수를 보이며 그 능력은 실로 대단하다. 앞으로 인공지능 시대가 문을 열 것이다. 이런 상황에서 우리 자녀를 어떻게 지도해야 할지 부모의 숙제가 많아졌다. 자녀들의 세상은 바뀌고 있는데 지금도 교육 현장에서 기억력과 반복 학습이 진행되고 있고, 변화를 따라가지 못하고 있다. 인공지능 시대에 자녀들에게 문제의 해답이 아닌 탐구심과 호기심을 키워 주어야 하고 AI(artificial intelligence)와 함께 공존하며 해결책을 찾을 수 있도록 능력을 길러 주어야 한다.

📑 부모들은 자녀에게 어떤 교육을 시켜야 하나?

1) 사고력과 창의성을 길러주는 교육에 자녀들을 이끌어 주어야 한다.

자녀에게 챗GPT를 사용하는 방법과 양적인 질문을 유도할 수 있게 기본적인 어휘력에 관심을 두고 자녀에게 기회를 제공해야 한다. 챗GPT가 학습의 결과물로 대체된다면 자녀의 창의성, 비판적 사고력은 반대로 떨어진다.

AI의 학습을 위한 도구로 사용해 창의적인 결과물을 만들 수 있도록 부모가 안내하고 지도해야 한다. 자녀들이 받아들일 데이터는 2010년 이후 50배가 상승했다고 한다. 부모 시대와 다르게 자녀들은 이 많은 정보에 노출되어 있고, 이를 선별할 수 있는 능력을 키우는 것이 성공의 지름길이다. 세상이 바뀌고 4차 산업의 발달로 직업의 수도 급격하게 줄어들고 있고 그동안 제시되었던 SKY 대학 졸업이 성공을 보장한다는 말은 옛말이 될 것이다

2) 자녀의 꿈과 진로에 강요하거나 정해진 틀을 만들면 안 된다.

앞으로 자녀들이 세상을 살아가려면 상호 작용의 관계에 빠른 적응이 가장 중요하다. 상호 작용의 기본은 부모와 자녀 관계이다. 부모와의 관계가 원만하고 자녀의 인격을 존중하며 긍정적인 방향으로 진행한다면 자녀 또한 긍정적으로 큰 위안과 힘을 발휘할 것이다. 부모가 자신의 욕구나 대리 만족으로 자녀의 꿈을 정하거나 돈 많은 직업, 안정적인 직업에 몰두하는 것은 자녀를 불행하게 만들 수 있다. 세상의 변화는 부모들이 생각하는 시간보다 빠르게 진행되어 부모의 재교육이 필요하고, 자녀를 위해 시대 적응에 노력해야 한다. 챗GPT를 한 번

도 사용해 보지 않은 부모는 자녀에게 긍정적인 사용 방법을 제시할 수 없다. 부모가 먼저 실천하고 자녀에게 문제점을 지적할 정도는 되어야 자녀의 AI 교육에 도움을 줄 수 있다. 자녀의 속도는 따라갈 수 없지만, 최소한 개념 정도는 부모가 알고 있어야 한다.

3) 자녀 인문학적 소양을 위해 여러 프로그램을 제공해야 한다.

외부 강의를 나가 보면 예전에는 자녀의 진학에 관한 질문을 많이 받았는데, 요즘은 미래에 적응하기 위한 진로와 직업에 관한 질문을 많이 받고 있다. 부모들도 세상의 변화에 조금씩 적응하고 있다. 지금 부모들은 코로나19로 인해 일찍 선보인 4차 산업의 발달을 이용만 하면 되는 세대이다. 하지만 자녀들은 변화의 주역이 되어야 살아남고, 부모가 생각하는 성공의 조건은 많은 변화가 있을 것이다. 자녀 학습에 인문학을 중점으로 두라고 말하면 이해를 못 하는 부모가 있을 것이다. 인공지능 AI는 어떻게 사용하고 어떤 명령어를 사용하느냐에 따라 그 해법을 찾는 것에 대해 큰 차이를 보인다. 문해력과 언어력을 강화하기 위해서는 독서가 필수이고 토론과 창의성 개발이 우선되어야 한다.

우리가 쓰고 있는 삼성 스마트폰은 2010년 갤럭시S가 출시되었고, 13년의 발전으로 우리는 핸드폰으로 모든 것을 할 수 있는 시대가 되었다. 2030 세대인 자녀들의 기술 발전 속도는 상상을 초월하는 변화를 보일 것이다. AI는 우리 곁에 자리 잡고 있고 자녀들은 그 안에서 4차 산업을 이끌어 나아가야 한다. 자녀들에게 코딩 교육은 기본이 되어야 하고 새로운 기술의 습득을 위해 부모들은 큰 노력과 학습으로 자신들을 무장해야 한다.

2. 인공지능(AI) 시대 우리 아이의 부모 역할

챗GPT의 초기 데모 발표 후 5일 만에 100만 명의 가입자를 기록하면서 인공지능은 우리에게 가까이 왔다. 여러 기관에서 위압감을 느끼고 그 능력이 생각보다 놀라운 실력을 발휘함으로써 대처에 발 빠른 대응을 하고 있다. 수필, 검색, 작문, 논문 등에서 실제 시험을 통과하거나 그동안의 인공지능의 실력을 능가하면서 이젠 이용에 대한 방법과 주의를 제시하는 시점이 되었다. 가장 큰 변화는 앞으로 초, 중, 고, 대학의 과제를 현장에서 해결해야 하는 문제를 안고 있어 교육부 또한 학부모, 학생, 교사에 대해 챗GPT의 저작권이나 사용 제한에 대한 설명서를 만들어 배부할 예정이다.

인공지능에 대한 그동안의 견해는 우리의 생활에 직접적인 연관을 못 느꼈기에 이번 챗GPT의 시작은 실제로 위압을 느끼고 있다. 패스트푸드점의 키오스크(Kiosk)로 무인점포가 늘어가고 있고, 로봇과 자동화로 10년이 지나면 직업의 40%가 없어진다는 기사를 보면서도 부모들은 대수롭지 않게 생각한다. 이제 인공지능은 우리 곁에 다가오고 우리는 어떻게 대처할 것인가를 자녀에게 설명해야 할 시간이 왔다.

1) 앞으로 사라질 직업을 부모가 관심 있게 찾아보고 자녀의 진로를 적극적으로 제시해야 한다.

BBC가 예측한 앞으로 사라질 직업 중의 상위 10위를 살펴보면 우리가 선호하는 법률가, 회계사, 은행원이 포함되어 있다. 앞으로 자녀들의 직업은 실로 엄청난 변화가 있을 것이고, 변화에 대한 정보는 부모님의 사고 전환에 달려 있다. 아직도 자녀가 직업 인기 순위인 교사, 공무원만 강요한다면 미래에 대처할 자녀들의 세계와는 동떨어진 직업을 추천하는 것과 같다. 기계적이고 반복적인 직업은 거의 다 사라질 것이다.

2) 부모는 인공지능의 긍정적인 사용법을 자녀와 의논해야 한다.

획일적인 주입식 교육은 학교 현장에서도 없어질 것이다. 인공지능은 도구이며 이제 인공지능을 어떤 방법으로 나의 학습에 이용할 것인가에 주안점을 두어야 한다. 풀이와 답은 다 나와 있고, 어떤 질문을 할 수 있느냐에 대해 부모의 도움이 필요하다. 창조력 또한 인공지능을 통해 정해져 있지만 아이만의 색깔과 연구로 인공지능은 참고가 되어야 한다. 자녀의 챗GPT 사용법 또한 부모와 같이 토론하고 긍정적인 이용 방법을 나누어야 한다.

3) 자율성과 자기 조절 능력을 키운다.

인공지능에 아무 준비 없이 다가간다면 아이의 자율성과 자기 조절 능력이 감소할 수 있다. 쉽게 답을 바로 알 수 있고 그 답안을 아무 생각 없이 적용한다면 아이의 창의적인 아이디어나 자율성에 큰 오점을 남길 수 있다. 아이 스스로 생각을 깊고 정밀하게 할 수 있는 시간을 주어야 한다.

앞으로 AI는 더 자세하고 놀라운 실력을 갖추어 우리 곁에 가까이 올 것이다. 생각보다 엄청난 변화가 우리에게 지금 벌어지고 있고, 이젠 우리 자녀에게 실질적으로 처해 있는 상황이 되었다. 부모들의 빠른 변화가 무엇보다 중요하다. 이젠 '변화가 올 것이다'가 아니다. 변화는 우리 아이에게 이미 와 있고 부모는 문제 제시를 해야 할 의무가 있으므로 4차 산업에 대한 부모의 학습이 중요하다.

3. 명문대를 나와야 성공한 인생일까?

통계청에서 발표한 〈사회 조사 결과〉에 따르면 51.1%는 대학에 다니는 이유가 '취업 때문'이라고 답했다. 학부모(46.7%) 역시 '좋은 직업을 갖기 위해서'라고 답했다.

예전 부모의 시절엔 명문대를 졸업하면 취업의 질도 높았고 순조롭게 취업 결정을 할 수 있었다. 그러나 지금은 명문대가 취업 보장이 아니고 그 안에서 경쟁해야 하며, 부모가 생각하는 좋은 직업을 보장하고 있지 않다. 명문대 재학생들의 자퇴가 높아지고 있고, 그 이유 중 하나가 취업에 대한 만족도가 떨어져 전문직인 의대 진학을 목표로 재수를 결정하는 수가 늘고 있다. 이는 사회적으로도 편향된 직업의식이고 성공한 삶은 행복한 삶을 살고 있느냐의 의미일 것이다

명문대에 다니는 것이 행복을 보장하지 않으며, 반대로 명문대에 다니지 않아도 행복할 수 있다. 학교의 명성이나 지위는 그 자체로 행복을 보장하지 않고 중요한 것은 자신이 선택한 길에서 자신의 열정과 능력을 발휘할 기회를 찾는 것이다. 명문대에 다니면 교육 수준이 높아지고 전문적인 지식을 습득할 기회가 많아지기는 하지만, 이것이 모든 학생들에게 행복을 제공하지 않는다. 모든 사람은 서로 다른 꿈과 가치관을 따르고 있기 때문이다. 자신이 어떤 일을 좋아하고, 자신의 인

생 목표가 무엇인지를 생각하고 그것을 향해 나아가는 것이 중요하다.

따라서 명문대에 다니는 것이 자신에게 맞는 선택인지를 고민하고, 자신의 가치관과 목표에 부합하는 대학을 선택하는 것이 중요하다. 또한, 대학에서 학업 이외에도 친구, 동아리, 봉사 활동 등을 통해 즐거움과 성장을 경험할 수 있어야 한다.

상담 과정에 여학생의 질문을 받았다. "저는 음악을 전공해 작곡하고 싶은데 부모님의 반대가 심해요. 어떻게 할까요?" 부모님의 반대 이유는 바로 좋은 직장에 대한 욕심이고, 음악을 하며 금전적인 자녀의 삶이 보장될까 하는 불안일 것이다

2030 세대의 우리 아이들은 미래 직업에 있어 전공만으로 살아가기는 힘들 것으로 생각한다. 자녀의 미래는 부모 세대와는 다양한 분야에 전문성을 갖추어야 한다. 자녀가 지닌 다양한 전문성이야말로 자녀의 행복한 삶을 보장할 수 있을 것이다. 부모와 전문성의 다양성을 주제로 부모와 상담해 보라고 설명했다.

명문대에 들어가는 것이 자신의 꿈이라면, 그것을 이루었을 때 행복을 느낄 수 있으나 명문대를 나와야만 행복할 수 있다는 것은 결코 사실이 아니다. 행복은 개인의 가치관, 성격, 삶의 목표, 욕구 등에 따라 다양한 형태를 가지며, 명문대를 나온다는 것만으로는 만족할 수 없다. 또한, 명문대를 나오지 못하거나 명문대가 아닌 대학을 졸업한 사람들도 자신의 인생에서 큰 성취와 행복을 느낄 수 있다.

명문대를 나오는 것이 그 자체로 목표가 아니라면, 자신이 진정으로 원하는 일을 찾고, 그것을 추구하며 성취하면서 행복을 느낄 수 있고

중요한 것은 자신이 선택한 길에서 최선을 다해 노력하며, 자신만의 성공과 행복을 스스로 찾는 것이 우선이다.

4. 4차 산업! 우리 아이 미래 직업 선택

학교에서 진로와 직업을 수업하면서 앞으로 교사의 직업은 어떻게 변할까 생각해 보면, 코로나19로 인해 원격수업이 강화되고 4차 산업혁명 시대에 교사라는 직업이 과연 계속 존재할 수 있을지, 만약 존재한다면 교사의 역할은 어떻게 변화가 될지 필자 또한 많은 생각을 하고 있다.

2033년 자녀의 직업은 지금과는 큰 변화가 있을 테고, 그러므로 부모의 직업에 대한 관점을 바꾸어야 한다. 수업 현장에서 보면 부모의 희망 직업은 대부분 교사, 공무원, 의사로 이루어져 있고 자녀의 직업을 선택하는 시기와는 큰 차이를 볼 수 있다.

4차 산업혁명은 코로나19로 인해 우리 곁에 더욱 빠르고도 밀접하게 연관되어 있다. 부모님들은 생활하며 4차 산업을 느끼고 활용하고 있다. 부모님들은 앞으로도 이런 신기술을 이용하고 살아가면 되지만, 자녀들은 이러한 기술을 만들고 그러한 분야에 취업해야 한다. 부모님 세대와는 전혀 다른 환경에서 자녀들은 경쟁해야 한다. 요즘 대학을 졸업하고도 취업을 못 해 전공과는 다른 개발자나 정보통신 분야를 재학습을 한다. 실질적으로 문과 계열 취업이 힘들고 SKY를 졸업하고도 취업이 안 되는 현실이다.

이제는 진로, 취업에 대한 부모님의 사고 전환이 있어야 한다. 중학교 직업에 대한 선호도를 조사하면 교사, 공무원, 의사가 항상 거론되는데 부모님이 권유가 대부분이다. 아이들이 모두 할 수 없는 직업이고 교사 또한 교원 감축과 연금 개혁으로 그동안 교사의 연금과는 다르게 국민연금 수준이 되어 실질적인 직업 선택을 고려해야 한다. 의사 또한 직업의 만족도가 떨어지고 있고 예전보다 의사에 관한 존경심도 하락해 극한 직업에 포함되고 있다.

직업은 만족, 연봉, 근무 조건 등 여러 가지 조건이 있지만 요즘 MZ 세대의 직업관은 지금 부모님 세대와는 큰 차이를 보인다. 현재 중1이 앞으로 직업을 가질 2033년이 되면 미래 직업은 생각하는 것보다 엄청난 변화가 있을 것이다.

📝 **자녀들이 관심을 가지고 선택해야 할 미래 직업 전망 TOP 5를 알아보자.**

1) 코로나19로 인해 우리 주변에 많이 활용하고 있고 발전 속도가 빠른 인공지능

2016년 3월 인공지능 알파고가 이세돌 9단을 바둑으로 꺾으면서 대중의 관심을 받기 시작했다. 인간의 학습 능력과 추론 능력, 지각 능력, 자연언어의 이해 능력 등을 컴퓨터 프로그램으로 구현되어 사람들이 하던 많은 일들을 인공지능이 대체하게 되면, 수많은 사람이 직장을 잃을 것이고, 앞으로는 더 많은 직업이 인공지능으로 대체될 것이다.

2) 우리 곁에 와 있는 휴머노이드 로봇

로봇은 가정에 로봇 청소기 등 실제 우리 주변에 사용하고 있고 많은 부분 우리와 함께한다. 요리 로봇, 주문 로봇, 로봇 바리스타 등은 주변에서 쉽게 볼 수 있다.

휴머노이드 로봇이란 머리·몸통·팔·다리 등 인간의 신체와 유사한 형태를 지닌 로봇을 말한다. 인간의 행동을 가장 잘 모방할 수 있는 로봇으로 인간형 로봇이라고도 한다. 한국의 대표적 휴머노이드는 휴보(HUBO)로 키 120cm, 무게 55kg으로, 시속 1.25km(1분에 65걸음)로 보행할 수 있다. 미래 교실의 모습은 로봇 선생님이 학습을 보조하는 역할을 할 수도 있을 것이다. 휴머노이드 로봇의 대표는 자율주행 자동차를 말한다. 우리 자녀들이 선택할 직업이고 유망 직업이다.

3) 가장 빠른 변화를 보이는 자율주행 자동차

매년 부모님들의 차를 보면 알 수 있듯이 놀라운 혁신 기술을 주변에서 찾아볼 수 있다. 이러한 4차 산업의 기술 혁명을 개발하는 직업에 우리 자녀가 함께해야 한다.

첨단 자동차 기술이 발전하면서 이제 자율주행 자동차를 향한 꿈은 현실이 되어가고 있고, 자율주행 자동차 개발을 위하여 많은 기업이 앞다투어 나서고 있다. 자동차 기업은 물론 IT 기업, 운송 기업, 컴퓨터 부품 제조 기업들도 자율주행 기술 개발 경쟁이 치열하다.

자동차가 스스로 움직이기 위해서는 주변 다양한 기술과 사물을 인식할 수 있는 첨단 센서와 성능 높은 그래픽 처리 장치의 도움이 필요하다. 스마트 워치와 연동한 자율주행 자동차 연구 개발도 계속되고 있다. 자동차 분야의 일자리는 많이 생길 것이고 연관된 기술 개발에 우리 자녀들이 참여해야 한다. 이 분야의 연봉도 상위권이다.

4) 드론 기술의 발전은 직업 변화에 큰 역할을 할 것이다.

드론이란 자율 항법 장치로 자동 조종되거나 무선 전파를 이용하여 원격 조종되는 무인 비행 물체를 말한다. 방송에서는 원거리에서 풍경을 촬영하기 위해 드론이 이미 널리 사용되고 있고, 개인도 비행과 촬영을 위해서 드론을 구매할 수 있다. 이런 드론 기술이 더욱 발전되어 우리 실생활의 다양한 부분에 접목되면 드론 택배가 물건을 배송하게 될 것이다. 아마존 쇼핑 배달이 시작된 지는 오래됐다. 우리나라도 섬 지역에 드론으로 우편배달을 시작했다. 드론으로 인한 배달의 혁명이 시작된 것이다. 우리나라도 드론 자격증이 인기가 많고 학생들도 지원한다.

5) 3D 프린터는 활자의 혁명이다.

3D 프린터는 활자나 그림을 3차원으로 인쇄하듯이 입력한 도면을 바탕으로 3차원의 입체 물품을 만들어 내는 기계를 말한다. 현재 부족하지만, 학교에서도 3D 프린터를 활용해 수업을 진행하고 있다. 머지않아 혼수품 목록에 3D 프린터가 들어갈 것이다. 지금은 모형이나 조그만 소품을 만드는 정도의 기술이라면 앞으로 3D 프린터가 발전하면 자동차, 건물도 프린터로 출력할 수 있을 것이다. 3D 프린터의 직업 전망도 무궁무진하다.

이처럼 4차 산업의 대표적인 5가지를 알아보았는데, 우리 자녀들이 선택할 직업이고 부모 또한 자녀에게 미래 직업 전망에 대해 수시로 정보를 제공해야 한다. 미래의 발전 속도는 아무도 예측할 수 없다. 하지만 자녀의 직업 선택을 현재의 직업에 머문다면 자녀는 미래 사회에 적응할 수 없고 부적응자가 될 것이다.

5. "선생님, 꿈이 없어요."

청소년기에 진로에 대한 탐색과 준비는 정말 중요한 시기이다. 부모님 세대와 다르게 중학생 시기부터 진로에 대한 구체적인 노력이 필요하다.

고교학점제가 2025년에 고등학교 전 학년에 시행되면서 고등학교에 가서 나의 진로나 목표를 결정하는 건 늦은 감이 있다. 최소 중3 학생이라면 나의 학과와 진로를 구체적으로 설정해야 한다. 커리어넷에 진로에 대한 모든 검사를 무료로 할 수 있고 중학교 때 진로 검사를 의무로 하고 있다.

"선생님, 저는 꿈이 없어요."라고 말하는 학생들이 있는데, 그 이유 중 하나가 성적으로 부모가 아이의 꿈을 정한다는 것이다. 진로에 대한 기초 검사 자료로 활용되는 체계적인 진로 탐색 교육이 무엇보다 중요한 시기이다. 본인의 기대, 포부, 관심, 흥미, 적성, 소질을 반영한 선택과 결정에 대한 합리적인 판단의 기초 자료로 활용되는 체계적인 진로 탐색 교육이 무엇보다 중요하다.

부모는 무엇보다 아이의 흥미 적성을 고려해 아이를 바라보아야 한다. 중요한 건 아이가 진로 선택이 없다고 아이의 상태를 걱정하거나 서두를 필요가 없다. 차분히 아이가 좋아할 수 있는 흥미 분야에 기회를 제공해 주는 것이 부모의 역할이다.

아이가 꿈이 없다고 큰 문제가 있는 것이 아니다. 꿈은 만들어 가는 과정이고 단지 그것조차 생각을 안 한다면 그것이 문제이다. 꿈이 없다는 학생에게 좋아하는 것이 무엇인지 질문하면 막연한 꿈보다는 쉽게 대답하는 걸 보는데, 꿈 자체는 진행형이기에 아이의 관심 분야를 살펴주고 존중해 주는 모습이 부모와 교사의 할 일이다.

📝 고입을 앞둔 학생이라면 고입 선택이 가장 중요하다. 대입이 고입이다.

영재고, 과학고, 특목고, 자사고, 특성화고, 외고, 국제고 중 나의 성향이나 학업, 나의 진로 목표로 학교 선택을 해야 한다. 이러한 학교 선택을 할 때는 나의 진로 목표가 명확히 이루어져야 한다. 부모나 친구에 의해 진학을 결정한다면 아이의 진로에 큰 오점을 남길 수 있다.

고입은 바로 진로를 선택하는 것이고 학교 유형에 따라 수업 목표가 달라 부모의 일방적인 선택으로 적응을 못 해 학교를 그만두는 아이를 자주 본다. 진로와 꿈은 다르다. 아이가 대학만 바라보고 학업 위주의 삶을 살아온 아이들은 대학 이후 진로를 정하는 데 어려움을 겪게 된다.

📝 진로 선택에 가장 중요한 것은 자기주도적인 의사 결정이다.

부모나 주위가 아닌 자기주도적으로 진로 선택을 하여야 한다. 부모는 충고는 할 수 있어도 자녀의 결정에 믿음을 보내야 한다. 자기주도적인 진로 결정이 자녀에게 자존감이나 성취감에서 큰 효과를 발휘하기 때문이다. 부모는 참을성 있게 잘하는 면을 도와주고 자녀가 스스로 자신의 진로 선택을 찾을 수 있도록 여러 가지 정보를 제공해 주고 지켜보는 것이 중요하다. 부모의 과도한 참견이나 억압적인 요구는 자녀에게 아무런 도움이 될 수 없다.

6. 자녀의 미래를 망치는 양육 태도

부모들은 자녀가 태어나기 전, 부모가 되기 위한 준비를 해야 한다. 실질적으로 자녀를 위해 공부하고 책도 보고 자녀교육설명회 등 많은 시간을 태어날 자녀를 위해 시간을 보내야 한다. 아기의 탄생은 가족의 기쁨이고 큰 행복을 부모에게 준다.

자녀가 성장하면서 부모는 여러 가지 교육적 결정에 능숙하지 못해 미숙한 모습을 보여 준다. 부모지만 초보 엄마 아빠로 자녀에게 본의 아니게 실수하게 된다. 자녀가 생기면서 그동안 가정 환경의 변화가 많고, 해야 할 일이 많아지면서 자녀의 교육에 적절한 대답을 못하는 경우가 생긴다. 이런 부모의 실수가 반복된다면 자녀는 큰 혼란을 겪게 되어 빠른 대처가 필요하다.

📝 **자녀를 위해 해서는 안 될 행동이나 언행을 살펴보자.**

1) 폭력적인 언행이나 폭행은 절대로 해서는 안 된다.

주로 부모 중 아빠에게 나타나는 행동이지만 부모 모두 같다. 폭력적인 부모의 특징 중 지능이 낮은 부모에게 많이 나타난다는 결과가 있지만, 그것은 그리 중요하지 않다. 부모의 폭력은 자신들의 욕구나 감정 제어가 안 되어 가정뿐만 아니라 사회생활에서도 습관적으로 나타나는 행위이다. 자녀들이 무서워 바로 행동을 수정하는 것처럼 보이지만, 폭행당한 자녀들은 이를 해소하기 위해 학교나 외부에서 부모의 폭언과 폭행을 그대로 표출하여 학교 폭력이나 외부에서 벌을 받는 행위로 나타난다. 자녀들을 양육할 때 이런 모습을 보인다면 자녀의 폭행을 방조하는 결과를 낳는다. 폭력뿐만 아니라 폭언 또한 자녀들이 바로 학습되어 표출된다고 생각하면 부모의 언행이나 행동은 매사 신중해야 한다.

2) 부모의 욕망과 욕심을 자녀에게 투영시키면 안 된다.

대부분 부모가 여기에 속한다고 봐도 과언이 아니다. 부모들은 자신들이 이루지 못한 꿈들을 자녀에게 강요하는 경우가 많은데, 자녀의 창의력을 저하하고 자녀의 꿈을 짓밟는 행위이다. 요즘 아이들의 꿈을 수업 시간에 들어보면 무척 다양하다. 자녀는 한발 앞서서 나아가는데 부모의 꿈 강요는 자신의 시각에 머물러 있어서 안타깝다. 4차 산업의 발전으로 직업에 대한 가치관이 달라지고 사라지는 직업이 생기면서 우리 자녀들의 직업은 급속한 변화를 요구하고 있다. 부모 또한 시대의 변화에 빠르게 적용하기 위해서는 자녀를 위한 부모 교육에 참여해야 한다.

3) 부모의 과잉보호와 남과의 비교는 아이를 망치는 주요 요인이 된다.

과잉보호의 출발은 부모의 욕심에서 나온다. 자녀는 성장 중이고 발달 단계별로 필요한 교육과 환경을 제공해 주고 지켜보는 시간을 자녀에게 주어야 한다. 성급한 부모들이 자녀의 늦은 성숙을 비정상적이라 생각하고 자녀의 모든 일을 대신해 주는 잘못을 범한다. 이런 행동은 자녀 스스로 자기주도적인 능력을 부모가 망치는 경우이고, 자녀 또한 부모의 도움에 기대어 할 수 있는 일이 아무것도 없게 된다. 이는 학업에서도 나타나 성적 하락으로 나타난다.

학교 현장에서 아이들은 비교에 대한 강한 부정이 있다. 비교하는 것을 제일 싫어하는데 부모는 자연스럽게 옆집 아이, 동생 등 자녀를 비교하면서 언어 폭행을 많이 한다. 자녀는 자존감이 하락하고 포기하는 행동으로 나타나고 열심히 하고자 하는 모든 행동에 찬물을 끼얹는 것과 같다.

위와 같은 행동 말고도 여러 가지 자녀를 망치는 요인이 많겠지만 폭행, 부모의 욕심, 과잉보호, 비교 등은 절대로 자녀에게 해서는 안 될 금기어처럼 부모가 항상 주의하고 자신을 반성해 보는 시간을 가져야 한다. 이런 행동을 했다면 자녀에게 이른 시일에 사과하고 미안함을 진심으로 전해야 한다. 자녀는 소유물이 아니다. 한 인격체로 자녀를 객관적으로 바라보고 자녀의 미성숙을 지켜보고 기다려 줄 수 있는 포용적인 정서로 부모가 무장해야 한다. 부모지만 진지한 사과만이 자녀와의 관계를 회복하는 열쇠가 된다.

7. 진로 의사 결정을 못하는 아이

일상생활에서 수많은 의사 결정을 하게 되는데 청소년기에는 학교, 학과, 직업 선택 등의 중요한 의사 결정을 하게 된다. 진로 결정은 바람직한 진로 교육을 통하여 진로 설계와 계획이 장시간에 걸쳐 진로 발달로 이루어지고 합리적으로 진로를 결정할 수 있게 되는 상태를 말한다.

📝 진로 의사 결정은 다양한 선택과 결정을 하게 되는데 3가지 유형을 볼 수 있다. 합리적인 유형, 직관적 유형, 의존적 유형이다.

1) 합리적인 유형은 의사 결정이 신중하고 합리적이지만 의사 결정에 시간이 많이 걸린다는 것이다.

바람직한 의사 결정이지만 결정에 있어 신중히 처리함으로 시간적인 낭비를 가져올 수 있다. 체계적이고 논리적이지만 다른 사람의 의견보단 자신이 수집한 정보를 더 신뢰하고 창의성에 미흡한 부분이 있다.

2) 직관적 유형은 의사 결정이 즉흥적이고 감정적이다.

반면 의사 결정이 신속하다는 장점도 있다. 자신의 감정 상태에 의존하고 객관적인 사고보다 자신의 확고한 믿음에 따라 의존한다. 시간적인 여유를 가지고 정보 수집을 포괄적으로 하여 다른 사람의 의견에 귀를 기울여야 한다.

3) 의존적 유형은 의사 결정이 수동적, 순종적이고 실패했을 때 남의 탓을 하고 결정을 내릴 때 정서적으로 불안을 느낀다.

본인의 의사 결정 중심을 타인에게 두어 회피하거나 다른 사람의 동의에 흡수되어 자신의 결정이 무엇인지도 모른다. 자신의 결정에 자신감을 느끼는 연습을 많이 하고 내가 원하는 것이 무엇인지 탐색하는 과정이 필요하다.

학생 상담을 할 때 가장 힘들어하는 학생은 의존적인 아이들이다. 이 학생들은 일단 목표 의식이 없고 선생님 "전 꿈이 없어요."라고 말하는 학생들이다.

📝 자녀가 진로 의사 결정에 힘들어한다면 다음의 사항을 점검해 보자.

1) 우선 커리어넷에 진로 검사를 먼저 실시해 보길 권한다.

검사를 통해 과학적인 사고의 아이라면 진로 선택 유형을 알고 그에 맞는 처방이 이루어져야 한다. 의존적인 아이는 구체적인 꿈을 찾기 위해 관심 분야를 같이 찾아본다. 의존적인 아이는 타인의 영향을 받고 결정에 대한 책임을 회피한다. 따라서 자존감을 찾을 수 있도록 잘하는 분야를 칭찬하고 잘할 수 있다는 자신감을 키우도록 도와주어야 한다.

2) 진로진학 상담교사, 전문가와의 상담이 중요하다.

부모님의 결정도 중요하지만, 진로 검사를 통해서 학교의 진로 교사, 전문가와의 진지한 대화와 처방이 중요하다. 부모님은 객관적으로 자녀를 볼 수 없고 부모가 원하는 방향을 강요하기도 한다. 자녀의 결정 유형을 정확히 파악하고 자녀의 흥미를 발견하기 위한 노력이 있어야 한다.

3) 부모는 합리적인 의사 결정의 단계를 이해하고 각 단계에 맞는 교육 기회를 제공해야 한다.

① 문제 인식을 인식하고 목표를 명료화해야 한다.

내가 원하는 것, 즉 무엇을 원하는지를 분명하게 정한다. 진학 학교나 진로를 선택하였다면 어느 학교로 진학해야 할지 구체적인 정보 수집을 통해 준비 과정을 알아보아야 한다.

② 대안 탐색

목표를 이룰 수 있는 여러 가지 대안을 찾아 정리한다. 고입을 준비한다면 여러 유형의 학교를 알아보고 자기 성적이나 꿈에 합당한 학교 선택을 위해 학교의 특성과 장단점, 대학 진학률 등을 정확한 데이터로 파악해 탐색해야 한다.

③ 기준 설정

진로 문제를 해결할 수 있는 기준을 설정한다. 기준을 선택하였다면 진학하기 위한 계획을 세워야 한다. 학교의 분위기, 학교 시설, 통학 거리 등 여러 가지 상황을 고려하여 진학을 위한 기준을 확인해야 한다.

④ 대안 평가

마련한 기준으로 대안들을 평가하고 우선순위를 정해 높은 점수를 받은 대안을 선택한다. 학교를 결정하고 실질적인 진학을 위해 준비할 수 있도록 한다.

⑤ 의사 결정

　　가장 바람직한 대안을 최종 선택한다. 목표 달성을 위해 구체적인 활동 계획을 세우고 실천해야 한다. 진학에 있어 필요한 자기소개서나 추천서 등을 구체적으로 준비해야 한다.

　　진로 의사 결정을 합리적으로 하고 싶다면 5단계의 의사 결정 단계에 따라 진행하고 문제를 정확히 알고 기준에 따라 합리적인 대안을 선택하고 계획을 세워 실천해야 한다. 진학 의사 결정은 자녀의 학업 등 여러 가지 과업을 수행하는 데 중요한 역할을 한다. 자녀 혼자 결정하게 하지 말고 학교의 진로진학 상담교사나 진로 전문가의 도움을 꼭 받고 검사를 통해 자신의 의사 결정 유형을 알고 장단점을 파악하는 시간을 가져야 한다.

　　진로 의사 결정은 학업에만 적용하는 것이 아니고 행복한 삶을 영위하는 데 있어 선택의 문제에서 도움이 될 것이다.

8. 우리 자녀의 진로를 찾는 방법

자녀의 진로 선택을 존중하고 긍정적으로 밀어주어야 한다. 중학교는 진로를 찾는 과정에 있고 보편적으로 선택이 결정되지 않는다. 자녀의 진로 선택을 부모가 볼 때 부모의 관점에서 걱정하고 진로 수정을 한다면 자녀의 진로 선택에 제동하는 것이다.

대부분 첫째 아이는 대부분 부모의 기대와 부모 자신의 꿈을 아이에게 투영시켜 아이는 자신의 꿈보단 부모에게 의지한다. 대부분 첫째의 양육 경험 부족으로 부모 또한 많은 실수를 하게 된다. 수업 시간에 "우리 엄마가 변호사를 하라고 했어요."라고 답하는 아이가 있다. "네가 하고 싶은 일은 없니?" 하고 물어보면 아이는 유튜브를 하고 싶다고 말한다. 자녀의 진로를 부모가 미리 결정한다면 자기주도적으로 꿈을 꿀 수 없다. 자녀의 꿈은 주위의 관심사로 변하는 것이 정상이다. 꿈을 찾아가는 과정에 있는 것이고, 구체적인 꿈의 형성은 중학교 3학년 때부터 진학을 위해 구체성을 띠어야 한다.

필자의 경험을 말한다면, 둘째 딸이 한국외대 영어 통번역 3학년 때 갑자기 독일로 교환학습을 하러 가겠다고 했다. 1년 동안 독일에서 수업하며 보내다가 독일에서 공부하겠다는 결정을 했을 때 부모로선 그 결정을 수용하기가 쉽지 않았다.

하지만 딸의 결정을 믿고 지원해 주지 않았다면 현재 우리 딸의 진로 선택에 큰 방해꾼이 되었을 것이다. 현재 딸은 독일에서 치대 과정을 모두 마치고 어엿한 치과의사가 되어 빈의 한국인 치과의사 1호로 행복한 삶을 살고 있다.

외국이기에 가능했다. 한국에서 문과를 공부하다 독일에서 치대를 졸업했다. 본인의 의사로 최선을 다한 딸이 자랑스럽고 지난 시간이지만 힘든 시간을 잘 극복한 딸에게 고맙고 많이 도와주지 못해 미안한 마음을 느낀다. 지금은 치대 선배인 멋진 독일 친구와 결혼해 부부 치과 개업을 위해 준비 중이다.

📝 **진로 선택은 아이를 존중해 주고 자녀 입장에서 든든한 지지자가 되어 주고 그의 선택을 기다려 주는 것이다.**

아이가 엉뚱한 진로를 선택했다고 해도 무조건 반대는 아이의 자존감을 떨어뜨리고 아이의 진로를 포기하게 만드는 결과도 가져올 수 있다.

진로 선택의 방법 중 부모와 같이 찾아보는 노력도 중요하다. 추천하는 방법의 하나는 진로 탐색에 도움이 되는 도서를 선택해 부모와 같이 토론하는 방법을 추천한다. 고교학점제가 시행되면서 중3부터는 구체적인 진로 선택이 실질적으로 중요하다. 조금 부족하지만 아이의 선택을 기다려 주고, 항상 격려하고, 그의 달란트를 응원해 주어야 한다.

2023년부터 입시 변화가 많다. 부모는 변화된 입시 정책을 미리 학습해서 자녀에게 정보를 제공해야 한다. 자녀들의 진로 선택에서 입시의 변화는 자녀에게 바로 적용되기 때문에 중요한 요소로 나타난다. 자녀의 진로를 선택할 때는 자녀의 가장 잘하는 흥미가 무엇인지 먼저 파악하고 좋아하는 일을 할 기회를 제공해야 한다. 부모가 엉뚱한 진로를 선택하는 자녀를 볼 때 걱정되어 자녀의 진로를 강압적으로 정해 준다면 자녀는 재능과 흥미를 잃게 된다.

부모가 생각하는 안정된 직업의 가치는 4차 산업혁명으로 많은 변화를 보일 것이다. 자녀가 직업을 선택하는 시기는 엄청난 변화로 많은 직업이 사라지고 신생 직업이 나타난다. 새로운 변화에 부모는 빠르게 적응해야 한다. 지금도 주위를 보면 사라지는 직업들이 나타나고 있다. 예를 들면 변호사의 배출이 늘면서 변호사의 가치가 하락하는 모습이 나타나고 있다. 이런 직업의 변화는 여러 가지 상황으로 나타날 것이다.

🖊️ 챗GPT가 발표되면서 직업의 위기를 느끼는 분야가 많아지고 있다.

챗GPT는 우리의 생활을 완전히 바꾸고 있다. 10년 후 사라질 직업은 은행원, 회계사, 변호사, 운전기사, 번역가, 외국어 강사, 상담원, 의사, 간호사, 교사 등 AI의 발달로 생각보다 놀라울 정도로 변화가 일어날 것이다. 새로운 신생 직업은 로봇공학자, 가상현실 전문가, 3D 프린팅 전문가, 정보보호 전문가, 드론 전문가, CCTV 관리자, 인공위성 전문가, 공중보건 전문가 등 지금도 생겨나는 직업은 상황에 따라 많이 나타나고 있다.

빠르게 변화하는 시대를 따라가기 위해서는 미래의 방향을 아는 것이 중요하다. 학교나 가정에서는 빠르게 대처해야 한다. 자녀의 진로 선택에 가장 중요한 것은 자녀의 흥미를 파악하고 잘하는 것에 많은 기회를 주는 것이 부모의 할 일이다.

9. 우리 자녀의 미래 직업은 인문학이 결정한다!

문해력의 정의는 문자를 읽고 쓸 수 있는 일 또는 그러한 일을 할 수 있는 능력을 말한다. 넓게는 말하기, 듣기, 읽기, 쓰기와 같은 언어의 모든 영역이 가능한 상태를 말한다.

간단하게 말해서 글자를 읽을 수 있는 능력과 글자로 표현된 의미를 파악하는 능력이다. 표현 이외에 생활의 문제를 해결하는 능력까지의 포괄적인 의미를 말한다. 미래 자녀들의 직업은 인공지능, 로봇, 메타버스, 바이오 기술, 빅데이터, 클라우드, 3D 프린팅, 사물인터넷과, 양자컴퓨터, 자율주행 자동차와 하이퍼루프(Hyperloop) 등 4차 산업혁명에 관한 직업을 선택해야 한다.

자녀에게 부모님이 직업 선택을 강요하는데 대부분 직업을 보면 안정적인 교사, 공무원, 변호사를 예로 볼 수 있다. 하지만 직업의 변화는 가속되고 있고 학생들의 직업 선호 순위도 또한 급속하게 변하고 있다.

코로나19로 인해 새로운 직업이 우리 곁에 빨리 다가왔다. 코딩 전문가, 가상현실 전문가, 프로그램 개발자, 유튜버 등 부모님 세대에 없던 새로운 직업이 나타나고 있다. 앞으로 우리 아이들이 직업을 선택하는 2030년이 되면 50% 이상 현재의 직업이 소멸하고 새로운 직업이 시대의 요구로 탄생할 것이다.

📖 미래의 자녀들 직업 선택은 어떻게 해야 하나?

1) 자녀에게 세계적인 사고와 문호를 받아드리기 위한 정보를 제공해 주어야 한다.

우리 아이들은 앞으로 한국에서 직업(JOB)을 구하는 것보다 해외에 앞서가는 4차 산업에 관한 직업을 얻을 것이다. 부모들의 사고를 바꾸어야 한다. 아이에게 세계적인 사고를 키워 주는 역할을 해야 한다. 부모들의 세대와는 환경의 변화가 너무 크다. 지금도 자녀에게 안정된 직업을 권하거나 부모가 직업 선택을 해 준다면 자녀의 창의성은 없어지고 의존적인 자녀로 성장하게 된다. 요즘의 대학생들은 학기 중 외국 교환학습을 최소한 한두 번은 가고 있다. 외국 대학에 다니며 자기 소질을 발견하는 경우가 많고, 교환학습에서 외국 대학 진학으로 이어진다. 학과의 다양성도 있고 문과, 이과의 구분이 없기에 자신의 꿈을 펼치기 위해 더 좋은 기회를 제공한다.

2) 4차 산업혁명에 적응하기 위해서는 인문학에 관한 프로그램을 자녀를 위해 계획해야 한다.

인문학은 어휘력을 키우고 생활 문제를 해결하는 가장 큰 무기이다. 자녀의 인문학을 위해 부모의 노력이 필요하다.

코로나19로 인해 독서량이 떨어지고 아이들은 긴 글은 읽지 않고 온라인 학습에서 학생들의 어휘력은 심각할 정도로 떨어져 있다. 우리 뇌의 전두엽의 활성화가 가장 높게 형성될 때가 독서할 때이다. 전두엽은 글을 읽을 때, 오디오로 내용을 들을 때, 동영상으로 내용을 볼 때 활성화되는 정도가 다르게 나타난다. 이 중 글을 읽을 때 뇌가 가장 활성화된 것을 확인하였고, 뇌를 훈련하는 데 가장 좋은 것은 독서란 걸 알게 되었다.

인문학의 기본인 어휘력을 키우고 문해력의 기초인 독서 지도가 가장 중요하며, 우리 아이의 미래를 위해 부모의 역할은 무엇을 강요하기보단 아이와 같이 독서하는 시간을 만들고 항상 책을 가까이할 수 있는 가정 분위기를 만드는 것이 부모의 할 일이다. 또한, 직업 적성 검사나 직업 가치관 흥미 검사 등 과학적인 검사 실시도 직업을 선택하는 데 중요한 도구이다.

미래는 아무도 예측할 수 없지만, 자녀가 인문학에 강한 모습을 보인다면 자녀는 어떤 과업을 수행하는 데 있어 성공적인 결과를 얻을 것이다. 챗GPT가 나오면서 더욱 인문학과 독서의 가치가 중요하게 되었다. 해답을 구하기가 쉬워지면서 어떤 창의적인 질문과 해석이 요구되고 있다. AI의 발달은 인간의 편안한 삶이 될 수 있지만, 활용 능력은 인문학과 독서의 역량으로 결정될 것이다.

부모는 자녀가 독서를 가깝게 할 방안을 연구하고 부모부터 모범을 보이는 행동이 자녀가 미래의 승자가 될 수 있는 열쇠가 될 것이다.

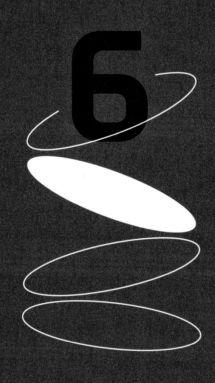

가정 환경에서 부모 양육 환경이 학습에 미치는 영향 50가지 TIP

제6장

가정 환경에서 부모 양육 환경이 학습에 미치는 영향 50가지 TIP

코로나19 상황에서 바쁘게 살다 보면 같이 식사하는 시간도 줄고 가족 간의 공유할 수 있는 시간 또한 줄어들면서 가족의 역할이 아이들에게 소홀해진다. 가정 환경은 가장 중요한 요인이다. 자녀들은 가정에서 위안받고 힘을 얻어 어려움을 극복한다. 가정 환경은 자녀들에게 학업, 대인관계 등 여러 가지 상황에 큰 부분에 영향을 미친다. 가정 환경은 자녀의 학습 환경에 가장 중요한 요소이다. 화목한 가정은 자녀에게 안정과 평화를 주어 자녀에겐 큰 힘을 주고 학업 또한 잘할 수 있다.

📝 **가정 환경이 학습에 미치는 단문 50가지 TIP을 알아보자.**

1 부모들은 시험의 형태가 수행평가로 바뀌면서 수행평가에 대한 부모의 확인이 꼭 필요하다. 각 학교는 중요 과목 이외는 모두 수행평가로 이루어지고 있기에 학생들의 수행평가가 무엇이 있는지 정도는 확인할 필요가 있다.

2 부모들은 자녀의 실력을 객관적으로 파악해야 한다. 자녀가 선행의 실력이 안 되는데 주위 부모의 권유나 학원의 권유로 선행을 하고 있다면, 아이에게 시간 낭비와 선행으로 인한 피해는 아이에게 그대로 나타난다.

3 학습은 자기주도학습이 안 되면 성적 향상이나 발전을 기대하기 힘들다. 스스로 자기주도학습이 될 수 있는 환경을 만들어 주고 도와주는 것이 부모의 역할이다.

4 학교 선택 시 부모는 많은 정보와 학교에 대한 문의 등으로 자녀에게 실질적인 도움을 주어야 한다. 대부분 학교 선택 시 자녀들은 친구나 불확실한 정보로 선택을 한다면 진학 후 큰 손실을 당할 수 있다. 부모는 진학 설명회나 박람회를 통해 구체적이고 정확한 정보를 자녀와 같이 탐구해 보고, 결정해야 한다.

5 부모는 자녀에게 집안의 힘든 일이나 집안 재정의 상태까지도 자녀와 공유하는 것이 좋다. 가족의 일은 함께 공유하고 "우리 엄마가

왜 오늘은 기분이 안 좋을까?"라고 느끼면 안 된다. 일도 함께 협력해서 하는 것이 자녀에게는 더 안정된 가정 환경을 주는 것이다. 자녀가 어리다고 생각하지 말고 같이 힘든 점을 공유하자.

6 이젠 아빠의 역할이 대단히 중요해지면서 아빠의 부재가 자녀의 공부 환경에 큰 영향을 끼치고 있다. 짧은 시간을 내서라도 자녀와 많은 시간을 보내는 것이 중요하고, 엄마와 다른 사회생활 등 여러 가지 아빠의 경험은 아이들에게 긍정적인 영향을 미친다.

7 이모티콘의 역할은 힘든 아이들에게 큰 힘이 된다. 요즈음 자녀들의 일과를 보면 거의 극한 직업이라 볼 수 있다. 그때마다 "사랑해", "힘내" 등 예쁜 이모티콘을 보낸다면 자녀는 큰 힘을 받을 수 있다. 아침에 헤어져 밤늦게까지 학원을 돌아다니면서 부모의 격려하는 이모티콘은 아이들에겐 비타민 역할을 한다. 많이 보낼수록 자녀는 행복해진다.

8 자녀들이 가장 싫어하는 것이 바로 남과 비교하는 것이다. 동생과 비교하거나 친구들, 사촌들 등 누구와 공부를 비교한다면 아이들은 반항심이 생긴다. 어른들도 비교당하면 싫어하듯이 아이들이 가장 싫은 것이 비교이다. 그 시간에 자녀에게 작은 것이라도 칭찬할 요소를 찾아보자. 작은 칭찬이라도 자녀는 큰 힘을 얻게 된다. 칭찬을 싫어하는 아이는 없다. 아주 사소한 것이라도 칭찬할 거리를 찾아 하루에 한 가지 이상은 꼭 실천해 보자. 칭찬은 아이에게 자신감과 자존감을 높이는 가장 중요한 요인이다.

9 자녀의 공부방 환경을 청결하게 관리하자. 자녀의 책상에 필요 없는 것들은 정리해 주고 거실 청소보다 먼저 자녀의 방을 항상 청결하게 유지하자. 특히 침구는 시간 나는 대로 정리해 제자리를 유지하도록 자주 자녀의 방을 점검하자. 침대가 정리되어 있으면 아이는 안정을 느낀다. 바퀴 없는 의자가 좋고 책상 배치는 문에서 뒷모습으로 배치하지 마라. 이는 학생이 공부할 때 뒤에 문이 있으면 불안함을 느끼기 때문이다. 부모는 우리 집에서 가장 청결한 곳이 아이의 방이 되도록 노력해야 한다.

10 자녀에게 다양한 경험을 하는 프로그램을 항상 연구하고 같이 체험하는 시간을 많이 가져야 한다. 경험은 아이들에게 가장 중요한 일이다. 경험을 해 봐야 알 수 있듯이 코로나19로 못 했던 체험이나 봉사 등 스스로 해 볼 수 있는 프로그램을 제공하고 주말에 같이 한다면 더 효과적이다.

11 4차 산업에 대비하기 위해서는 인문학을 많이 접해야 한다. 세상은 급속도로 변하고 있고 이를 대처하기 위해서는 자녀들에게 인문학에 접근하도록 방송, 유튜브, 설명회 등 많은 매체를 통해 인문학에 접근할 수 있도록 기회를 제공하자.

12 자녀에게 신체 접촉(Skinship)을 자주 하라. 부모와 만날 시간도 모자라고 저녁 식사도 같이하는 시간이 줄면서 자녀와 같이 있는 시간도 줄어들고 있다. 부모의 체온은 아이들에게 큰 위안과 평화를 준다. 어깨, 머리 등 기회가 된다면 자녀와 온정을 느끼는 시간을 많이 가져라.

누구도 할 수 없는 것이 부모의 손길이다.

13 가정 환경을 책임지는 부모가 우선 변한 모습을 아이에게 보여 주어야 한다. 집안 환경이 항상 TV가 틀어져 있고 정리가 안 된 환경이라면 자녀에게 공부 환경을 요구할 수 없다. 요즘 거실 분위기가 많이 바뀌고 있다. 거실 TV를 없애는 가족들이 많고 자녀와 책을 같이 읽을 수 있는 환경을 만드는 추세이다. 거실은 대화의 장이 되어야 하는데 대화를 방해하는 여러 요소가 있다면 대화는 이루어지지 않는다.

14 한 번 아이에게 화를 내면, 그 화를 없애려면 5번의 칭찬이 필요하단 말이 있다. 칭찬보단 부모들이 바쁜 생활을 하며 자녀를 만나면 지적 사항이나 요구를 먼저 하는데 자녀로서는 말을 할 수 없는 환경을 부모가 만드는 것이다. 칭찬하라. 칭찬을 찾아서라도 하루에 한 가지는 꼭 해라.

15 청소년기가 질풍 노도의 시기라 한다. 뇌적으로 성숙이 덜 되어 있는 상태이다. 부모가 이해할 수 없는 행동도 청소년 시기에는 수시로 나타난다. 갑자기 방문을 세게 닫는다든지 화를 낸다든지, 불안한 모습은 청소년기에는 정상적인 모습이다. 이런 행동에 과잉 반응한다면 아이들을 이해할 수 없는 것이다. 지켜보고 천천히 시간을 갖고 자녀를 바라볼 수 있는 인내심을 키워 보자.

16 자녀는 귀한 손님이다. 우리 집에 손님이 온다면 집 안을 청소하고 음식을 준비하고 극진히 손님맞이를 할 것이다. 자녀를 귀한 손님

으로 생각하고 귀한 손님을 대하듯 자녀를 존중하고 자녀는 언젠가 떠날 사람이다. 그 시기가 각각 다르지만, 그때까지 부모는 최선을 다해 자녀를 위해 노력하고 칭찬하고 격려하자. 극한 직업을 수행하는 자녀들의 일과를 본다면 야단칠 시간에 칭찬을 찾을 것이다.

17 자녀에 대한 정보를 어느 정도는 알고 있어야 한다.

하루 중 학교에서 일어난 일을 시간을 내서 꼭 공유하라. 학교는 여러 가지 사건이 이루어지는 곳이고, 친구의 이름과 전화번호는 한 명 이상 부모가 알고 있어야 한다. 학교에 무슨 일이 있을 때 나쁜 일들을 자녀가 부모에게 말을 안 하는 경우가 많은데 친구의 전화번호는 큰 도움이 된다.

18 자녀와 대화할 때는 먼저 경청하고 공감하자. 자녀의 말이 황당해도 일단 들어 보고 시간을 가지고 부모의 의사를 표현하라.

"넌, 누굴 닮아서 그 모양이니?", "제대로 하는 게 뭐니?"라는 말은 자녀의 자신감을 없애는 말이다. "커서 뭐가 되려고 그러니?", "하는 짓이 왜 그 모양이니?"라는 말은 의욕을 잃게 만드는 말이다. "너는 형이면서 왜 그 모양이니?", "심부름 하나도 제대로 못 하니?"라는 말은 자존감에 큰 상처를 주는 말이다. "엄마한테 너밖에 없어", "넌 우리 집안을 일으켜야 해"라는 말은 아이에게 큰 부담을 주고 자녀에게 부정적인 요소이다. 어른들도 말을 조심하듯 특히 자녀에게 함부로 던지는 말은 자녀에겐 큰 반항심을 일으킬 수 있다.

19 자녀의 대화에서 "아무 말 말고 시키는 일이나 해", "엄마가 하라는 대로만 해"라는 말은 아이의 자율성을 해치는 말로 아무 뜻 없이 말하고 있지만 아이는 상처받는다. 또한, "네가 뭘 안다고 그래?", "쓸데없는 짓 하지 말고 공부나 해"라는 말은 아이의 창의성을 없애는 말로 조심해야 할 말이다. "내가 너 때문에 못 살아", "너 같은 애는 엄마 자식이 아니야"라는 말은 아이에게 불안에 빠지게 하는 말로 자녀에게 상투적으로 말하는 이런 단어들은 부모가 사용해서는 안 되는 말들이다. 아이를 존중하고 내 자식이라고 아무 말을 해도 된다는 사고를 고쳐야 한다.

20 우리의 자녀는 2030년 미래에 적응하고 미래 직업을 생각하여야 한다. 현재 부모의 직업 중의 40%가 사라진다고 하는데, 아이에게 부모의 생각을 강요하지 말고 4차 산업에 적응해야 할 아이에게 미래 사고를 심어 주는 것이 부모의 할 일이다. 우리 자녀의 무대는 세계일 것이고 세계적인 사고를 심어 주고 이끌어 줄 수 있는 부모의 선견지명이 필요하다. 부모는 더욱 미래에 대한 교육을 받아야 하고 많은 검색을 통해 자녀의 취업 등 여러 가지 정보와 부모 스스로 공부하여 달라지는 변화에 자녀가 적응할 수 있도록 노력해야 한다.

21 이젠 세상이 빨리 변하고 있다. 1분 1초로 세대 차이를 느낀다고 하는데 부모는 제자리에 있다면 아이에게 도움이 안 된다. 부모들도 재교육이 되어야 하고 부모가 변하지 않는다면 아이의 진로는 변하지 않는다. 부모에게 가장 필요한 것은 자녀를 확실히 아는 것이다. 아이의 장점을 발견하고 아이에게 자존감과 자신감을 키워 주는 것이다.

자녀는 다른 아이와 비교하고 보편적인 잣대로 본다면 아이의 장점을 발견할 수 없다.

22 공부 잘하는 자녀를 원한다면 부모가 먼저 훈련과 학습이 필요하다. 학습 방법을 다 알 수는 없지만 20%만 알아도 아이에게 학습의 도움을 줄 수 있다. 검색을 통해 관심이 있다면 공부법을 부모가 얼마든지 찾을 수 있고, 이는 아이에 대한 최소한 관심으로 부모와 같이 학습 방법을 논할 수 있으면 아이는 큰 힘을 얻고 부모의 신뢰가 올라간다. 아이는 부모에 대한 믿음이 생기고 같이 학업 계획을 논할 수 있는 자체에 행복을 느낀다.

23 코로나19가 끝나가면서 그동안 못한 체험을 자녀와 같이 하는 시간을 많이 가져야 한다. 체험은 가장 좋은 스승이고 경험은 아이에겐 큰 원동력이 된다. 또한, 부모와 같이 한다는 것은 아이에게 큰 위안과 힘을 준다. 체험 또한 아이가 원하는 체험 센터를 찾아 스스로 관심 분야를 경험할 수 있도록 하고, 여행은 살아가는 데 큰 힘이 된다. 자연은 아이에게 안정과 위로를 준다. 시간을 내서 아이와 대화하는 시간을 가진다면 자녀의 장점을 발견하는 좋은 기회일 것이다.

24 가족 간에 대화와 토론을 할 수 있는 시간을 만들어라. 아이 앞에서 부모가 책을 읽는 모습을 자녀가 본다면 스스로 학습 방법에 큰 힘이 된다. 정기적으로 토론 시간을 만들고 책에 관한 토론도 좋다. 가정은 가장 중요한 학습의 장이다. 아이의 사고가 커지고 가족 간의 친화력이나 이해가 넓어진다.

25 아이의 공부 환경 중 아빠의 역할이 높아지고 있다. 아빠와 대화를 많이 하는 아이의 성적이 높다는 결과가 나왔다. 엄마와는 다르게 아이를 객관적으로 더 볼 수 있고 아빠와 지내는 시간이 적어 아빠와의 대화는 좀 더 효율적으로 이끌어갈 수 있다. 요즘 아빠의 역할은 더욱 커지고 있고 사회생활에 많은 것을 알려 줄 수 있다. 또한, 아빠들이 학업에 관심을 보이면서 공동 양육에 큰 기대가 있고 아이의 안정과 학습에 긍정적인 효과를 나타내고 있다. 이제 엄마가 아이의 학습을 다 맡아 한다는 것은 지난 일이다.

26 부모들은 아이에게 대리 만족을 한다. 특히 첫째 아이는 부모도 육아 초보이고 더욱 아이에게 본인의 기대를 투영시키고 있다. 우선 부모의 욕심을 내려놓아야 한다. 아이는 선물이고 손님이다. 선물의 기쁨처럼 감사함을 느끼면 되고 손님을 맞이하듯이 좋은 모습을 보이고 칭찬하고 언젠가 떠날 때까지 잠시 있다 가는 손님처럼 항상 부모로서 아이의 자율성과 자립을 위해 최선을 다하면 된다. 대부분 부모가 첫째 아이에게 미안하단 말을 자주 한다. 아이는 인격적으로 존중하고 부모의 욕심을 투영하지 말고 객관적인 아이의 달란트를 찾아 밀어만 주면 된다. 아이는 나의 부속물이 아니다.

27 부모들이 가끔 아이의 인성을 탓하거나 재능을 탓하는 경우가 많은데 자녀에게 가장 조심해야 할 것이 비난하는 것이다. 꽃에 욕을 하면 잘 자라지 않는다는 흥미로운 실험이 있는데, 아이에게 비난한다면 아이는 자존감이 사라져 학업을 할 수가 없다. 자녀의 일과를 부모가 같이해 본다면 아이의 극한 직업을 느낄 수 있을 것이다. 학교, 친

구, 시험, 학원 등 일과를 힘들게 지낸다. 지금 자녀에겐 비난할 시간이 없다. 칭찬을 하고 응원하기도 모자란 시간이다.

28 부모들의 심리 상태가 아이의 학습에 큰 영향을 미친다. 부부싸움을 자주 하는 집안이라면 자녀는 학습할 수 없다. 부모가 안정된 모습이 가장 중요하다. 화목한 가정이 아이에겐 안정을 느끼고 학습 환경 중 최고일 것이다. 부모는 긍정을 쌓는 여러 가지 교육을 통해 심리적으로 안정되어야 아이는 자동으로 편안함을 느낀다. 부모 스스로도 학습을 통해 많은 정보를 얻어야 한다. 오은영 박사의 프로에서도 90%가 부모의 문제로 나타나고 있는 것을 알 수 있다. 아이들의 안정된 학습 환경 중 부모의 안정은 제일 먼저 되어야 한다.

29 부모들이 바빠서 자녀와의 시간이 갈수록 짧아지고 있다. 하루 중 자녀와 눈을 몇 분간 맞추었는지 생각해 보면 거의 없다는 부모들도 많다. 짧은 시간이라도 유대감을 가질 수 있는 시간을 만들어야 한다. 자녀와 같이 하는 시간을 만든다든지 가장 중요한 방법은 여행이라고 전문가 들은 추천한다. 하지만 여건이 안 된다면 잠시만이라도 대화와 공유할 수 있는 부분을 생각해 보자. 아빠가 자녀와 공감대를 위해 게임을 배운다는 아빠의 모습을 보고 긍정적인 모습이라 생각한다. 자녀들은 이런 부모의 노력을 잘 알고 있고 부모에게 감사함을 느낀다. 자녀들은 항상 부모들을 지켜보고 있고 부모의 눈치를 본다. 자녀와 공감대를 형성한다면 아이는 학습 효과가 더욱 극대화할 것이다.

30 요즘 아이들은 사랑을 갈구한다. "사랑해 우리 아들", "우리 아들이 최고", "우리 딸 사랑해" 등 요즘 아이들이 부모에게 가장 듣고 싶은 말이라고 한다.

어쩌면 당연하고 자주 들을 거로 생각하지만, 부모들은 이런 말보단 재촉하고 비난하는 말들을 더 많이 한다. 마음을 담아 아이를 사랑하자. 코로나19의 긍정적인 면 중에 가족 간의 시간이 많이 주어졌다는 것은 큰 기회이고 가족 간의 갈등을 해결할 좋은 기회이다.

아이를 진심으로 사랑하고 많은 구체적인 표현으로 감싸 준다면 그동안 많은 갈등이 해소될 것이다. 아이는 스펀지 같은 마음을 가지고 있다. 그만큼 순진하고 부모가 조금만 사랑스럽게 대하면 아이의 마음은 큰 위안이 될 것이다.

31 아이는 부모를 보고 자란다. 부모의 여러 모습 중 부모가 미래를 준비하고 노력하는 모습이 아이에게 참교육이 된다. 부모가 책을 많이 읽는 가정의 자녀 독서량이 증가한다는 결과가 나왔다. 부모는 자녀의 거울이다.

교육의 변화에 공부하고 노력하는 부모의 자녀는 부모를 신뢰하고 안정적인 학습을 할 수 있다. 용돈을 많이 주고 비싼 옷을 사 주는 것보다 자녀의 고민을 같이 나누고 자녀의 핸드폰에 하트를 보내는 것이 더 효율적이다. 부모들이 바쁘면서 부모의 역할을 학원장이나 주위 사람들에게 전가하는 일이 많은데 부모를 대체할 수 있는 일은 없다. 그만큼 부모의 역할은 크고 자녀 또한 부모를 누구보다 신뢰해야 한다. 부모의 노력하는 모습이 가장 큰 교육이다.

32 아이의 감정과 성향을 강요하지 마라. 내향적인 아이에게 "넌 왜 이리 소심해", "큰 소리로 발표해 봐" 등 부모 욕심으로 답답해하는 말을 자주 한다. 자녀의 성향이 있고 성장 과정에서 아이는 자연스럽게 변해 갈 것이다. 외향적인 아이가 정답이란 말은 없다. 아이에겐 각자 성향이 있고 MBTI에서 볼 수 있듯이 여러 성향을 보이고 태어나고 성장하면서 변한다. 부모로서 지켜보고 자녀의 성향을 존중하고 지켜 주는 것이 부모의 할 일이다. 아이는 보석이다. 가공을 어떻게 하느냐에 따라 빛이 난다. 부모는 빛이 날 때까지 시간을 갖고 기다려 주는 것이 중요하다.

33 아이에게 정서적 지지가 중요하다. 아이의 자존감 하락의 원인은 부모가 주요 요인이라 한다. 자존감은 아이의 성장에 매우 중요한 요소이고 자존감이 있어야 학업, 친구 관계, 학교생활 등 많은 곳에 영향을 미친다. 부모의 효율성과 쓸모의 잣대로 아이를 보면 아이는 불안하고 부모의 욕구에 맞추기 위해 안절부절못하는 정서적 불안감을 느낀다.

아이 관점에서 아이를 바라보고 부모의 말을 I message로 바꾼다면 자녀를 이해하는 데 도움이 될 것이다. 아이가 할 수 있다는 믿음을 가지고 기다린다면 자존감을 키우는 데 큰 도움이 될 것이다.

34 가정에 소통 공간을 만들어라. 바쁜 생활로 인해 가정에서의 대화가 사라지고 소통의 문제로 자녀와의 소통에 큰 장애로 인해 서로 오해하고 이해 못 하는 상황이 자녀의 학습에 나쁜 영향을 미치고 있다.

글로 의사소통할 수 있는 보드판이나 메모판을 다 같이 보이는 공간에 설치해 문자를 주고받으며 서로를 이해할 수 있는 소통 공간을 설치하자. 이는 말로 못 하는 것까지도 소통할 수 있어 가족 간의 이해에 큰 도움이 된다. 실제로 설치해 소통에 큰 도움이 된다는 가정이 많아지고 있다.

35 학부모님들은 아카데미나 설명회 등 변화하는 입시를 주제로 공부해야 한다. 고교학점제, 절대평가 등 대입의 큰 변화에 빠른 적응을 위해 정보 수집 및 입시 정보에 빠른 대처를 해야 한다. 자녀의 입시에 도움을 주기 위해서는 부모부터 입시 정보에 미리 대처해야 한다. 그래야 입시의 지름길을 자녀에게 제시할 수 있다. 학원에만 맡겨서는 자녀의 진로에 도움이 되지 않는다.

36 평소 대화가 많은 가정의 자녀는 질문하는 능력을 높여 주고 사리 분명한 사고를 한다. 가정의 토론 분위기는 긍정적인 효과를 가져온다. 앞으론 지식을 남에게 전달하는 발표력이 중요한 시기이다. 발표력은 가정에서부터 나온다. 평소 자녀와 대화의 양을 늘린다면 자녀에겐 자신감과 발표력이 향상되므로 주제를 정해 토론하는 것도 좋은 방법이다.

37 집 안에 부모님의 공간을 만들어라. 노트북 정도를 놓을 수 있는 공간을 만들어 자녀가 부모의 공부하는 모습이나 책을 읽는 모습으로 자녀에겐 안정감을 주고 부모 또한 자기 계발의 시간을 갖는 공간이 있다면 자녀는 부모에 대한 신뢰와 안정감으로 학습에 좋은 영향을 받을 것이다.

38 부모는 자녀의 진로와 고민을 구체적으로 알고 있어야 한다. 자녀의 고민을 모른다면 소통이 안 되고 힘든 자녀를 이해할 수 없다. 자녀의 일과는 힘들다. 학교 수업, 교우 관계, 담임 관계, 학원 등 하루의 일과가 거의 극한 직업처럼 여러 가지 상황이 일어난다. 부모는 최소 하루라도 자녀 일과를 점검하고 힘든 자녀의 일을 같이 나누고 소통해야 한다. 진로 또한 청소년기에 많은 변화가 이루어지는 데 부모의 역할이 크다. 자녀의 진로 변화에 수시로 대화의 시간을 갖고 충고와 도움을 주어야 한다.

39 학교에서 자녀가 돌아올 때 가장 중요한 것은 부모 중 한 분은 집에 있어야 한다는 것이다. 부모의 마중이 자녀에겐 큰 위안을 주며, 부모에게는 자녀를 알 수 있는 시간이다. 요즘은 맞벌이로 인해 못 한다면 꼭 귀가 시간에 전화나 문자로 사랑을 표현하자. 자녀가 귀가할 때는 위안받아야 하는 시간이므로 부모는 사랑으로 학생을 맞이하자.

40 독서는 자녀의 입시와 정서적인 면에 큰 역할을 한다. 독서의 중요성은 더 이상 말하지 않아도 학습뿐 아니라 사고력과 창의성에 큰 역할을 한다. 자녀가 책과 멀어 고민하는 부모가 많은데 가정에서 부모가 책을 가까이하고 책을 읽는 것보다 더 좋은 자녀 독서법은 없다. 자녀와 자주 서점을 방문한다든지 책을 읽고 가벼운 토론을 하거나 책을 읽을 때 보상해 주는 것도 좋은 방법이다. 독서는 강요한다고 되는 것이 아니다. 책을 읽을 수 있는 환경을 조성해 주는 것이 중요하다.

41 자녀에겐 칭찬도 중요하지만 징계와 칭찬의 일관성을 유지해야 한다. 징계보단 칭찬이 자녀에게 더 많은 긍정적인 효과를 발휘한다. 요즘 아이들은 칭찬에 목말라한 아이들을 자주 본다. 코로나19로 가정에 자녀의 시간이 많아지면서 칭찬보단 지적이 많은 게 사실이다. 청소년 시기엔 칭찬을 먹고 산다고 한다. 하지만 무조건 다 받아주는 것은 아니다. 범위를 벗어난 상황에는 엄격하게 주의를 주고 고쳐 주는 것도 부모가 해야 할 중요한 일이다. 일관적인 기준을 정해 때론 엄격하게 때론 친근하게 칭찬한다면 자녀는 부모의 공정한 기준을 이해하고 부모에 대한 신뢰가 형성된다.

42 청소년기의 가장 중요한 것은 체력을 키우는 것이다. 요즘 청소년 사이에 살을 빼기 위해 유튜브와 SNS를 통해 잘못된 방법으로 시도해 건강을 잃는 아이들이 많아서 걱정이다. 운동은 자녀의 정신 건강에도 중요하다. 공부만 강요하지 말고 운동 프로그램을 꼭 첨부해 일주일 계획을 세워 운동할 수 있는 시간을 주어 자녀의 건강에 도움을 주어야 한다. 건강하지 않으면 학습의 장애가 된다.

43 게임 중독으로 고민하는 부모들이 많은데 무조건 하지 말라고 해서는 안 된다.

상담 온 아버님의 사례를 말씀드리면 자녀가 게임에 너무 빠져 아버님이 자녀의 게임을 배워서 같이 하면서 자녀와 신뢰도가 높아져서 게임 시간도 자녀 스스로 정하고 긍정적인 관계가 되었다고 말했다. 강제로 게임을 못 하게 핸드폰을 제어하거나 강제 시간을 정하기보다는 자녀 스스로 게임 시간을 정할 수 있는 환경을 부모가 만들어 주어야 한다. 강제성을 띠면 반항으로 더 몰래 게임을 한다.

44 세상 돌아가는 이야기를 자녀와 같이 토론하는 시간을 가져야 한다. 사회 이슈나 사건 등 여러 가지 사항을 자녀와 공감하는 시간을 부모가 자녀와 시간을 가져야 한다. 요즘 아이들은 TV를 보지 않는다. 유튜브와 SNS를 통해 정보를 얻고 사회적 이슈나 세계적인 뉴스에 전혀 관심이 없다. 특히 아버님이 자녀와 이런 이슈들을 같이 나누고 토론하는 시간이 있다면 자녀에겐 큰 도움을 주고 학습적인 면까지 이어진다. 부모와 공감할 수 있고 사고력에도 큰 도움이 된다.

45 공동체 생활에 적응할 수 있도록 가정에서 책임감을 배울 수 있는 기회를 만들어라. 학교에서 규칙을 지킬 수 있도록 가정에서 작은 실천부터 실행하여야 한다. 책임감이란 내가 싫어도 끝까지 최선을 다해야 하는 일이란 걸 자녀가 배워야 하고, 이런 지침을 모르면 자녀의 의도와는 다르게 학교나 외부에서 무시당하고 규칙을 못 지키는 부적응아가 될 수 있기에 가정에서도 학교와 같은 비슷한 규칙을 정해 시행하도록 해야 한다. 친구들에게 배려하는 모습, 최선을 다하는 모습, 준비물을 스스로 챙기는 모습 등 자녀 스스로 할 수 있도록 미리 연습 과정이 중요하다.

46 타인과의 소통에 경청할 수 있도록 부모가 먼저 본보기를 보이자. 소통이 안 되면 자녀들은 학교나 외부에서 고립당하거나 모둠 활동에서 짝을 만날 수 없다. 요즘 아이들이 가장 모자라는 면이 바로 타인에 대한 소통이다. 아이들 속에서 가장 싫은 아이는 잘난척하는 아

이이다. 부모는 다른 사람과 어떻게 대화하는지를 입학 전에 부모가 스스로 경청을 실천하여 본보기를 보여야 한다. 학교 부적응아들이 대부분 남에 대한 이해와 배려가 없어 따돌림을 당하는 것이다.

47 청소년기의 정신 건강 체크를 꼭 해야 한다. 부모는 청소년기의 정신 건강에 무관심을 보이는데, 사춘기라 한정해 자녀의 병적인 문제를 덮고 간다면 자녀의 발달 과정에 큰 해악이 될 것이다. 학교 현장에서는 소위 ADHD를 겪고 있는 학생들을 볼 수 있다. 가정에서는 그냥 활발한 아이, 힘이 센 아이로 취급해 여러 문제가 발생하지만 적기에 이를 치료해 주지 않으면 자녀는 더욱 심한 과잉 행동으로 학교 폭력으로까지 진행된다. 치료 시기가 빠를수록 아이에겐 큰 도움이 된다.

48 청소년 자살이 나의 자녀의 일과 무관하다고 생각하면 안 된다. 청소년 자살률이 세계 1위라는 것은 수많은 통계에 나타나고 있다. 자살의 기본은 자녀의 우울증에서 시작한다. 이 우울증은 중학생인 경우는 관계 문제, 고등학교는 학업 문제라고 한다. 물론 원인은 학업 스트레스, 친구 관계 어려움으로 나타나는데, 이 밖에 부모의 관계 또한 요인이 된다. 자녀를 이해하고 수용하는 자세야말로 극단적인 선택에 제어가 될 수 있다. 나의 자녀와는 무관하다는 생각을 하지 말고 자녀를 잘 살펴보고 이상 행동이 나타난다면 바로 심도 있게 생각해야 한다.

49 자녀가 공황장애로 힘들진 않은지 자녀를 살펴보자. 청소년의 공황장애가 갈수록 수치가 높아지고 있다. 특히 청소년은 신체적 정신적으로 불안정한 상태이고 청소년의 공황장애는 인격 장애나 사회 공포

로까지 이어질 수 있기에 치료 시기를 앞당겨야 한다. 청소년들은 시험이나 수업 중에 발생할 수 있는데 학교 현장이나 외부에서 이런 일이 벌어진다면 절대 그냥 넘기지 말고 빨리 병원 치료를 받아야 한다. 이런 장애는 학업에 가장 나쁜 영향을 미치고 관계 형성에도 해가 된다.

50 청소년의 가장 큰 스트레스는 학업과 부모님의 지나친 관심이다. 학교에서 배우는 모든 학문을 학업이라 말할 수 있는데, 청소년의 학업에서 가장 나쁜 영향은 부모의 과대 욕구이다. 부모들이 하지 못한 학업을 자녀에게 투영시키는 문제로 자녀들은 힘겨워한다. 학교 끝나고, 학원을 돌리고, 주말까지 학원을 보내야 안심하는 부모의 기대 심리의 한 방편으로 자녀를 대한다면 자녀는 학업을 급기야는 포기하거나 반항심으로 게임에 몰두할 것이다. 청소년 시기에 가장 싫어하는 것이 비교이다. 주위 친구들과 자녀의 학업을 비교하고 부모의 급한 마음에 서둘러 자녀의 자유 시간 없이 무리한 학업 계획을 한다면 상급 학교에 진학해 자기주도학습을 못 하고 부모에게만 의존하여 성적의 향상도 기대할 수 없다.

특별한 자녀를 키우는 맘

1판 1쇄 인쇄   2023년 6월 20일
1판 1쇄 발행   2023년 6월 26일

지은이 | 최이권
펴낸이 | 박정태
편집이사 | 이명수   출판기획 | 정하경
편집부 | 김동서, 전상은, 김지희
마케팅 | 박명준   온라인마케팅 | 박용대
경영지원 | 최윤숙, 박두리

펴낸곳   BOOK★STAR
출판등록   2006. 9. 8. 제 313-2006-000198 호
주소   파주시 파주출판문화도시 광인사길 161 광문각 B/D 4F
전화   031)955-8787
팩스   031)955-3730
E-mail   kwangmk7@hanmail.net
홈페이지   www.kwangmoonkag.co.kr

ISBN   979-11-88768-70-7 03190
가격   19,000원